A ARTE DE CURAR

Dados Internacionais de Catalogação na Publicação (CIP)
(Câmara Brasileira do Livro, SP, Brasil)

Siegel, Bernie S.
  A arte de curar : práticas criativas de autocura para uma vida melhor / Bernie S. Siegel, com Cynthia J. Hurn ; tradução Euclides Luiz Calloni, Cleusa Margô Wosgrau. — São Paulo : Cultrix, 2017.

  Título original: The art of healing.
  ISBN: 978-85-316-1391-3
  1. Consciência 2. Cura 3. Cura espiritual 4. Cura pela mente 5. Medicina alternativa 6. Mente e corpo 7. Saúde mental I. Hurn, Cynthia J. II. Título.

17-02038 CDD-615.852

Índices para catálogo sistemático:
1. Saúde mental : Terapêutica espírita 615.852

Dr. Bernie S. Siegel
com Cynthia J. Hurn

A ARTE DE CURAR

**PRÁTICAS CRIATIVAS DE AUTOCURA
PARA UMA VIDA MELHOR**

Tradução
Euclides Luiz Calloni
Cleusa Margô Wosgrau

Editora
Cultrix
SÃO PAULO

Título do original: *The Art of Healing*.
Copyright © 2013 Bernie S. Siegel, MD.
Publicado pela primeira vez nos EUA por New World Library.
Copyright da edição brasileira © 2017 Editora Pensamento-Cultrix Ltda.
Texto de acordo com as novas regras ortográficas da língua portuguesa.
1ª edição 2017.
Todos os direitos reservados. Nenhuma parte desta obra pode ser reproduzida ou usada de qualquer forma ou por qualquer meio, eletrônico ou mecânico, inclusive fotocópias, gravações ou sistema de armazenamento em banco de dados, sem permissão por escrito, exceto nos casos de trechos curtos citados em resenhas críticas ou artigos de revistas.

A Editora Cultrix não se responsabiliza por eventuais mudanças ocorridas nos endereços convencionais ou eletrônicos citados neste livro.

O material deste livro é destinado à educação. Tanto o autor quanto a editora não se responsabilizam pelo uso indevido das informações contidas neste livros. Alguns nomes foram alterados para proteger a privacidade das pessoas citadas.

Editor: Adilson Silva Ramachandra
Editora de texto: Denise de Carvalho Rocha
Gerente editorial: Roseli de S. Ferraz
Preparação de originais: Alessandra Miranda de Sá
Produção editorial: Indiara Faria Kayo
Editoração eletrônica: Fama Editora
Revisão: Vivian Miwa Matsushita

Direitos de tradução para o Brasil adquiridos com exclusividade pela EDITORA PENSAMENTO-CULTRIX LTDA., que se reserva a propriedade literária desta tradução.
Rua Dr. Mário Vicente, 368 — 04270-000 — São Paulo, SP
Fone: (11) 2066-9000 — Fax: (11) 2066-9008
http://www.editoracultrix.com.br
E-mail: atendimento@editoracultrix.com.br
Foi feito o depósito legal.

Sumário

Agradecimentos 7

Introdução. *As Grandes Perguntas* 9
Capítulo 1. *O Despertar do Médico* 21
Capítulo 2. *Origem, Significado e Validade dos Símbolos* 31
Capítulo 3. *O Poder da Visualização* 48
Capítulo 4. *Sonhos: A Oficina Criativa do Cérebro* 57
Capítulo 5. *Desenhos: Quando Consciente e Inconsciente Divergem* 72
Capítulo 6. *Interpretação dos Desenhos* 94
Capítulo 7. *Animais, Videntes e Intuitivos* 134
Capítulo 8. *Solte o Riso* 156
Capítulo 9. *Simule até Conseguir* 172
Capítulo 10. *Palavras Podem Matar ou Curar* 191
Capítulo 11. *Escolha a Vida* 206

Capítulo 12. *Passagens do Fim da Vida* 220
Capítulo 13. *Espiritualidade: Alimente o seu Eu Invisível* 231
Epílogo: *Términos São Novos Começos* 241

Notas 249
Índice Remissivo 255

Agradecimentos

Reconheço e agradeço o empenho de Cindy Hurn e Georgia Hughes, bem como Andrea Hurst, assistente da minha agente, que me ajudaram a organizar este livro.

Não posso deixar de expressar minha gratidão aos que têm sido meus orientadores e mestres ao longo da vida: minha esposa, Bobbie; nossos filhos, Jonathan, Jeffrey, Stephen, Carolyn e Keith, e suas famílias; e aos meus amigos quadrúpedes, muito numerosos para citar a todos.

Dr. Bernie S. Siegel

Introdução
AS GRANDES PERGUNTAS

*"Portanto, para que a cabeça e o corpo sejam saudáveis,
deve-se começar pela cura da alma; essa é a primeira coisa."*

— Platão

Ontem fui tratar da renovação da minha carteira de motorista. Prevendo as filas e a longa espera habituais, todos querendo ser liberados o mais rápido possível, a minha expectativa não era das melhores. Pouco depois que cheguei, porém, uma funcionária chamou o meu número. Olhei ao redor, surpreso. Muitas pessoas estavam à espera havia bem mais tempo do que eu; devia ser a vez de outra pessoa. Mas ela repetiu o meu número; então me levantei e me dirigi ao balcão.

Ao me aproximar, um sorriso de reconhecimento espalhou-se em seu rosto. E ela logo me lembrou de que eu havia operado sua mãe muitos anos antes. Tivemos uma conversa agradável, em que me informou que a mãe estava muito bem.

Ao término do atendimento, ela ainda agradecia a minha participação na recuperação da mãe. Não se referia à cirurgia ou à quimioterapia, mas à *vida* da mãe. Imagine você! A questão não era o corpo físico ou a doença, mas tudo o que contribuiu para dar sentido à vida da mãe. Ao sair da repartição, eu me sentia maravilhosamente bem. O nosso encontro não tinha sido acidental ou casual; fora um presente, uma dádiva. Não existem coincidências.

O que estou para dividir com você — o que me levou a uma nova compreensão da natureza da vida — não procede das minhas crenças, mas da minha experiência pessoal e do meu trabalho com pacientes e suas famílias. A minha atitude — manter a mente aberta — me possibilitou tirar muito maior proveito das minhas experiências e me tornar um médico melhor do que os colegas que dizem que não podem aceitar o que não conseguem entender ou explicar. Se não procuramos o conhecimento, não aprendemos; perdemos a oportunidade de viver a vida de modo criativo. Por isso, nunca deixei de fazer a mim mesmo as perguntas importantes. O que entendo por perguntas importantes?

As perguntas que precisamos fazer são estas: Como o invisível se torna visível? Que parte do nosso ser continua vendo quando deixamos o corpo físico numa experiência de quase morte? Como conhecemos intuitivamente os planos elaborados pela mente inconsciente? Como clarividentes e sensitivos se comunicam com pessoas e animais, a distância ou mesmo mortos? Como a comunidade de células do corpo informa à mente consciente suas necessidades e estado de saúde? Qual é o idioma da criação e da alma?

O invisível a que me refiro é o que habita em nosso corpo físico, mental, emocional e psíquico. Todos nós, praticamente, tomamos consciência da nossa harmonia ou desarmonia interior por meio de estados de espírito, de sentimentos e de sintomas, e dependemos de consultas médicas e exames laboratoriais para saber o que acontece no corpo. Mas imagine se pudéssemos *prever* que um mal-estar físico ou um surto emocional se manifestaria. Seríamos muito mais saudáveis e nossa vida se tornaria bem mais plena. Devido às limitações da formação médica, raramente temos a opção de descobrir as verdadeiras causas das doenças. No entanto, é possível prevenir a doença e o colapso emocional.

Removendo a tampa do inconsciente, podemos ser guiados por um saber mais profundo. As práticas e técnicas que nos levam para dentro de nós mesmos fazem com que possamos nos comunicar com a inteligência maior e aprender com ela, quer optemos fazer isso por meio de desenhos espontâneos, sonhos, meditação, trabalho com a respiração ou recorrendo às inúmeras práticas que nos introduzem no âmbito de cura da nossa sabedoria interior.

A comunicação com a inteligência maior não só é possível, como também acontece o tempo todo, quer tenhamos consciência dela, e estejamos em sintonia com ela, ou não. A mesma inteligência que promove a comunicação das células no corpo humano está presente em todas as formas de vida. Ela se caracteriza pela fluidez e se movimenta com intenção e também com despreocupação, vencendo todas as barreiras da matéria, do tempo e do espaço. Ela nos auxilia de maneiras que muitas vezes parecem coincidências. Acontecimentos inexplicáveis, curas e mensagens de prevenção ou de consolo surgem precisamente no momento em que precisamos deles, como aconteceu comigo ontem, quando o tempo de espera para renovar a carteira de habilitação foi abreviado e terminou com o presente da gratidão.

Para receber essa comunicação, quer ela chegue por meio dos símbolos ou das palavras, você precisa aquietar a mente, como um lago tranquilo, sem turbulências que perturbem as reflexões. O que aconteceu comigo hoje serve de exemplo. Eu cuido da minha esposa, Bobbie, que sofre de esclerose múltipla há várias décadas. Há dias em que preciso dedicar tanta atenção a ela e ao mesmo tempo cumprir outras obrigações, que tudo parece me abater. Às vezes é um problema sério aceitar meu destino e aprender a lição da compaixão. Ao dedicar quase toda a minha vida à cura das pessoas, sempre as incentivei a cuidar de si mesmas do mesmo modo que cuidam de outras pessoas. Mas pode ser difícil fazer o que se prega quando se cuida durante muito tempo de alguém que se ama. É fácil esquecer que também temos necessidades.

Hoje de manhã levei os cachorros para passear num dos meus lugares favoritos. O cemitério próximo de casa já existe há vários séculos. Ele está localizado no subúrbio da cidade, e raramente vejo alguém por lá, exceto quando algum aniversário de morte é celebrado ou se realiza um funeral. Como o local é sossegado, posso deixar os cães soltos. Para mim, é como fazer uma meditação andando, e para eles é uma aventura. Os cães são mestres do viver no momento. Hoje eles farejaram alguma coisa à beira do caminho, distante dos túmulos. Fui até o local e encontrei um ursinho de pelúcia branco com a mensagem *Me Ame* sobre o peito. O urso estava tão limpo e conservado como se tivesse acabado de sair da loja. Olhei ao redor, mas não vi ninguém. Li novamente as palavras em voz alta: "*Me Ame*". Senti como se alguém tivesse deixado o ursinho ali, sabendo que essa era a mensagem que eu precisava. Foi um presente maravilhoso. Coloquei o ursinho no bolso e voltei para casa.

Coincidências aparentes como essa ocorrem exatamente quando mais se fazem necessárias. Quando dedica alguns momentos ao silêncio, você aumenta as oportunidades de receber mensagens de amor e de apoio. O pequeno urso está hoje no balcão da cozinha com outros ursinhos que encontrei. Eu crio pequenos santuários com eles para aplicar terapia em mim mesmo ao longo do dia.

A linguagem da criação e da alma se expressa de muitas maneiras, às vezes num sussurro sutil, outras vezes manifestando-se muito claramente, fazendo com que seja difícil duvidar, quanto mais ignorar. Em geral, minha atitude era de ceticismo, porque eu pouco sabia e entendia. Eu não fui treinado para olhar através de outras lentes. Com o tempo, todavia, aprendi a estar disponível a outras formas de comunicação e a outras possibilidades. Testemunhei uma sensitiva na Califórnia localizar nosso gato perdido em Connecticut. Quando aprendi que somos mais do que um corpo, passei por uma experiência de quase morte. Tive experiências com vidas passadas e recebi mensagens de pacientes mortos por intermédio de médiuns. Cheguei inclusive a ouvir vozes de mortos falando comigo. Não procurei nenhuma dessas experiências, mas as vivi. Em vez de negar realidades dessa natureza alegando que não conseguia compreendê-las, seguindo o exemplo dos astrônomos e dos físicos procurei aceitar o que eu vivenciava, explorar o invisível e me comunicar com ele.

O psicoterapeuta Ernest Rossi observou que "as experiências, sensações, pensamentos, imagens, emoções e comportamentos com que convivemos a todo instante podem modular a expressão gênica e a neurogênese de formas que podem realmente alterar a estrutura física e o funcionamento do nosso cérebro".[1] Com isso ele quis dizer que nossa mente se assemelha a um controle remoto, com um número infinito de canais possíveis de escolher no depósito da consciência maior, e que nosso corpo é como a tela do televisor que aciona os canais que sintonizamos. Se nos limitarmos aos canais frequentados por nossos iguais, toda a nossa vida irá se amoldar aos limites do horizonte deles, e a nossa medida de sucesso irá se basear no grau de reconhecimento que alcançamos. Em outras palavras, se você for assíduo ao canal financeiro e não ao canal da espiritualidade, toda a sua vida girará em torno de bens materiais e a sua medida de sucesso se baseará no que você acumulou. Se você for assíduo ao canal da espiritualidade, a sua vida se orientará para a melhoria do mundo e a sua medida de sucesso se baseará no que você fez para aperfeiçoar a vida. Você não é mais governado por normas e estatutos sociais, políticos e religiosos. Sua vida, um presente de Deus para você, se torna seu presente para Deus por intermédio das suas ações.

Podemos conceber a consciência como um campo universal que afeta a todos nós, uma realidade constatada por estudos realizados por físicos quânticos. Obras como *The Psychobiology of Gene Expression*, de Ernest L. Rossi, dão uma ideia do processo de funcionamento da mente universal. Rossi menciona uma forma de inteligência que se comunica através de mudanças em nossos genes. Ele escreve:

> Essa classe especial de genes [genes de ativação imediata] pode reagir a sinais psicossociais e a eventos vitais significativos de forma adaptável em questão de minutos. Os genes de ativação imediata são descritos como os mediadores recém-descobertos entre a natureza e a nutrição: eles recebem sinais do ambiente para ativar genes que codificam a formação de proteínas, que então executam as funções adaptativas da célula na saúde e na doença. Os genes de ativação imediata integram mente e corpo; eles são atores principais na medicina psicossomática, na cura mente-corpo e nas artes terapêuticas.[2]

Se você tem dificuldade em acreditar que os genes podem agir para comunicar mensagens importantes que iniciam respostas de sobrevivência imediatas, considere como as bactérias aprendem a resistir aos antibióticos, como os vírus resistem aos antivirais, como os ferimentos de seres vivos curam, como os seres vivos resistem aos parasitas, e assim por diante. Todos esses processos necessitam de uma forma de inteligência que domine a situação e em seguida comunique a resposta desejada às demais células do corpo. Para que o conhecimento passe para gerações futuras, isso precisa ser feito no nível dos genes. O conhecimento e as lembranças são armazenados não só no cérebro, mas também nas células do corpo. Esse fato se torna mais evidente quando o receptor de um transplante de órgãos acorda da cirurgia com lembranças novas, exclusivas, e algumas preferências do doador do órgão. Logo depois que Claire Sylvia se submeteu a um transplante duplo de coração e pulmão no Hospital Yale-New Haven, perguntaram-lhe o que ela mais desejava naquele momento; ela respondeu: "Na verdade, estou morrendo de vontade de tomar uma cerveja".[3] Ela se perguntou, por que eu disse isso? Ela não bebia cerveja, e *nem gostava* de cerveja. Acontece que o coração doado pertencia a um adolescente que adorava tomar cerveja e andar de moto. Mais tarde ele apareceu a Claire em sonho e revelou seu nome. Por fim, ela acabou localizando a família do doador por meio do obituário do filho, conheceu os pais do jovem e ficou a par de outros detalhes a respeito dele. Claire, que analiso em maior profundidade no Capítulo 4, pediu-me que a visitasse porque, embora todos pensassem que estivesse fora de si, ela sabia que eu a entenderia. Ela escreveu um livro sobre sua experiência, *A Change of Heart*.

Quem analisa outra forma de inteligência invisível e de comunicação fora do corpo é Lynne McTaggart, no livro *The Field*. Ela escreve:

> Os físicos quânticos descobriram uma estranha propriedade no mundo subatômico, chamada "não localidade". Essa propriedade é a capacidade de uma entidade quântica, como um elétron individual, por exemplo, influenciar outra partícula quântica instantaneamente a qualquer distância, *mesmo não havendo troca de força ou energia*.

A partir do momento em que ocorre qualquer contato entre partículas quânticas, estas "mantêm seu vínculo, mesmo

15

separadas, de modo que as ações de uma sempre influenciarão a outra, por mais distantes que estejam uma da outra".[4]

Evidências de comunicação invisível entre partículas menores que o átomo já são conhecidas há bastante tempo. Por exemplo, mutações biológicas em uma variedade de planta numa parte do mundo foram registradas na mesma variedade em outras partes do globo. O conhecimento também é comunicado: quando uma espécie animal aprende a usar uma vara como instrumento para realizar uma determinada tarefa, indivíduos da mesma espécie aprendem a mesma habilidade em outras partes do mundo, apesar da inexistência de qualquer meio de comunicação ou de ligação física visível.

Na Inglaterra, depois de muitos anos de entrega de leite, pássaros começaram de um momento para outro a bicar garrafas de leite abertas deixadas à porta das casas. Durante a Segunda Guerra Mundial, as entregas foram suspensas. Quando a guerra terminou e as entregas foram retomadas, os pássaros recomeçaram imediatamente a bicar as garrafas. Considerando o tempo decorrido, poucos indivíduos desse segundo grupo de pássaros seriam sobreviventes da época em que a entrega tinha sido interrompida. Como filhotes não treinados poderiam saber de modo tão rápido o que fazer?

Assim que os físicos identificaram a não localidade (a propriedade subatômica das partículas quânticas de influenciar outras partículas sem a permuta física de força ou energia), observadores compreenderam que ela é a explicação para certos fenômenos, como o de animais demonstrando habilidades que não lhes foram ensinadas. O que percorre o mundo e passa de geração a geração não é matéria, mas inteligência.

Na medicina ocidental, quando os médicos ouvem alguma coisa que não constou da sua formação ou treinamento, muitas vezes dizem: "Não posso aceitar isso". O que querem realmente dizer é: "Não sei explicar isso". E então rejeitam. Mas para usar o potencial que temos, precisamos manter a mente aberta. William Bengston, Ph.D., em seu livro, *The Energy Cure: Unraveling the Mistery of Hands-On Healing*, descreveu sua pesquisa experimental com camundongos inoculados com um tipo de câncer agressivo cujo histórico previa a evolução para o estado terminal em 100 por cento dos casos em questão de semanas. Bengston treinou estudantes pesquisadores a aplicar uma técnica de cura por imposição das mãos denominada "recorrência imagética" (*image cycling*). Os pesquisadores nunca haviam praticado a cura e tampouco tinham qualquer interesse ou fé nela. Na maioria dos casos, os camundongos ficaram totalmente curados. Esse resultado ocorreu não uma vez, mas muitas vezes ao longo dos experimentos controlados realizados em laboratórios científicos de várias instituições muito respeitadas. Os próprios colegas de Bengston que haviam observado os experimentos, visto os controles e testemunhado os resultados surpreendentes não acreditavam que a medicina tradicional levaria o trabalho dele a sério.[5]

Experiências de quase morte nos dizem que somos mais do que apenas corpos físicos. Jung dizia com frequência que psique e matéria são aspectos complementares da mesma realidade. Acredito que esses dois aspectos se comunicam um com o outro através de imagens, da linguagem da criação e da intenção. Por meio de imagens em sonhos e em desenhos espontâneos, podemos entrar em contato com nossa sabedoria interior e revelar a pessoa que realmente somos. Podemos remover imagens negativas implantadas em nossa mente e reeducar nosso pensamento com visualizações criativas e afirmações positivas para adotar atitudes de promoção da vida. Podemos aprender a viver no momento e a utilizar o poder de cura de práticas diárias como o riso, a meditação e a manutenção de um diário pessoal. Amar e curar nossa vida não significa apenas derrotar a doença; consiste também em ser saudáveis, ter paz interior e encontrar a realização.

Em *A Arte de Curar*, discuto sobre todos esses temas e também enfatizo os benefícios que podemos obter trabalhando e aprendendo com animais, com clarividentes e com intuitivos. Ao compartilhar histórias reais de pacientes, espero ilustrar de forma concreta como outras pessoas incorporaram práticas criativas com resultados positivos. Também ofereço ao longo do livro inúmeros exercícios prescritivos (intitulados "Prescrição do Médico") para ajudar você a explorar seu próprio mundo de sabedoria interior.

Desde que renunciei à cirurgia para facilitar a cura dos meus pacientes de modo diferente, me refiro a mim mesmo como "cirurgião junguiano". Hoje uso instrumentos diferentes dos cirúrgicos para ajudar os pacientes. Quatro desses instrumentos são uma caixa de creions, uma pistola de água, qualquer objeto que faça barulho e uma caneta mágica. Você vai tomar conhecimento do grupo de terapia dos Pacientes Excepcionais de Câncer que minha esposa, Bobbie, e eu começamos. O grupo ainda se reúne regularmente e ajuda centenas de pacientes a curar a própria vida e também o corpo. As pessoas têm a capacidade interior de induzir a própria cura. Vi repetidas vezes pacientes meus alcançar muitos resultados positivos depois que tomaram a decisão de adotar algumas das técnicas e atitudes descritas neste livro.

No meu *site*, berniesiegelmd.com,* ofereço livros e CDs de meditação, em inglês, além de orientação individual na seção "Ask Bernie a Question" [Pergunte ao Bernie]. Nos muitos artigos e entrevistas postados, na página, recomendo instrumentos criativos que orientam as pessoas no processo de tomada de decisão que adotam em sua vida diária e quando se deparam com diferentes desafios. Este livro tem, como objetivo, a intenção de ampliar o número desses instrumentos, aju-

---

* Caso haja mudança no site do autor e não consiga adquirir os CDs e livros de meditação, é possível encontrá-los-los no site da amazon.com. (N.E.)

dando as pessoas a aprender a viver (ou morrer) em harmonia, plenitude e paz.

Quero compartilhar meu método de cirurgia junguiana com o mundo, em especial com os profissionais da saúde e com os pacientes e suas famílias para que compreendam como aspectos somáticos da saúde e da doença são inseparáveis da integração natural de mente, corpo e espírito. Despendemos imensas quantidades de tempo e de dinheiro na exploração do espaço exterior, mas o espaço interior oferece o mesmo deslumbramento e mistério, e deveria ser incluído na educação dos nossos profissionais da medicina.

Quando abrimos a mente, quando damos ouvidos à nossa sabedoria interior e à consciência maior, e nelas nos inspiramos, iniciamos a jornada realizadora e às vezes milagrosa para a saúde e a cura autoinduzida. Quando aceitamos empreender essa jornada, tornamo-nos artistas, e nossa vida passa a ser a tela. Convido você agora a ser curioso e aberto como uma criança. Segure minha mão e caminhe comigo por estas páginas. Trabalhando juntos, você logo descobrirá que esteve criando, praticando e vivendo a arte de curar. Quando o artista está vivo dentro de nós, tornamo-nos seres criativos, estimulantes, com quem todos à nossa volta podem se beneficiar. Assim, continue lendo, pegue seu pincel e paleta, e comece a viver sua verdadeira vida.

Capítulo 1
O DESPERTAR DO MÉDICO

"Enterrado no subconsciente, no recesso mais remoto da memória, encontra-se o conhecimento de tudo o que precisamos saber sobre a existência."

— Rabino Noah Weinberg

*I*magine como você se sentiria se, olhando nos olhos de uma pessoa, tivesse de dizer: "Você tem câncer em estágio IV". Essa informação muda radicalmente a vida dessa pessoa. Observe a expressão de consternação no rosto dela e dos familiares que a acompanham. Imagine em seguida o estado de um paciente desacompanhado, sem ninguém para apoiá-lo ao receber o mesmo diagnóstico. Em ambos os casos, você é a corda de salvação e a fonte de esperança do paciente. Você é seu orientador e guia pessoal no caminho para a sobrevivência e pode ajudá-lo a realizar seu potencial por meio da cura autoinduzida.

Eu me tornei médico porque gosto das pessoas e queria ajudá-las a se recuperar quando adoeciam. Mas depois de exercer durante anos a profissão de pediatra e cirurgião geral e da realização de centenas de cirurgias, me senti arrasado ao constatar que não conseguia recuperar ou curar todos os meus pacientes. Fiquei profundamente angustiado e, para agravar ainda mais a situação, sem ninguém com quem conversar sobre o assunto. E também me revoltei, porque a minha formação médica não me havia me preparado para lidar com a vida das pessoas; me ensinaram apenas o funcionamento mecânico da medicina e da cirurgia. Cheguei a escrever aos diretores da faculdade que frequentei, dizendo: "Vocês fizeram de mim um excelente técnico, mas não me ensinaram a cuidar de mim mesmo e dos meus pacientes".

Um médico aposentado, que depois se formou em Teologia e se tornou capelão na Escola de Medicina de Yale, realizou um estudo no qual, como parte da pesquisa, perguntou aos cirurgiões como se sentiam ao exercer a profissão. Com todos os entrevistados, ele precisou repetir a pergunta de três a cinco vezes antes de obter a resposta: *"Eu penso..."* Quando esses cirurgiões por fim usaram as palavras *Eu sinto*, em sua maioria disseram que se sentiam pesarosos e que não queriam conhecer seus pacientes mais intimamente.

Muitos outros estudos revelam que os cirurgiões sofrem de depressão, esgotamento profissional e ideação suicida em graus mais elevados do que a população em geral, e que na eventualidade de um erro cirúrgico ou quando a cirurgia não resolve o problema, ficam ainda mais atormentados. Além disso, dentre as profissões mais estressantes (como ser policial, assistente social, professor e enfermeiro), eles são os que menos procuram orientação ou ajuda psicológica.

Na tentativa de evitar o sofrimento emocional, os cirurgiões muitas vezes se distanciam dos pacientes e os identificam pelo diagnóstico ou doença, pelo número do quarto ou pelo tratamento. Ouvi médicos falar com colegas sobre pacientes e se referir a eles como "a mastectomia dupla" ou "o glioblastoma", mesmo próximos o suficiente para ser ouvidos pelo paciente. Que imagem lhe vem à mente quando eu digo "a mastectomia dupla"? Você vê o semblante de uma mulher que tem família, marido e filhos que a amam? Não. Você só vê a deformação e as cicatrizes do corpo.

Para mim, um médico que atende pessoas, mas não sabe ouvi-las e se comunicar com elas, é como um padre ou pastor que não sabe falar com Deus. Quando um paciente percebe que seu médico não o vê como um ser humano, a doença e o próprio tratamento se tornam motivo de medo ainda maior; sentimentos de isolamento e impotência se instalam no indivíduo e afetam sua capacidade de sobreviver.

Quanto mais eu praticava a medicina como cirurgião, mais difícil se tornava não me sentir um fracasso com relação aos meus pacientes e a mim mesmo. Eu não conseguia compreender por que Deus havia feito um mundo tão imperfeito. Em 1977, ouvi falar de um seminário intitulado "Fatores Psicológicos, Estresse e Câncer", apresentado pelo rádio-oncologista Carl Simonton.

Nos primeiros anos de sua carreira, o doutor Simonton observou que quando pacientes com cânceres semelhantes recebiam a mesma dose de radiação, os resultados das aplicações variavam de maneira considerável. Ele identificou as variáveis entre os pacientes e constatou que a única diferença significativa em termos estatísticos parecia estar na atitude e na vontade de viver dos pacientes. Concluiu então que pessoas com uma atitude mais positiva em geral viviam mais e eram menos suscetíveis aos efeitos colaterais da radiação.

Às suas técnicas terapêuticas, o doutor Simonton acrescentou orientações de estilo de vida, que incluíam meditação e imagem mental, e ajudou a desestruturar o modelo rígido das práticas médicas estabelecidas da época. Os resultados de suas pesquisas indicaram que quando orientações de estilo de vida faziam parte do plano de tratamento médico para pacientes com câncer em estado avançado, o tempo de sobrevivência desses pacientes duplicava e a qualidade de vida melhorava. Simonton publicou os resultados dos seus estudos em revistas médicas e em *Getting Well Again*, um livro escrito em coautoria com sua mulher, Stephanie Matthews-Simonton (psicóloga), e James Creighton.[1]

Fiquei empolgado com a possibilidade de participar do seminário do doutor Simonton, alimentando uma grande expectativa de aprender alguns procedimentos que ajudariam a mim e a meus pacientes. Eu imaginava que o evento teria como público-alvo médicos e outros profissionais da saúde, e fiquei decepcionado ao constatar que eu era o único médico no auditório. Excetuando dois psicólogos, todos os demais participantes eram pacientes com câncer.

No meu trabalho como cirurgião, muitas vezes eu visualizava um procedimento cirúrgico minuciosamente no dia anterior à operação, preparando-me para as estruturas anatômicas sobre as quais atuaria e prevendo as dificuldades que poderiam surgir durante a cirurgia, mas não tinha experiência prévia com imagens mentais orientadas. Meu ceticismo era muito grande, então, quando Carl Simonton colocou uma música suave e pediu aos presentes que fechassem os olhos. Eu estava sentado bem na frente, ao lado de um dos meus pacientes, e quando Carl olhou para mim, fechei os olhos, para que não pensasse que eu não queria seguir as orientações. Quando ele disse: "Vocês verão seu guia interior se aproximando...", pensei: "Isso é bobagem; não vim aqui para isso".

Eu me dedico à arte — à pintura, na verdade — o que significa que sou uma pessoa visual. Apesar do meu ceticismo inicial, fechei os olhos e acompanhei a voz de Carl, e em poucos instantes comecei a viajar pelas imagens orientadas, visualizando com clareza e em detalhes. A experiência que tive foi incrível. De repente, a questão não era mais: "Em que acredito?", mas sim: "Que experiência tive?"

Em cada exercício aplicado, minha mente predispôs-se a aceitar realidades a que eu não havia sido exposto durante a minha formação profissional; a lente da minha percepção começou a mudar. Observei fascinado como os participantes relaxavam realmente e como expressões de felicidade, esperança e serenidade transformavam seus semblantes. Em vez de se sentir vítimas da doença, passavam a compreender que possuíam recursos interiores poderosos para a cura e para a solução de problemas.

Em 1979, depois de participar de outro seminário de apenas três dias conduzido por Elisabeth Kübler-Ross, voltei ao trabalho. No final do dia, um dos meus colegas, o doutor Richard Selzer, me disse: "Você não é mais o mesmo". "O que você quer dizer?", perguntei.

"Você é uma pessoa completamente diferente", ele disse. "Vai abandonar a cirurgia."

Ele percebeu a mudança de consciência que tinha ocorrido em mim e viu intuitivamente o que eu não via. Ele estava certo. Dez anos depois, deixei a prática cirúrgica e passei a conversar e a ajudar as pessoas a se curar de outra maneira. Como ele sabia o que o futuro me reservava? Que intuição o inspirou e de onde ela vinha?

Quando participei do seminário de Elisabeth Kübler-Ross, o trabalho que fizemos com desenhos espontâneos revelou, em questão de horas, aspectos e informações incríveis sobre minha vida. Dada minha formação médica e meu conhecimento de anatomia, eu discernia nos desenhos feitos pelas pessoas coisas que um psicoterapeuta em geral não perceberia, em particular a estrutura de vários estados doentios e de tratamentos que esses desenhos revelavam de maneira inconsciente. Vazamentos subconscientes de informações apareciam em desenhos como árvores, nuvens e pessoas, e expunham o verdadeiro estado físico, emocional e espiritual do paciente; as imagens se tornavam símbolos da verdade interior e exterior de cada pessoa. Nesse seminário, eu soube que Carl Jung era fascinado pelo conhecimento subconsciente que os indivíduos têm do corpo e da psique e que se revelava nos desenhos dos pacientes dele.

Foi a partir desse momento que passei a acreditar e que uma caixa de creions se tornou um dos meus instrumentos terapêuticos. Comecei a pedir a meus pacientes e a seus familiares que desenhassem figuras. Essas figuras nos ajudariam a tomar decisões terapêuticas com base não apenas no intelecto, mas no conhecimento interior, e também nos ajudariam a compreender as relações familiares e os problemas psicológicos. Me irritei com o fato de que a escola de medicina em geral não aborda o tema do significado dos desenhos e dos sonhos em sua relação com fatores físicos e psicológicos. Ainda não encontrei um aluno de medicina ou um médico que tenha aprendido durante seus estudos que Carl Jung podia diagnosticar um tumor no cérebro a partir de um sonho do seu paciente.[2]

Quando me dei conta do pouco que eu sabia, apesar dos muitos anos passados na escola de medicina, entrei em contato com terapeutas junguianos para conhecer o trabalho que realizavam e os princípios que os norteavam. Gregg Furth, psicólogo junguiano e autor de *The Secret World of Drawings*,[3] me conduziu nessa caminhada, como também outra psicóloga junguiana, Susan Bach, que escreveu *Life Paints Its Own Span*. Ela fundamentou seu livro em estudos que realizou sobre desenhos feitos por crianças com leucemia. Ela também havia percebido que desenhos infantis revelam tanto aspectos psicológicos como físicos. Os indícios somáticos ou orgânicos ajudavam a chegar a um diagnóstico, a tratar a criança e a desenvolver um prognóstico, e se tornaram um meio importante de comunicação para o médico, para o paciente e para a família.[4]

Nunca vou me esquecer da mensagem que recebi de Bach depois que lhe escrevi dizendo o que eu havia descoberto nos desenhos dos meus pacientes. Ela respondeu: "Fique calmo; nós conhecemos tudo isso". Já fazia muito tempo que os psicólogos percebiam mudanças na saúde física das pessoas quando elas harmonizavam sua vida. No meu entusiasmo, escrevi também a editores de revistas de psicologia americanas, e recebi a resposta de que as informações eram "apropriadas, mas não interessantes", ao passo que editores de revistas de medicina me disseram que eram "interessantes, mas não apropriadas" para suas publicações. A reação dos primeiros editores, somada à resposta de Susan Bach, me confirmou que havia coerência quanto ao que os profissionais da saúde mental em todo o mundo conheciam e aceitavam.

Antes de começar a participar dos seminários, ao pensar nos meus pacientes, eu via o câncer que os afligia. Eu me fixava nos aspectos físicos da doença e assumia o peso da responsabilidade de curá-la. Depois dos seminários, comecei a visualizar meus pacientes como seres humanos que têm a capacidade e o potencial para curar a si mesmos. Comecei a escutá-los durante mais tempo e a fazer mais perguntas, como: "Você pode me descrever o que está sentindo e vivendo?" Palavras como *confusão, fracasso* e *esgotamento* transbordavam deles. Se o paciente dissesse: "É como uma pressão nos ombros e nas costas", eu perguntava: "O que está acontecendo em sua vida que você poderia descrever como pressão e que o está pressionando?" O paciente inevitavelmente falava sobre uma circunstância recente ou atual em sua vida que ele associava à sensação de estar carregando um fardo ou de ser esmagado pelo peso da responsabilidade. A relação mental entre emoção e estado físico lhe possibilitava examinar maneiras de fazer mudanças que aliviariam seu fardo e dariam a seu corpo uma oportunidade melhor de se curar. Alguns pacientes começaram a se recuperar quando encararam a doença como uma bênção, um apelo a despertar ou um novo começo.

UMA ABORDAGEM DIFERENTE

Agora que eu enfatizava os aspectos positivos dos meus pacientes e os objetivos que pretendíamos alcançar, não me sentia mais isolado e sob o peso da responsabilidade. No seminário de Simonton, uma das minhas pacientes me disse: "Bernie, eu me sinto melhor quando converso com você no consultório, mas não posso levá-lo para casa. Eu preciso aprender a viver nos períodos entre as consultas". Ouvindo-a dizer isso, pensei, bem, não preciso me sentir um fracasso. Mesmo não conseguindo curar a doença, posso ajudar as pessoas a viver, estou fazendo alguma coisa positiva por elas. Então enviei cartas aos nossos pacientes com câncer, dizendo: "Se você quer viver e ter uma vida mais longa e de melhor qualidade, venha para nossa reunião".

Eu não fazia ideia do número de pessoas que responderia à carta. Na época, eu pensava: "Se eu tivesse câncer e meu médico me mandasse uma carta perguntando se eu queria tentar algo novo, eu não incentivaria quem eu soubesse ter câncer a participar da reunião?"

Algumas horas antes do início do encontro, entrei em pânico. Imaginava que apareceriam centenas de pessoas, a ponto de formar longas filas fora do prédio. Onde sentariam? Minha esposa, Bobbie, que me ajudava a organizar o seminário, me lembrou que todas as iniciativas precisam começar de algum modo, em algum lugar, aconteça o que acontecer; pelo menos estávamos seguindo numa direção positiva. Ela contou algumas piadas, e as risadas me ajudaram a relaxar.

Na hora marcada, menos de uma dúzia de mulheres apareceu. Eu não pude acreditar. Compreendi que precisava aceitar o fato de que apenas não conhecia o grau de vontade de viver dos meus pacientes ou suas verdadeiras motivações e desejos. Na opinião da minha esposa, como a maioria dos meus pacientes com câncer recebeu o convite, mas não deu importância à oportunidade de participar de um evento gratuito que poderia ajudá-los, os que compareceram deviam ser pacientes excepcionais, e assim deu ao novo grupo o nome de Pacientes Excepcionais de Câncer (ECaP, Exceptional Cancer Patients).

Meus pacientes se tornaram meus professores. Uma das coisas mais importantes que me ensinaram é que o comportamento excepcional é algo que todos podemos ter, e que quando aprendemos a praticá-lo tomamos consciência do nosso próprio potencial de cura. Membros do ECaP passaram a se sentir tão bem física, espiritual e psicologicamente, que muitos deles ganharam entre meus colegas de hospital a fama de ser "um dos pacientes malucos de Bernie". Ouviram-se médicos dizer: "Esse grupo do Bernie — eles parecem um pouco doidos, mas continuam melhorando", e assim a descrição "um dos pacientes malucos de Bernie" se tornou um elogio.

O ECaP continua ativo até hoje. Ele constitui uma síntese de terapia individual e em grupo que adota recursos como meditação, visualização criativa, desenhos espontâneos, sonhos, humor e a exploração dos sentimentos. Seu fundamento é a *confrontação afetuosa*: um confronto seguro, amoroso e terapêutico que facilita mudanças do estilo de vida, o fortalecimento pessoal e a harmonização da vida do indivíduo.

Mais de trinta anos depois da criação do ECaP, fico feliz em dizer que centros oncológicos em todo o país utilizam alguma forma de trabalho de grupo terapêutico com aplicação de múltiplos métodos. A necessidade de incentivar e promover uma abordagem mente-corpo-espírito na medicina tradicional ainda é grande, em especial na formação de profissionais da saúde. Mas a pesquisa científica e as atitudes estão mudando aos poucos, e a direção da mudança é em geral positiva.

Neste livro, espero oferecer informações e também inspiração. Em cada capítulo, apresento alguns fundamentos teóricos, sempre sustentados por histórias de pacientes, e sugiro exercícios que oferecem a oportunidade de aplicar cada um desses instrumentos complementares de cura.

Capítulo 2
ORIGEM, SIGNIFICADO E VALIDADE DOS SÍMBOLOS

"Quando a alma deseja experimentar algo, ela projeta uma imagem à frente e depois se introduz nela."

— Meister Eckhart

Não raramente fico fascinado com a inteligência que atua no interior das sementes, imaginando que imagem de vida levam em suas células. Como uma semente sabe o que vai ser e conhece o alimento que a faz crescer? O que me impressiona ainda mais é ver um broto atravessando uma calçada. Como as sementes identificam a direção do sol quando a luz e o calor estão bloqueados? E por que não desistem ao perceber que foram cobertas e tocam numa parede de pedra? Recorro a exemplos do comportamento das plantas para inspirar minha família e meus pacientes. As plantas possuem uma fonte de sabedoria em seus genes; e também um sentido da gravidade. Elas não cedem aos obstáculos com que se deparam, mas forçam e pressionam ou encontram novas maneiras de chegar à luz. Assim, o que estimula as plantas a continuar a desenvolver-se e não sucumbir às dificuldades?

A resposta, para todas as formas de vida, é a *comunicação*. Comunicação é a capacidade de todos os organismos, tanto dos simples, unicelulares, como também dos mais complexos, como os humanos, de se comunicar uns com os outros. Mas ela também significa a troca de informações entre sistemas, órgãos e células dentro de corpos individuais, bem como com a consciência maior que está por trás de toda criação.

A comunicação celular evoluiu quando organismos celulares descobriram um modo de transmitir informações vitais alterando a química do seu ambiente. Em momentos de perigo eles secretavam substâncias que os faziam se agrupar em bolas de células que podiam sobreviver a condições de vida adversas, como estiagens e flutuações de temperatura. Pode-se ver esse agrupamento em criaturas bem mais complexas, como em manadas de elefantes e mesmo em grupos de baleias-cinzentas, quando formam círculos para proteger de ataques predatórios membros vulneráveis da comunidade.

No processo evolutivo, os organismos aprenderam a diferenciar comportamentos favoráveis à vida de comportamentos prejudiciais à vida, tanto no nível consciente como no inconsciente, abrindo um canal para que a inteligência dos predecessores passasse para indivíduos vivos em cada espécie. Problemas surgem para a espécie humana quando não prestamos atenção a mensagens de perigo porque nosso *nível de consciência* nos distrai. Observe que eu não disse nossa inteligência.

Se crescemos recebendo mensagens amorosas e de respeito à vida dos que consideramos autoridades, reagimos ao perigo e preservamos nossa saúde e nossa vida porque temos autoestima. Agimos com inteligência e prestamos atenção aos sinais inconscientes que damos ao nosso corpo e que ele nos dá. Mas se crescemos rejeitados, nossas escolhas e reações se tornam autodestrutivas, nocivas à vida. Quando respondemos de modo apropriado aos sinais do corpo, a comunicação intracelular resulta em promoção da vida; mas quando ignoramos ou negamos os sinais ou vivemos com medo, eles podem levar à doença.

Imagine o funcionário que sempre diz sim às exigências de horas extras do chefe, ignorando os sinais que o advertem de que seu corpo está em processo de esgotamento devido ao excesso de trabalho. A doença pode ser a resposta do corpo quando o funcionário ignora os sinais de fadiga e não se cuida, porque o leva a parar de trabalhar. Ele pode ser vítima da síndrome da segunda-feira — nome derivado do dia da semana em que mais ocorrem ataques cardíacos, suicídios, derrames e doenças em geral. Por outro lado, se ele acorda temeroso do dia que tem pela frente, sentindo a pressão arterial elevar-se, e presta atenção ao corpo, ele percebe que precisa procurar um emprego menos desgastante — precisa encontrar um trabalho que goste de fazer — ou mudar de atitude com relação ao emprego atual e ao chefe. Modificando as mensagens internas, o corpo reagirá com saúde revigorada.

Um dos mecanismos de comunicação é a linguagem imagética. Antes de ser transmitida, toda informação se organiza em torno de um padrão ou código. Esse padrão pode formar uma figura, como na costura, por exemplo. Um código pode representar um pensamento, como uma abelha esvoaçando para indicar o local do néctar às companheiras, ou pode remeter a uma ação, como a passagem do semáforo para verde. Havendo uma intenção, uma imagem se forma e tem início a comunicação. A comunicação pode ser uma mensagem simples, como o botão liga/desliga de um interruptor, ou um conjunto complexo de imagens que resultam na construção de uma catedral, como a ilustrada pela história a seguir, contada por meu amigo.

Nas cercanias da cidade-catedral de Wells, na Inglaterra, existe uma cabana de pedra construída à beira de um bosque antigo. Quando Harry comprou a propriedade, descobriu nos fundos as ruínas de uma pedreira abandonada, de onde foi tirada a pedra usada para construir a Catedral de Wells em 1175 d.C. Fiquei encantado quando Harry me informou que parte da sua casa havia sido a cabana original do pedreiro, dando à habitação quase mil anos de existência. "Debaixo das raízes e do musgo das árvores", me contou ele,

> encontrei placas de pedra enormes com marcas de talhadeira ainda visíveis. Alguns dias depois, sob os magníficos arcos da catedral, fiquei arrebatado pela sua grandiosidade. Por obra da imaginação, desejo e intenção de um único homem, blocos de pedra colossais haviam sido retalhados da terra, arrastados oito quilômetros morro abaixo e transformados em colunas, paredes e na intrincada nave arqueada da catedral. Eu me senti na presença da mão de Deus, contemplando esse milagre da criação manifestado a partir da visão inicial de uma pessoa. Sem a capacidade do homem de visualizar e comunicar ideias complexas, nenhuma catedral existiria.

Todas as espécies reagem a imagens em algum grau. O que nos torna uma espécie singular não é a nossa capacidade de raciocinar; é o modo como usamos imagens. Mesmo os que nasceram sem o sentido da visão reagem a imagens e símbolos e são capazes de interpretá-los. Para ler Braille, por exemplo, é preciso ter a capacidade de perceber e reconhecer formas e padrões específicos dotados de significado.

No processo evolutivo, quando chegamos ao nível humano, tornamo-nos mais complexos em nossas interações com o mundo externo. Desenvolvemos a linguagem e criamos obras de arte. Mesmo assim, porém, com uma consciência maior não verbal, fomos em busca de informações numa inteligência universal que só podia ser concebida por meio de imagens visuais, auditivas e táteis, exprimindo o que aprendíamos com histórias e símbolos. Os desenhos pré-históricos feitos nas paredes das cavernas e nas rochas do deserto, por exemplo, remetem a visões que os humanos buscaram numa fonte invisível durante períodos de seca. Em outros locais, as sinalizações dos xamãs ofereciam aos caçadores informações sobre a distância e a direção em que encontrariam meios de subsistência.

Os símbolos são uma forma de linguagem compreendida sem palavras e que opera como um atalho mental. Eles podem representar um objeto, uma situação, uma crença, um grupo de pessoas e muitas outras realidades. Um símbolo, como a placa de trânsito octogonal vermelha, pode conter um único significado ou, como um mito ou parábola, pode ser multifacetado e profundo. Tais mitos e parábolas são as histórias simbólicas que ensinam e que formam a estrutura e as crenças de culturas e religiões. Essas histórias enraízam-se não apenas na cultura, mas na própria psique das pessoas.

As cores em geral representam um simbolismo universal. As pessoas reagem ao vermelho com emoção (como com relação ao sangue), ao amarelo como energia vivificante (sol) e ao verde como um indicador positivo (crescimento). O significado simbólico da cor não só afeta a ação que empreendemos, mas também se comunica com nosso corpo, mente e emoções num nível subconsciente.

Em *The Secret World of Drawings*, Gregg Furth escreve:

> O símbolo libera energia psíquica inconsciente e a deixa fluir até um nível natural, onde ocorre um efeito transformador. O indivíduo que encontra uma dificuldade agora tem a possibilidade de trazer elementos inconscientes para a consciência, trabalhar com eles, e assim transcender o problema. O problema externo ainda pode estar presente, mas agora é compreendido de modo diferente.[1]

A nova compreensão é a via para o crescimento e a sobrevivência.

Quando palavras, sons e imagens se tornam metáforas, elas transportam um significado mais amplo numa representação simples, como o toque de uma campainha, e têm o potencial de promover a cura no nível do coração e da mente. Esses símbolos se comunicam com o corpo por meio dos sentimentos, estados de espírito e reações físicas automáticas. Imagens simbólicas e seus sentimentos correspondentes podem alterar a nossa química interna.

Adeptos do budismo, por exemplo, aprendem a entrar em contato com a quietude interior ao som de um sino que os chama para a oração e a meditação. Muitas vezes ensino as pessoas a aproveitar o toque do telefone como oportunidade para praticar a atenção plena. Uma mulher perturbada que adotara essa prática foi salva pelo estímulo auditivo. Perdida na escuridão da depressão, ela estava prestes a se suicidar, quando o telefone tocou. O som a fez se lembrar de entrar em si mesma e encontrar aquele espaço silencioso. Uma vez lá, ela compreendeu que não havia necessidade de se matar. Ela precisava aprender a viver.

Na década de 1960, a abordagem analítica da psicologia, desenvolvida por Carl Jung, transformou o entendimento e as atitudes de psicólogos e sociólogos na Europa e nos Estados Unidos. Jung estudava a psique através do mundo dos sonhos, da arte, da mitologia, da religião e da filosofia. Embora atuasse como psicólogo clínico, grande parte de todo o seu trabalho consistiu em pesquisar outros campos do saber, como filosofia, alquimia, astrologia, sociologia, e ainda literatura e artes, tanto no ambiente ocidental como no oriental. Sua teoria do inconsciente coletivo expresso através de símbolos e caracteres arquetípicos abriu as portas para o que hoje denominamos psicologia junguiana.

Pela definição de Jung, um arquétipo é uma representação simbólica reconhecida coletivamente e presente nos mais diferentes grupos de pessoas através dos tempos. Essas imagens arquetípicas são símbolos de autoridade e de figuras essenciais em nossa vida. Os símbolos exercem influência profunda sobre nossos sentimentos, pensamentos e modo de agir.[2]

Para Jung, moldamos inconscientemente o nosso futuro. Ele constatou também que agimos como se fôssemos deuses controlando nossa vida, e que a partir do momento em que desvendamos os reinos ocultos dentro de nós, descobrimos que muitos fatores invisíveis nos influenciam e modificam. Para um estudo mais aprofundado deste tema, recomendo o livro de Joseph Campbell, *The Hero's Journey*, e seu diálogo documental *The Power of Myth*.[3]

O Livro das Mutações, também conhecido como *I Ching*, contém a sabedoria de antigos sábios chineses que organizaram suas observações da natureza em 64 cenários ou objetos visuais. Jogando varetas ou lançando moedas, o consulente cria um padrão formado por seis linhas quebradas ou contínuas, e o símbolo resultante, denominado hexagrama, representa uma das 64 imagens. O consulente então examina a avaliação ou comentário escrito dos sábios sobre esse hexagrama para chegar à compreensão de um problema ou situação. Me impressiona o que aprendi com o *I Ching* em tempos de necessidade. Num momento recente de mudança, o oráculo me lembrou das minhas limitações e da necessidade de agir de acordo com elas, me conscientizando de que não posso determinar tudo e de que também tenho necessidades.

Ao ser solicitado para escrever o prefácio para a terceira edição da tradução inglesa do *I Ching*, Carl Jung hesitou. Ele sabia que seria criticado por seus pares ao apresentar um sistema de adivinhação em que alguém, lançando moedas ou jogando varetas, procurava o parecer de um livro antigo sobre um problema atual.

Depois de considerar os riscos para sua respeitada reputação, Jung escreveu: "Sempre tentei permanecer livre de preconceitos e curioso. Por que não ousar um diálogo com um antigo livro que se propõe como algo vivo?" Ele resolveu jogar as moedas e pedir ao livro um comentário sobre sua "intenção de apresentá-lo à mente ocidental". O ritual de lançamento das moedas produziu um hexagrama chamado "O Caldeirão", que representa "um recipiente de ritual contendo comida preparada. Deve-se entender comida, aqui, como alimento espiritual".[4]

Muitos símbolos no *I Ching* não diziam respeito à pergunta de Jung; de fato, a maioria deles não tinha relação nenhuma com ela e os comentários não faziam sentido. Mas as ponderações mais amplas dos sábios sobre o Caldeirão se aplicavam tão bem à indagação de Jung, que ele se sentiu estimulado a prosseguir. Ele escreveu o prefácio tomando sua própria experiência com as moedas como um exemplo confiável de acesso à sabedoria universal por meio de um antigo método de simbologia chinesa.

John Greenleaf Whittier, abolicionista ativo e um dos "poetas de lareira"* americanos, escreveu: "A natureza fala por símbolos e sinais".[5] Quantas vezes você se debruçou sobre uma questão e encontrou a resposta observando pássaros que se alimentavam ao ar livre ou contemplando o pôr do sol? Mais do que apenas metáfora ou história, os símbolos podem produzir reações emocionais, induzir a cura e agir como lições transformadoras.

Uma mulher conhecida minha lutava contra a depressão depois de se mudar para a Costa Oeste. Apesar da beleza que a cercava, ela enfrentava pensamentos suicidas enquanto caminhava pela praia deserta.

---

* *"Fireside poets"*, assim chamados porque escreviam para "pessoas comuns", sugerindo a ideia de pessoas ou famílias reunidas em volta do fogo, lendo ou recitando poemas. (N.T.)

Durante muitos anos eu tinha almejado morar neste lugar, mas agora que estava aqui, eu me sentia terrivelmente solitária. Eu olhava quilômetros adiante, mas não havia um único ser humano à vista. Me sentia tão deprimida, que se alguém tivesse aparecido, eu o teria evitado. Aquela sensação de isolamento quase me arrasou. Eu me esforçava ao máximo para não entrar em pânico e repetia "muito obrigada" em voz alta, esperando que a gratidão mudasse meus pensamentos sombrios.

Subitamente, uma pedra chamou a minha atenção. Lisa e achatada, ela tinha o formato de uma pegada perfeita. Eu a recolhi. Apesar do tempo frio e de um céu coberto de nuvens densas, a pedra preservava o calor do sol, e esse calor começou a me envolver. Intuí que a pegada era uma mensagem endereçada de modo especial a mim, e não me sentia mais sozinha. Também me dei conta de que a sensação de isolamento tinha sido produzida por minhas próprias escolhas.

Na mesma semana, me integrei à minha comunidade por meio do trabalho voluntário e comecei a frequentar as reuniões dos doze passos e a fazer amizade com outras mulheres do programa. Ainda tenho momentos de solidão, mas quando reaparecem, saio para ajudar outras pessoas ou então caminhar ao lado de outro ser humano. A pegada de pedra está sobre a minha mesa enquanto escrevo, me lembrando quanto sou amada e que tenho companhia.

Para essa mulher, a pedra representava uma história sobre pegadas na areia, uma história que se tornou uma metáfora da presença de Deus. O símbolo transformou seu modo de pensar, ofereceu conforto e um lembrete de que ela precisava fazer alguma coisa para dar sentido à sua vida.

Eu também procuro sinais, e quando acho um centavo, sempre penso que estou no caminho certo. Essa moeda tem inscritas as palavras "Confiamos em Deus", as quais me lembram que devo ter fé, e a palavra "liberdade", que me lembra que devo ser meu eu verdadeiro. Abe Lincoln me leva à consciência da minha mortalidade e também me induz a me soltar um pouco.

Sabemos que a comunicação celular se dá por meio de sinais químicos e elétricos que orientam o comportamento da célula, mas ignoro como uma molécula de proteína sabe o que fazer. A criação é um milagre e está além do nosso entendimento. É fascinante imaginar uma célula — um ovo — transformando-se num ser humano, diferenciando-se em todos os componentes de que somos constituídos, fazendo com que conheçam sua função e se desenvolvam no lugar certo do corpo para desempenhar seu papel. Imagine o número infinito de sinais intercelulares que precisam ser enviados a cada componente do corpo no processo de formação de um ser humano viável — um bebê. E considere os sinais que esse corpo recebe depois de formado e ao longo de toda sua existência.

O que um toque, um abraço ou um afago diz a esse corpo sobre a vida? O que sentimentos não expressos de medo, desespero e depressão dizem sobre o desejo de viver? Cada célula do nosso corpo sabe da nossa vontade de viver e dos nossos desejos e intenções. O emocional e o físico são uma coisa só. Mente e matéria não são entidades separadas. Como disse Jung: "psique e soma são apenas aspectos diferentes do Ser Único que somos".

Do mesmo modo que organismos unicelulares reagem aos seus ambientes, assim as células do nosso corpo reagem aos ambientes físico, mental e emocional dentro e fora do corpo. Uma imagem percebida de modo negativo pode ser o caminho que nos afasta da jornada que pretendemos; mas quando contornamos essa imagem e a percebemos como positiva, podemos recuperar o terreno que perdemos e continuar a jornada da vida, fortalecidos e mais experientes.

Os seres humanos veem a vida de uma perspectiva dualista, pela qual entendemos que onde há luz, há também sombra. Entretanto, uma sombra é meramente ausência de luz.

Olhando para o sol, não se vê a sombra. A percepção, então, afeta a nossa saúde; e com muita frequência, o modo de perceber é escolha nossa. Doença é perda de saúde, não um castigo. A saúde perdida deve ser procurada e recuperada, do mesmo modo que procuraríamos a chave do carro perdida em vez de ficar imaginando que Deus queria que fôssemos para casa a pé.

SÍMBOLOS DE CURA

Pense no antigo símbolo da serpente enrolada num bastão. De início, ele representava Asclépio, o deus grego da cura e da medicina. A vara, ou bastão, de Asclépio, que associações médicas de todo o mundo adotam como emblema (um exemplo é a Academia Americana de Médicos de Família), ilustra essa dualidade com um simbolismo fascinante. A peçonha da serpente é veneno mortal. Mas na antiga China e na Índia ela era usada para tratar inúmeros males, desde a dependência do ópio e câncer de pele até problemas de fígado. Nos dias de hoje seus usos medicinais incluem o tratamento de doenças que afetam o sistema imunológico, como EM (Esclerose Múltipla) e aids. Estudos experimentais com o veneno das serpentes produziram dados que sugerem que ela reduz a taxa de desenvolvimento de certos cânceres.

Outra característica interessante da serpente é sua capacidade de mudar de pele. Quando termina o processo de mudança de pele, ela parece recém-chocada, do mesmo modo que se mostra rejuvenescida uma pessoa doente que se recupera de uma doença. Quando mudamos nossa perspectiva e vemos o sol em vez das sombras, é como se fôssemos recém-nascidos: o corpo sente nosso amor pela vida renovado, podendo daí resultar uma cura autoinduzida.

Em termos históricos, o bastão usado por um médico itinerante pode ter oferecido conforto e apoio ao observador, ou pode ter representado sofrimento e morte, dependendo da condição do paciente e da habilidade do praticante. A serpente e o bastão reunidos num único símbolo criam um lembrete vívido, tanto para o praticante quanto para o paciente, dos aspectos positivos e negativos do tratamento médico.

Como médico-agente de cura, prefiro realçar os símbolos que refletem o poder do amor. Ao nos preocupar uns com os outros, devemos lembrar que a escuridão, o frio e a morte espiritual só existem onde não há luz, calor e amor. A primeira imagem representativa da cura que me ocorre é a do coração sobre uma palma de mão aberta. O símbolo surgiu com a seita *shaker*, que se estabeleceu no nordeste dos Estados Unidos e que seguia uma disciplina espiritual de muito trabalho, simplicidade e total entrega a Deus. A mão representa caridade; o coração simboliza compaixão. Os dois reunidos implicam acolhida amorosa e aceitação incondicional, de modo que a mão realiza o ato que o coração deseja.

O efeito terapêutico da compaixão é infinito e incomensurável. A solicitude verdadeira de um médico por seus pacientes potencializa a cura e pode até dissipar a necessidade de tratamento ou cirurgia. Quando uma pessoa recebe atenção abnegada, uma mensagem viva penetra em seu corpo no nível celular. Um jovem terminal de aids confidenciou-me sua crença de "que o mal não é a doença, mas não tratar com compaixão a pessoa que vive com a doença".

A compaixão pode ter origem não só em realidades externas, mas também em vivências interiores. Um dos exercícios de visualização que pratico com meu grupo ECaP consiste em transformar o medo ou o sofrimento numa metáfora visual e trabalhar com essa imagem. Se você se debate com o medo ou com o sofrimento, procure fazer o seguinte exercício. Imagine seu medo ou sofrimento personificado num bebê chorando. Sentado confortavelmente, feche os olhos e imagine-se andando pela casa, seguindo o som dos soluços angustiantes do bebê. Ao entrar no quarto, você o encontra deitado no berço. Pegue-o e segure-o com delicadeza; embale e acalme o bebê até que ele sossegue e pare de chorar. Em seguida, com cuidado, segure o bebê afastado do seu corpo. Tome consciência de que o bebê não é você, mas que você pode abraçá-lo e aprender com ele. Que lição esse bebê tem a lhe ensinar?

Essa metáfora do bebê chorando ensina que seu medo ou sofrimento é uma oportunidade para entrar em suas sombras, prestar atenção a elas, segurá-las e acalmá-las. Elas não devem ser ignoradas ou negadas, mas acolhidas e amadas. Você pode fazer o mesmo exercício quando sonha. Em vez de fugir do demônio que aparece, vire-se para ele e pergunte por que ele está aí e o que quer de você.

Não é por acaso que um símbolo exista em muitos países, culturas e épocas e contenha os mesmos significados em cada um deles, apesar da distância física ou cronológica entre as ocorrências. Na ciência moderna, por exemplo, um triângulo (que é também a letra grega maiúscula "delta") simboliza "mudança". Os meteorologistas colocam um triângulo antes da letra T para indicar mudança de temperatura, assim como uma enfermeira desenha um triângulo antes das letras PS no prontuário do paciente para indicar uma alteração da pressão sanguínea.

O emblema dos Alcoólicos Anônimos é um triângulo no interior de um círculo, significando que para se manter sóbrios e recuperar-se de modo permanente, os alcoólicos precisam mudar de comportamento e de atitudes. As pirâmides, construídas por sociedades antigas nos dois lados do mundo, representavam transformação, ou mudança, da vida para a morte, deste mundo para o outro. Os nativos norte-americanos desenham triângulos em suas peças de cerâmica, de tecelagem e de joalheria para simbolizar o portal através do qual o espírito entra no recém-nascido ou retorna aos ancestrais.

Os números também são símbolos. Todas as religiões e culturas têm, por exemplo, sete dias na semana, e o número sete representa um ciclo de vida. O número oito representa um novo começo. O número quatro simboliza término ou totalidade, assim como a Terra tem quatro estações e quatro direções.

Outra categoria de símbolos consiste na combinação de duas ou mais imagens para compor uma metáfora, parábola ou história, indicando uma lição ou ideia que as pessoas podem aprender com facilidade e viver na prática. Eu comecei a contar histórias por dois motivos. Um deles foi ilustrado de maneira primorosa pela escritora Isabel Allende durante uma palestra que realizou vários anos atrás e de que participei. Ela citou um provérbio judaico cuja lição me tocou e marcou de forma indelével. O provérbio contém a pergunta: "O que é mais verdadeiro do que a Verdade?" Resposta: "Uma história".

Fiz inúmeras palestras em Yale, em reuniões e simpósios clínicos, tentando convencer outros médicos de que a saúde dos meus pacientes do ECaP melhorava de fato depois que começavam a participar do grupo de apoio. Quando as pessoas resolvem a vida delas, eu dizia: "curam também suas doenças". Eu citava vários artigos e revistas, mas as referências que fazia a dados científicos apenas suscitavam mais debates. Os médicos me diziam: "Não posso aceitar isso". Alguns chegavam a gritar comigo. "Esse experimento é mal controlado", diziam. Ou acerca de alguma referência que eu apresentava, reagiam: "Não é uma boa revista".

Descobri inclusive que quando eu tentava obter recursos para uma pesquisa, algumas pessoas diziam: "O que você está dizendo não faz sentido, por isso não vamos financiar sua pesquisa". E outras afirmavam: "Você não pesquisou; por que, então, deveríamos acreditar em você?" Eu não conseguia dar uma resposta aceitável nesses casos. As pessoas se irritavam comigo e acabavam pesquisando para provar que eu estava errado. Com seus resultados provando que minhas afirmações eram corretas, porém, muitos profissionais da área da saúde começaram a se mostrar mais abertos para novas possibilidades.

Um aluno da pós-graduação em Yale que pesquisava para sua dissertação de mestrado realizou um estudo no qual incluiu as mulheres com câncer de mama que frequentavam o nosso grupo de apoio. Ele apresentou dados estatísticos que mostravam uma taxa de sobrevivência significativamente mais elevada entre as pacientes que seguiam uma orientação mente-corpo-alma num grupo que se dedicava não à doença, mas a viver a vida e a assumir a responsabilidade pela própria recuperação. Foi impressionante. Quando o professor dele tomou conhecimento dessas estatísticas derivadas de dados cientificamente coletados, ele disse: "Isso não pode ser verdade. Você terá de mudar o grupo de controle".

Veja, o aluno fez a pesquisa e apresentou o resultado de algo que as pessoas não queriam aceitar. O professor disse que não podia ser verdade e que por isso precisava refazer o trabalho. Expliquei ao aluno que as pessoas não precisavam fazer parte do meu grupo para ser sobreviventes, que existem pacientes excepcionais em todo o mundo. Para satisfazer o professor, o aluno encontrou um número suficiente de outros indivíduos que alcançaram tanto sucesso quanto aqueles que participavam do nosso grupo de apoio; esses novos dados não mostraram diferença significativa entre os pacientes que seguiam e os que não seguiam uma abordagem mente-corpo-alma em seu tratamento. Os médicos me rotularam mais uma vez de mentiroso, porque "as pesquisas não provavam nada".

O que aprendi foi que se eu me apresentasse diante do mesmo grupo de médicos e contasse uma *história* sobre um paciente, ninguém sairia da reunião irritado, uma vez que tudo o que fiz foi contar uma história. Essa forma de exposição não ameaçava o sistema de crenças dos ouvintes. Era uma anedota, uma história de caso, mas uma história que teria um efeito importante: ela abriria a porta e, um mês depois, se um paciente "maluco" aparecesse no consultório desses médicos, eles diriam: "Maravilha, Siegel, você gostaria disso". E então passaríamos a conversar, e eles começariam a abrir a mente. Essas histórias se tornaram símbolos da capacidade humana para a cura autoinduzida.

Em vez de não acreditar de maneira categórica em alguma coisa que você não consegue ver, ouvir ou sentir conscientemente, pelo menos abra sua mente e *proponha-se* a levar em consideração novas ideias. Siga o exemplo de Jung e dos grandes filósofos. Seja como as crianças e deixe sua curiosidade conduzi-lo às dimensões do deslumbramento da vida. Preste atenção aos símbolos e caracteres arquetípicos e deixe que sejam seus mestres.

Nos próximos capítulos, examinaremos sonhos e desenhos e descobriremos como os símbolos neles contidos abrem as portas para nossa sabedoria interior. A mente é uma ferramenta incrivelmente eficiente que pode levar à sobrevivência ou à morte, dependendo das crenças da pessoa. A crença é comunicada ao corpo e afeta o modo como um tratamento, e os efeitos colaterais, se manifesta dentro de você.

PRESCRIÇÃO DO MÉDICO

Procure personagens e símbolos arquetípicos numa revista. Talvez você encontre um médico, um juiz, uma vela, uma cédula de dois dólares ou uma rosa vermelha. Pergunte a si mesmo se o significado desse símbolo é individual, universal ou talvez ambos. Observe possíveis emoções que ele desperta em você. Ao longo do dia, faça uma lista dos símbolos com que você interage consciente ou inconscientemente. Observe o papel que desempenham em seus pensamentos, emoções, comportamento e escolhas. Algum dos arquétipos ou símbolos aparece com frequência em seus sonhos? Em caso afirmativo, o que você acha que ele lhe comunica?

Recorte um símbolo que lhe evoca um sentimento amoroso e fixe-o no espelho ou na geladeira como uma carta de amor para você mesmo. Crie santuários de amor em toda a casa, a exemplo do que eu fiz na nossa.

Capítulo 3
O PODER DA VISUALIZAÇÃO

"Cada paciente leva seu próprio médico dentro de si."
— Albert Schweitzer

Eu era um médico atípico porque sempre procurava ajudar meus pacientes de maneira pouco convencional. Embora muitos colegas considerassem meus métodos excêntricos, eles prezavam o sucesso, por isso se os resultados eram bons para os pacientes, passavam a integrar a política do hospital. O que eu não conseguia, porém, era convencer os administradores a permitir o uso de televisor nos quartos com o objetivo de preparar o paciente para a cirurgia por meio da visualização orientada.

Formar imagens mentais não é a mesma coisa que pensar apenas sobre alguma coisa. O pensamento analítico se processa de modo particular em regiões do lado esquerdo do cérebro, área específica da linguagem, do planejamento, do julgamento e dos números. A visualização criativa, ou imagética mental, é um processo que envolve sobretudo o lado direito do cérebro, mas também outras regiões, pois implica o uso dos sentidos da visão, da audição e do olfato, além da memória, do estado de espírito, das emoções e assim por diante. Podemos usar o lado criativo do cérebro para preparar ou condicionar a mente e o corpo para uma experiência, quer seja a de aprender uma tarefa, estabilizar uma disposição de ânimo, aprimorar um desempenho esportivo ou recuperar um estado clínico.

Ao lembrar de incluir limões à lista de compras, por exemplo, você ativa o lado esquerdo do cérebro no momento em que pensa: "Preciso comprar limão", sabendo que custam R$ 3,00 o quilo. Como exemplo de um exercício de visualização criativa, imagine pegar um limão maduro e fresquinho. Sinta a superfície cerosa da casca contra os dedos e aspire o aroma cítrico suave. Em seguida se imagine pegando uma faca afiada e cortando o limão em quatro partes. Um pouco do sumo escorre e o aroma fica mais forte. Segure uma das porções entre o polegar e os demais dedos e esprema-o de modo delicado. Observe as gotas do sumo se formando e se espalhando sobre a polpa úmida e carnosa da fruta. Leve o limão à boca e goteje o sumo sob da língua.

A essa altura você deve estar interagindo com o limão num nível totalmente diferente. O cérebro todo está envolvido no processo. As glândulas começam a salivar e o amargor do limão talvez o faça tremer ou comprimir os lábios. Seu corpo reage como se você tivesse provado um limão de verdade. O processo de visualização convenceu seu cérebro de que o limão é real.

Levando em consideração a reação imediata do seu corpo à imagem de um limão, imagine o que você poderia fazer vendo-se passar por uma cirurgia, quimioterapia, radiação, e em seguida recuperar a saúde sem nenhum efeito colateral negativo. Sou testemunha disso e ouvi centenas de histórias impressionantes de pacientes que usaram essa extraordinária ferramenta mental para transformar o medo do tratamento numa experiência poderosa, amorosa e de cura.

A imagética mental é uma técnica usada há muito tempo no mundo esportivo. Atletas são treinados a visualizar resultados favoráveis dos seus movimentos, antes de realizá-los, como uma jogada de basquete ou uma tacada no golfe, pois assim as possibilidades de sucesso aumentam. Um amigo meu, profissional de golfe, comentou:

> Se minha mente imagina com clareza a bola caindo onde desejo que caia, meu corpo sabe exatamente o que fazer para produzir esse efeito. Eu não preciso pensar nos detalhes da pegada, da posição e do balanço. Apenas imagino o resultado final e entrego a execução da tarefa ao taco e ao meu balanço.

Apenas recentemente, com a aplicação de recursos tecnológicos como a imagem por Ressonância Magnética Funcional (fMRI, do inglês Functional Magnetic Ressonance Imaging) e a Tomografia por Emissão de Pósitrons (PET, do inglês Positron Emission Tomography), é que começamos a obter imagens do cérebro para medir e esclarecer a atividade cerebral com maior precisão. Esses recursos estão facilmente disponíveis e possibilitam aos cientistas observar em tempo real o que acontece de fato no cérebro. Os experimentos de Alvaro Pascual-Leone na Escola de Medicina de Harvard, na década de 1990, consistiam em estimular voluntários a aprender um pequeno trecho musical ao piano utilizando cinco dedos.[1] Uma das conclusões das pesquisas foi que os voluntários que *imaginavam* realizar o exercício repetitivo mostraram uma atividade neural no córtex motor correspondente do cérebro igual à dos que faziam o exercício fisicamente. Os voluntários que se valiam de imagens mentais ludibriavam o cérebro, fazendo-o acreditar que tocavam o trecho de verdade.

Tive a oportunidade de testemunhar um fenômeno semelhante. Um dia antes de realizar um procedimento cirúrgico simples no consultório, um paciente e eu acabamos entrando num debate intenso e interessante. Durante a conversa, peguei o bisturi e fiz uma incisão no paciente. Em seguida notei que a enfermeira me acenava agitada, tentando chamar minha atenção. Quando conseguiu, apontou para a seringa com o anestésico tópico que eu não tinha usado. Perguntei ao paciente como se sentia; ele respondeu que estava tudo bem, e então concluí o procedimento. Depois eu disse a ele que nós dois havíamos sido hipnotizados pela discussão e que eu não tinha aplicado a anestesia na área da cirurgia. Ele ficou muito surpreso, pois acreditara que havia sido anestesiado, e por isso não sentiu dor. Sei de cirurgias mais complicadas que também foram feitas sob o efeito da hipnose, e eu próprio recebi a ajuda de hipnoterapeutas na sala de operações.

Minha experiência também me mostrou que quando pacientes acreditavam estar recebendo tratamento de radiação, apresentavam efeitos colaterais e regressão dos tumores, e isso apesar de não haver material radioativo na máquina em decorrência de consertos malfeitos. Poder-se-ia dizer que a crença desses pacientes assumia uma forma de auto-hipnose ou que eles visualizavam de maneira criativa o material radioativo cumprindo sua função. Como quer que se descreva o processo, o cérebro imaginava que o tratamento estava acontecendo de fato, e o corpo reagia de modo correspondente.

Uma mulher me escreveu sobre sua experiência com uma técnica de visualização criativa que aplicou depois de receber o diagnóstico de câncer no pulmão aos 32 anos de idade.

> O filho da minha vizinha estava morrendo de câncer nos ossos depois de uma remissão de sete anos. Apesar de envolvida com a doença do próprio filho, essa mulher prestativa, ao ficar sabendo do meu diagnóstico, veio me visitar e falou sobre o primeiro livro que você escreveu, *Love, Medicine & Miracles*. Ela mencio-

nou como você ensina a devorar o câncer com um Come-Come usando a imaginação. Eu fazia essa visualização todos os dias e me imaginava correndo uma maratona, com os pulmões rosados e saudáveis. Graças a Deus, quando me apresentei para fazer um novo exame de raios X, o câncer havia desaparecido por completo. Meu médico demorou meia hora para voltar e me comunicar o fato, pois andou por toda a clínica espalhando a maravilhosa notícia para os que estavam lá.

Ao ajudar meus pacientes a visualizar o corpo eliminando a doença, aprendi a evitar o uso de linguagem com conotações negativas, como *comer* ou *matar* o câncer. Para alguns pacientes, o enfoque agressivo não é eficaz. Em vez de pedir que visualizem Come-Comes ou animais devorando o câncer como um pedaço de carne, eu os ajudo a remover a doença de forma amorosa; por exemplo, visualizando a luz de Deus derretendo um tumor como se fosse um bloco de gelo.

Às vezes os pacientes me perguntam por que os oncologistas recomendam quimioterapia quando sabem que ela pode matar o paciente. Eu explico que a quimioterapia pode salvar vidas, e salva mesmo. A realidade é que todos morrem, mas se você opta por empreender uma jornada de cura, a questão fundamental a considerar é: "Que sofrimentos você está disposto a suportar para voltar a viver e fazer o sofrimento valer a pena?"

Quando uma pessoa se fixa nos aspectos negativos do tratamento, ela precisa ser fortalecida e ter a oportunidade de tomar sua própria decisão sobre o que é bom para ela, e não apenas tentar evitar a morte. Os pacientes não devem se prender somente à doença, o que só fortalece o inimigo. É por isso que enfatizo de modo tão vigoroso a importância de uma parceria total entre médico e paciente. Nessa parceria, o paciente tem a vantagem de receber informações sobre opções de tratamento de um médico especializado e experiente, e o médico tem a vantagem de ajudar o paciente a tomar uma decisão com a qual possa viver e se sentir à vontade com ela. Conheço muitas pessoas que preferem quimioterapia a uma dieta especial, por exemplo, porque a dieta é um problema maior para elas do que o tratamento médico.

A mente é poderosa. Vendo o tratamento como um presente de cura, você não terá todos os efeitos colaterais que podem decorrer dele. Peço às pessoas que desenhem a si mesmas antes de um tratamento; pelo desenho, posso dizer se a imagem que têm do tratamento é negativa. Por exemplo, um paciente desenhou uma figura da quimioterapia como o diabo injetando veneno, me dando a entender que havia aí um problema. Num caso como esse, podemos aplicar técnicas de visualização para ajudar o subconsciente do paciente a transformar a ideia negativa numa experiência positiva de cura. Se um paciente não consegue reverter sua crença, recomendo que não a alimente.

Sempre digo de modo enfático que diante de uma doença grave como o câncer é de suma importância encontrar um oncologista com quem você possa manter uma comunicação aberta, tranquila e honesta. A maioria dos oncologistas nunca recebeu quimioterapia, e sem um conhecimento prévio da própria experiência, eles não conseguem entender muito bem a experiência vivida pelos pacientes. O paciente deve ser atendido com compaixão e com total respeito às suas escolhas. Preservando nossa força de pacientes, cabe a nós escolher o médico e o tratamento. Como eu disse, há pessoas que detestam vegetais, preferindo quimioterapia em vez de uma perspectiva puramente nutricional com relação ao tratamento. Outras optam por deixar que Deus as cure, posição que também tem sua justificativa. É importante que cada paciente se sinta à vontade com suas escolhas e que não se recrimine se os resultados não forem os que ele esperava.

Na busca de um médico "bom" para tratar o câncer, procure localizar um "nativo" (isto é, um que tenha sofrido de câncer) ou um que tenha tido um membro da família afetado pela doença. Além disso, escolha um médico que aceita críticas de pacientes, de enfermeiras e da família. Esses médicos consideram a crítica como uma oportunidade de aprimoramento pessoal e de aprendizado com os próprios erros. Eles não procuram pretextos nem incriminam seus pacientes. Se você conhece alguém que foi submetido ao tratamento de câncer, pergunte como o médico dele o tratava e se ele o recomenda. Pergunte a uma enfermeira com que oncologista ela gostaria de se tratar se tivesse câncer.

O potencial para a cura está em você mesmo; o corte no dedo que sara naturalmente é um exemplo simples disso. Quando você pratica visualização orientada, você reprograma seu corpo. A visualização orientada por si só pode ajudá-lo a fazer o que você quiser, por isso use-a para ver a si mesmo tornando-se a pessoa que você quer ser e fazendo as coisas que quer fazer. Essa é uma forma eficiente de dar ao corpo o que ele precisa para estar bem. Estudos mostram que a química do corpo de um ator muda de acordo com o papel cômico ou trágico que ele representa. Por isso, ensaie mentalmente e pratique a visualização até se tornar a pessoa que você quer ser.

Certa ocasião, Bobbie e eu estávamos na Flórida e fomos visitar um amigo neurologista. Quando chegamos, ele atendia uma paciente, por isso aguardamos na sala de espera. Alguns minutos depois, uma enfermeira entrou e nos disse: "Vou levar uma mulher para a sala ao lado; ela irá para o hospital em poucos minutos. Peço que não façam barulho, pois ela está sentindo muita dor. Faz uma semana que está com enxaqueca".

Quando a enfermeira saiu, pensei comigo: "O que tenho a perder? Talvez eu possa ajudar a mulher com visualização orientada ou algo parecido". Então fui à sala onde ela estava e perguntei: "Como é a dor?"

"É como uma pressão", ela respondeu.

Se ela fosse paciente minha, a pergunta seguinte teria sido: "Que pressão seria essa em sua vida?" Mas eu lhe disse: "Vamos examinar a pressão em sua cabeça e em sua vida e aliviá-la". Fiz com ela um breve exercício com imagens mentais orientadas e voltei para o meu lugar.

Alguns minutos depois a enfermeira, muito confusa, voltou à sala de espera. "Ela falou que a dor desapareceu por completo e pediu que lhe dissesse que a pressão é o casamento dela. Em seguida, agradeceu e despediu-se", disse a enfermeira.

As palavras que dizemos criam imagens, do mesmo modo que as lembranças que guardamos. Essas imagens e lembranças estão armazenadas no corpo, e quando são prejudiciais, acabam cobrando seu preço. Por isso, é de suma importância alimentar a mente com imagens positivas e saudáveis. Em grande parte, essa é também a mensagem de muitos mestres espirituais que nos recomendam ver a nós mesmos não como pessoas doentes e inválidas, mas saudáveis e cheias de potencial.

PRESCRIÇÃO DO MÉDICO

"Se adoecemos devido a essas imagens detestáveis,
melhoramos por causa da imaginação."

— JAMES HILLMAN

Fique numa posição confortável. Olhe para a frente e feche os olhos de maneira suave; se concentre na respiração, exalando tudo o que é tóxico e inalando o que é saudável. Inspirando vida, uma onda de paz percorre todo o seu corpo. Quando estiver pronto, comece um demorado passeio mental através do corpo. Localize possíveis feridas do passado. Irradie amor para essas áreas; observe-as sendo curadas e voltando a ser saudáveis e normais. Imagine seu corpo fazendo o que você quer que ele faça. Continue andando mentalmente, passando por todo o corpo. Não tenha pressa; aproveite bem a jornada.

Ao terminar, dirija a atenção para os pontos do corpo em que você sente nesse momento, ou sentiu, algum desconforto ou outros sintomas. Pergunte a si mesmo como você descreveria esse desconforto ou os sintomas. Em seguida procure se lembrar dos relacionamentos de sua vida que você poderia descrever com as mesmas palavras. Se um relacionamento ou situação está afetando sua saúde, saia dessa relação ou se afaste da situação. Veja o que mais você poderia descrever do mesmo modo. Ao identificá-lo, elimine-o da sua vida, encontrando ao mesmo tempo alívio dos sintomas que o aborrecem.

Ao curar sua vida, você altera a química interna e todo o seu corpo se beneficia. Encontre a harmonia e o ritmo que brotam de você mesmo, em vez de aceitar os impostos pelos outros. Imagine seu eu ideal sem medo; seu corpo tem o poder de criar o que quer que você visualize. E quando a saúde deixa de ser sua preocupação, observe como o amor pode harmonizar sua vida e curar sua doença.

Capítulo 4
SONHOS: A OFICINA CRIATIVA DO CÉREBRO

"O sonho não é... de forma alguma algo morto que farfalha como papel seco. O sonho é uma situação viva; é como um animal com tentáculos ou com muitos cordões umbilicais."

— CARL GUSTAV JUNG

Em algum momento do nosso passado remoto, o sono era um comportamento perigoso. Nosso ancestral se deitava em sua caverna ou abrigo e poucas horas depois podia ser surpreendido com a chegada de um predador. Muitas criaturas não dormem, ou dormem com o cérebro em estado de alerta, o que lhes permite acordar e reagir de modo instantâneo ao perigo.

Adrian Morrison descreve esse paradoxo em seu artigo "The Brain on Night Shift" [O Cérebro no Turno da Noite]:

Embora as nossas ondas cerebrais estejam ativas durante o sono REM, nós estamos fisicamente paralisados... para não dizer que não temos consciência do nosso ambiente... Tudo indica que estamos indefesos, levantando questões intrigantes sobre o papel do sono REM do ponto de vista da evolução.[1]

Se o estado de sono nos deixa tão vulneráveis, por que então dormimos? Por que correr o risco? Os sonhos oferecem às criaturas a oportunidade de adotar um comportamento de sobrevivência numa tela mental. Podemos encontrar um monstro ou um inimigo em sonho quando o confronto real não é prático nem seguro. No sonho temos coragem para enfrentar e aprender com o que nos ameaça. Quando despertos, podemos aplicar esse aprendizado de modo consciente.

Quando os animais dormem, durante um momento de sonho as partes do cérebro que ativam a visão e outros sentidos estão despertas, não obstante o corpo estar em repouso. Quantas vezes você já não viu um cachorro mexer as patas como se estivesse caçando coelhos enquanto dormia? Atletas relatam que praticam seus esportes em sonhos, numa espécie de prova ou teste, e escritores viram cenas de obras que estavam escrevendo se desenrolando na página do sonho. Eu realizei cirurgias em meus sonhos e com essa experiência aprendi de modo prático e emocional.

Em um sonho que tive na noite do Dia dos Pais, eu ganhei na loteria. Ao acordar me dei conta de que se tratava de uma mensagem sobre a vida, a vida como loteria, e sobre como nossos cinco filhos e suas famílias me faziam me sentir um vencedor. Como nesse caso, os sonhos podem também confirmar as realidades que são fontes de força em nossa vida e que estão à disposição para nos ajudar.

Acredito que dormimos não apenas para dar descanso ao corpo, mas também para possibilitar que uma consciência maior se manifeste por meio de símbolos e histórias em nossos sonhos. Tive muitos sonhos e experiências que se tornaram orientações pessoais e me fizeram pensar sobre a minha vida e meus atos e sobre a criação como um todo. Passei a aceitar, primeiro, que existe consciência, que a consciência está em Deus... e que a consciência é Deus, porque Deus fala em sonhos e imagens — a linguagem universal.

Sonhos e desenhos contêm informações sobre o passado, o presente e o futuro que você está criando de maneira inconsciente. Pedi a pacientes que fizessem desenhos incluindo lugares e acontecimentos que, como pude constatar, se desenrolavam no futuro. Um dos desenhos mostrava o lugar onde o paciente morreria num acidente; outro desenho apresentava detalhes específicos da sala onde a paciente seria operada (ver fig. 22 no caderno de imagens). Isso sem que os pacientes jamais tivessem estado nesses lugares.

No Capítulo 3, nos dedicamos à visualização criativa. Enquanto seguimos em CD um exercício com imagens mentais orientadas ou acompanhamos a voz do facilitador num seminário, deixamos as preocupações e responsabilidades para trás. A voz do guia nos incentiva a empreender uma jornada conduzida por nossa intuição e imaginação. Ao nos distanciar do nosso ego-mente consciente, entramos numa dimensão de relaxamento, segurança e criatividade na qual corpo e psique se interpenetram. No mundo da visualização orientada, construímos pontes para a energia serena e amorosa que habita em nós e que alimenta, cura e promove o bem-estar.

Quando sonhamos, passamos por um processo semelhante, com a diferença de que em vez de seguir a voz de outra pessoa, nós mesmos somos o facilitador das imagens. O sonho é o elo com nosso guia subconsciente, nossa alma, nosso eu superior.

A linguagem dos sonhos é sobretudo pictórica, muitas vezes simbólica, envolvendo todos os sentidos e emoções. Quanto mais estranhas forem as imagens, mais o subconsciente quer que prestemos atenção. As imagens oníricas representam aspectos de várias partes do sonhador. Quando descreve o que aconteceu no sonho, você quase sempre entende o que ele representa em sua vida ou em seu corpo.

Por exemplo, se as preocupações e problemas inevitáveis do dia produzem muita tensão, você pode sonhar com uma multidão raivosa perseguindo-o. Com os pés pesados para correr, você agita os braços com todo vigor possível até se elevar milagrosamente acima das garras afiadas dos seus perseguidores. A fuga parece a coisa mais natural a fazer. Você sobe cada vez mais, além das nuvens, e com uma sensação de imenso alívio você volta a ser criança, brincando no espaço celeste.

O ensinamento que um sonho como esse nos transmite é que somos capazes de superar nossos medos e preocupações. Assim, ele nos salva e nos dá a liberdade de ser nós mesmos e de saber que podemos viver na alegria do momento. A experiência onírica de nos sentirmos crianças brincando pode ser também uma mensagem terapêutica de um guia interior nos dizendo para tirar um dia de folga, caminhar na praia ou começar a praticar meditação ou yoga e aquietar nosso lago interior turbulento até que o reflexo de nós mesmos se torne visível.

Nossos sonhos também nos alertam para perigos que o consciente não percebe, como por exemplo a aproximação e instalação de uma doença. Como mencionei antes, Carl Jung, ao interpretar o sonho de um paciente, diagnosticou de modo correto um tumor cerebral. Tive experiências semelhantes com meus pacientes, aproveitando muitos sonhos deles para diagnosticar enfermidades físicas. Quando uma paciente chega para a consulta e diz: "Minha mamografia estava normal, mas meu sonho me diz que não". "Muito bem, vamos fazer uma biópsia", eu sempre digo. Ao longo dos anos, descobri que sempre que algum sonho do paciente lhe diz algo parecido com isso, o resultado da biópsia revela a presença do câncer. Aprendi a respeitar a sabedoria interior dos pacientes porque ela sempre está certa. Conheço pacientes que precisaram consultar cinco médicos antes de um deles encaminhar por fim uma biópsia, que confirmaria a existência do câncer. Também conheço pacientes que morreram por não seguirem o alerta de um sonho, ou porque os médicos não lhes deram ouvidos e o paciente não persistiu e insistiu em fazer uma biópsia.

Susan Hoffman contou sua história na minha última coletânea, *A Book of Miracles*. Em seu sonho, uma mulher de feições orientais e dedos delicados tocou acima do seio direito de Susan, dizendo: "O câncer está aí".

Ao acordar, Susan descobriu um nódulo exatamente no ponto que a mulher havia tocado; ela foi ao médico, que pediu uma biópsia. Alguns dias depois, Susan foi à Universidade da Califórnia em Los Angeles para fazer a biópsia. Ela escreveu:

> Me levaram para uma sala aonde médicos chegaram e apalparam o local do tumor. Quando saíram e eu comecei a me vestir, uma médica oriental entrou apressada, dizendo que estava correndo para fazer a cirurgia; ela tocou meu seio e disse: "Sim, sim, está aí, o câncer está bem aí".

Susan reconheceu de imediato a mão da médica: era a mesma que lhe aparecera no sonho.[2]

Anos atrás, quando urinei sangue, meus colegas queriam que eu fizesse uma avaliação imediata da ocorrência. Eu estava muito ocupado e não dei ouvidos às preocupações deles nem agendei uma consulta. Certa noite sonhei que eu participava de uma reunião do nosso grupo de apoio para pessoas com câncer, e todos estávamos nos apresentando. Ao chegar a minha vez, antes mesmo de abrir a boca, todos se viraram para mim e disseram: "Mas você não tem câncer". Então eu soube que estava bem, e estava mesmo. Consultei um urologista e tratei a infecção, sem nenhum desgaste ou medo, devido à minha confiança no sonho.

Durante um *checkup* de rotina, um paciente contou ao seu médico um sonho no qual um dique construído por castores barrava o fluxo de um rio. Ele acordou tão angustiado, que não conseguia tirar o sonho da cabeça. O médico estabeleceu a relação simbólica entre rios e artérias e pediu a realização imediata de uma série de exames. Estes revelaram que o homem estava com uma artéria coronária obstruída, uma condição que, se não fosse tratada, o levaria à morte.

Alguns sonhos nos preparam para notícias ruins. Andrea Hurst se sentia presa a um casamento infeliz com um parceiro cujo comportamento abusivo a deixava deprimida, impotente e sem saber a quem recorrer. Uma noite ela sonhou que caminhava com um grupo de pessoas que levavam cartazes, numa demonstração a favor de alguma coisa pela qual era na realidade importante lutar. Ela começou a temer a grande massa que se formava e foi para a calçada, mas sabendo que precisava fazer uma escolha: acompanhar a multidão ou desistir. Ela tinha consciência de que o risco era grande. Reunindo toda a sua coragem, ela decidiu lutar e voltar à passeata.

Pouco depois desse sonho vívido e perturbador, Andrea recebeu o diagnóstico de câncer de mama. No início ela sentiu a tentação de desistir, mas se lembrou do sonho e resolveu não se entregar, concordando em se submeter a uma cirurgia. Com a ajuda dos meus livros e gravações, ela mantinha um diálogo diário com Deus. "Assim que me dei conta de que ficar presa era uma atitude minha, e não a realidade, recuperei meu senso de poder e mudei de atitude", ela me disse mais tarde.

> Deixei de me sentir vítima das circunstâncias. O sonho me mostrou que eu podia fazer o que era certo para mim e me deu coragem para deixar meu casamento. Após a separação, criei um ambiente amoroso e tranquilo para mim mesma — um ambiente que deu sustentação aos efeitos positivos da cirurgia e do tratamento.

Outra mulher estava angustiada com relação à terapia escolhida por ela e seu médico. Quando sonhou com um gato branco que lhe disse que se chamava Milagre e que o tratamento era a melhor coisa a fazer, ela registrou o sonho e fez o médico seguir o conselho de Milagre. A paciente ouviu sua voz interior, a sabedoria do seu sonho, e anos mais tarde continuava viva, saudável e bem.

Conheci muitos pacientes que visualizaram estruturas anatômicas em sonho, sem saber ao certo o que elas representavam no corpo. Uma mulher se recusava a fazer uma cirurgia de remoção da glândula timo como tratamento para miastenia grave. Depois de muitas semanas com a saúde deteriorando, ela sonhou com um objeto cinza com extensões semelhantes a dedos crescendo no corpo. Ela perguntou ao médico como um timo normal se comportava, e quando o médico lhe explicou, ela compreendeu que sua glândula não era normal e então concordou em fazer a cirurgia. Quando voltou a si, pediu ao médico que descrevesse a aparência do timo doente. Ele mostrou a mão, encurvou os dedos e disse: "Era mais ou menos assim, com extensões parecidas com dedos". O timo alojava um tumor maligno, representado com precisão pelo sonho.

À semelhança do artista que esquece o mundo ao pintar sua tela, durante o estado onírico nossa consciência analítica fica temporariamente inativa, impedindo interferências do ego. Em vez de interromper o sonho com pensamentos de censura, como: "Isso é ridículo; não dê atenção a isso", nós nos sentamos e ficamos vendo o filme que passa na tela. Arrastados para o mundo onírico, vivemos a experiência de fortes sensações, desejos e conhecimento através de ambientes, ações, sons, visões, odores e mesmo sabores oníricos.

Cathy Thayer era professora de 28 crianças com necessidades especiais. Ela gostava do que fazia e era dedicada aos alunos, mas a carga mental, física e emocional que assumiu afetava gravemente sua saúde. No final do primeiro ano de magistério, Cathy foi diagnosticada com câncer de mama. Ela se recusou a abandonar seus alunos, e apesar de se submeter à quimioterapia e a tratamentos de acompanhamento durante os cinco anos seguintes, continuou dando aulas.

Certa manhã, Cathy acordou cansada e muito perturbada. Ela teve um sonho no qual centenas de pessoas acamparam no gramado na frente da sua casa. Não dando a menor atenção aos seus apelos de sossego e silêncio, os campistas faziam fogueiras com peças do jardim, espalhavam lixo, usavam o gramado como banheiro e faziam uma algazarra incessante. "Os invasores ultrapassavam todos os meus limites e não me respeitavam nem um pouco como pessoa", contou-me Cathy. "Eles agiam como se eu estivesse lá apenas para prover-lhes o necessário. E essa obrigação de suprir as necessidades deles estava arruinando minha vida."

Depois de várias recorrências desse sonho, sinal e alerta de que ela não havia resolvido o problema, Cathy entendeu que seu subconsciente estava tentando lhe mostrar o que o estresse do trabalho com crianças com deficiência estava fazendo com ela.

> Eu não estava prestando atenção ao meu corpo, então meu subconsciente resolveu me dar uma sacudida e gritar: "Acorda! Seu trabalho está te matando!" Foi aí que tomei a decisão de parar de trabalhar em tempo integral. Desde então minha saúde melhorou muito; o câncer desapareceu e o sonho não se repetiu.

Muitos anos atrás, uma das minhas pacientes se viu diante da necessidade de achar uma saída para seu tratamento. Ela descreveu um sonho em que teve de optar entre tomar o elevador ou subir pela escada, e escolheu a escada. Depois de conversar comigo, ela concluiu que o sonho indicava que ela estava determinada a confiar em si mesma em vez de usar métodos mecânicos para melhorar. Mesmo sabendo que a escada exigia mais, ela se sentia muito melhor com métodos que procediam da sua própria sabedoria e força interiores.

Sonhos podem salvar vidas quando médicos deixam de perceber informações cruciais. Ruth estava sendo tratada com medicação para resolver seu problema de dor no baixo-ventre. Uma noite ela teve o mesmo sonho quatro vezes, cada recorrência depois de acordar e voltar a dormir. No sonho, um homem gentil e delicado segurava uma faca de modo não ameaçador sobre o lado esquerdo da região onde Ruth sentia dores. Quando ela entendeu por fim que o sonho dizia que ela precisava se submeter a uma cirurgia, ela conseguiu dormir tranquilamente. No dia seguinte, passou em consulta com sua ginecologista. Marcada a cirurgia, pediu ao cirurgião que removesse a tuba uterina esquerda, o ovário e o útero. Depois da cirurgia, o laudo patológico mostrou que ela tinha um tumor agressivo no lado esquerdo do útero.

Sonhos podem também abrir a porta para mensagens de amor, consolo e aprovação, mensagens que rompem as barreiras físicas erguidas por nossa consciência, pelo intelecto ou pelo ego. Esses sonhos muitas vezes confirmam que o caminho que estamos seguindo é o correto, ou podem nos mostrar uma fonte de força, desse modo nos amparando e estimulando em nossa jornada. Quando seu lado intuitivo conhece o caminho certo num nível profundo, ele participa da sua consciência e a direção a ser tomada em sua vida se torna clara.

Pouco depois de iniciar os grupos de apoio a pessoas com câncer, me perguntei certo dia se eu havia tomado essa iniciativa por razões nocivas à saúde relacionadas com o meu medo do câncer e da morte. Na mesma noite tive um sonho em que eu era passageiro num carro que despencou num precipício; todos os demais passageiros gritavam desesperados, apenas eu me mantinha calmo diante da possibilidade da morte iminente. Acordei sabendo que meu problema não era o medo. Do mesmo modo que me tornei cirurgião para resolver problemas e não porque gosto de cortar pessoas, o sonho confirmou que eu coordenava o grupo por motivos saudáveis.

Depois de receber alta de um hospital psiquiátrico após uma tentativa de suicídio que quase se concretizou, Kelly começou a participar de um programa de reabilitação de doze passos para tratamento da dependência de álcool e drogas. Na carta que me mandou, ela descreveu um sonho que representava força e sabedoria com símbolos que eram significativos para ela.

> Grande parte da minha recuperação anterior ficou tomada por um turbilhão de emoções e de medo que nunca pareciam me deixar. Mas na noite em que cheguei a seis meses de sobriedade, tive um sonho que me deu nova perspectiva.
>
> Eu me vi fitando os olhos de um leão que parecia ter engolido o sol, tão intensa era a luz que irradiavam. O leão estava imerso num torvelinho de água azul-escura, e sob a superfície sua pata dianteira direita estava algemada. Um filhote, precioso e inocente, estava acorrentado ao leão adulto, e eu tive uma vontade enorme de protegê-lo. Eu não só sentia medo, mas estava apavorada com a força e o poder selvagem do leão. Mesmo assim, tremendo, consegui soltar o filhote, sempre procurando evitar ao máximo o leão adulto.
>
> Depois de libertar o filhote, voltei a olhar para aquela magnífica fera de luz e ouro, e ela me lembrou de como eu quase perdi tudo — quase perdi a mim mesma. Eu me sentira muito envergonhada por não ter feito nada com minha vida e havia tentado jogá-la fora. Mas agora eu estava enfrentado meus medos e emoções sem usar substâncias químicas. Estava percorrendo minha jornada com aceitação, disposição e fé. O ato de salvar o filhote comprovou minha coragem e fortaleceu meu compromisso. O sonho me fez ver quanto consegui em seis meses. Agora não tenho mais nada do que me envergonhar e tudo para amar no que diz respeito a mim.

O processo de reestruturação da vida, de se tornar uma pessoa de verdade, requer que você seja dinâmico, que mude de maneira constante, que esteja sempre em estado de *vir-a--ser*. Gosto de lembrar seguidamente que colações de grau são sempre começos e que a Bíblia termina com uma revelação, não com uma conclusão. Nossos sonhos, como o de Kelly com o leão, ilustram esse aspecto e nos estimulam a continuar nos esforçando. O importante é o processo de viver, que todos enfrentamos, não o produto final ou o resultado. A vida é uma jornada. Em vez de sair à procura do sentido da vida, damos sentido à nossa vida com o modo como amamos a nós mesmo e o mundo.

Às vezes os sonhos nos ajudam a abandonar aspectos do passado que se tornaram inúteis. Jean era criança quando sua mãe morreu de câncer de mama com metástase nos ossos. Na ocasião Jean não recebeu orientação nem incentivo dos adultos à sua volta; pelo contrário, foi desencorajada a expressar sua dor pela morte da mãe. Mais tarde, já adulta, Jean passou a sofrer de ataques de pânico crônicos que a deixavam paralisada de medo e impossibilitada de dirigir. Como ela era a única pessoa que *podia* dirigir, esse problema afetava todos os familiares.

Jean resolveu participar de um retiro espiritual que seria realizado num lugar desconhecido para ela. Uma semana antes do início, ela sonhou com um grande hotel embelezado com um maravilhoso jardim. Uma longa escada levava do saguão aos quartos nos andares superiores, e as palestras eram realizadas em salas do térreo. Uma enfermeira desceu as escadarias e perguntou a Jean se ela queria ver sua mãe, que vivera anonimamente no hotel durante todos esses anos. Com muita esperança, medo e espanto, Jean foi ao jardim, duvidando de que poderia rever a mãe. Perdê-la uma primeira vez já tinha sido doloroso demais. Por fim, ela concordou com o encontro e a enfermeira foi buscar a mãe. No entanto, voltou sozinha, dizendo a Jean que sua mãe acabara de falecer e que não seria possível encontrá-la. Jean despertou do sonho soluçando e derramando as lágrimas que havia reprimido quando criança.

Na semana seguinte, Jean chegou ao local do retiro e descobriu surpresa que o hotel era o mesmo do sonho. A princípio, ela quis dar meia-volta e sair correndo, mas a curiosidade a convenceu a ficar. No terceiro dia do retiro, ela foi para o jardim durante um intervalo. Parecendo vir do nada, uma voz sussurrou-lhe que durante todos esses anos ela estivera se agarrando à tristeza apenas porque essa era a última coisa que a ligava à mãe. Jean temia que se renunciasse à dor, restaria apenas o vazio. "Não há nenhum problema em se livrar do sofrimento. Não há nada a temer. Você não está sozinha, nunca, pois eu estou com você", a voz lhe disse.

Jean não conversou com nenhum participante do retiro sobre sua experiência. Mais tarde naquele dia, ela recebeu uma papeleta do facilitador do retiro. Nela havia a seguinte citação bíblica: *"Não temais, pois estou convosco"*. Desde então Jean não teve mais ataques de pânico. O sonho se tornou seu elo com o espírito superior que a amava e lhe propiciou a cura a partir do seu próprio íntimo.

Ouvir vozes não quer dizer que você está ficando louco. Ouço vozes seguidamente, e elas sempre me ajudam a harmonizar minha vida e minhas emoções.

Claire Sylvia, a paciente excepcional que mencionei na Introdução, tinha sonhos muito vívidos após o transplante duplo de coração e pulmão. Nesses sonhos ela começou a conhecer o doador e a acreditar no que intuitivamente sabia ser uma comunicação real com o espírito dele. Embora a maioria dos receptores de transplante não registre esse fenômeno, muitos deles afirmam ter lembranças pós-operatórias ou adquirir novas preferências que pertenciam aos doadores dos órgãos. Claire ficou surpresa quando sem mais nem menos começou a querer beber cerveja, comer *nuggets* de frango e andar de moto. Alguns receptores também declararam ter sonhado com o doador, como aconteceu com Claire.

Claire descreveu "o sonho mais inesquecível da minha vida" no seu livro *A Change of Heart*. No sonho, ela se encontrou com um jovem de corpo esbelto, e ambos gostaram de ficar juntos. Ao se despedir, eles se beijaram. Ela escreve: "Ao nos beijar, eu o inalo para dentro de mim. Tenho a impressão de que essa é a respiração mais profunda que fiz em toda a minha vida, e sei que ele estará comigo para sempre".[3]

O jovem apareceu em muitos outros sonhos de Claire e ao longo dos anos lhe mostrou alguns detalhes que a ajudaram a localizar a família do doador e a confirmar que as impressões visuais e lembranças do seu visitante onírico eram na verdade as do jovem cujo coração e pulmões animavam seu corpo.

Nossa mente e nosso corpo estão em comunicação constante um com o outro, e grande parte dessa comunicação acontece no nível do inconsciente. Por causa disso, muitas vezes aconselho meus pacientes a registrar seus sonhos. O corpo não tem outra forma de se comunicar senão por meio de símbolos, e embora seja inicialmente difícil compreender as imagens simbólicas oníricas, com prática e orientação podemos aprender a interpretar o que sonhamos. Com o recurso das imagens e o registro dos sonhos abrimos a arca do tesouro do inconsciente.

Em seu livro *Dreaming Insights*, a doutora Gillian Holloway oferece um plano simples de cinco passos para coletar e interpretar sonhos. Ela incentiva a pessoa que mantém um registro dos seus sonhos a que, ao se preparar para dormir, coloque a data no diário, faça uma breve descrição dos acontecimentos do dia e conclua com uma pergunta que gostaria que o sonho respondesse. Holloway ainda recomenda que pela manhã, ao registrar o sonho, a pessoa use o tempo verbal presente para avivar a lembrança do sonho.[4]

Uma leitora que adotou esse método me escreveu dizendo que conseguiu se lembrar, pela primeira vez, não de apenas um sonho, mas de três. O fato de registrar e analisar a progressão dos três sonhos ao acordar a ajudou a entender várias coisas.

Antes de ir para a cama, eu estava aborrecida com a ruptura indesejada de um relacionamento e pedi aos meus sonhos que me ajudassem a entender o que eu precisava aprender com o fato. Ao adormecer, imaginei que estava acordada, e senti uma presença ao meu lado observando os sonhos. Depois de cada sonho, acordei e escrevi algumas palavras-chave com certa dificuldade por não estar totalmente desperta. De manhã, lembrei-me dos três sonhos em cores vívidas e consegui escrever com coerência sobre o que eu havia visto e como havia me sentido em cada sonho.

Observando os objetos simbólicos e as ações nos sonhos, frases me vieram à mente, que também anotei. Numa das cenas, eu seguia por um caminho, até chegar a uma encruzilhada. À direita, vi um pinheiro enorme, com galhos cobertos de milhares de brotos verdes e perfumosos. Tão belo era, que resolvi tomar esse caminho. Eu me lembrei do verso de um poema de Robert Frost sobre duas estradas se distanciando numa floresta amarela e também do significado dos brotos verdes, promessa de abundância e vida se eu seguisse esse caminho.

Ao terminar de escrever tudo isso, como se as peças dispersas de um quebra-cabeça tivessem se encaixado, consegui ver e entender o quadro geral. Percebi com exatidão o que eu precisava aprender com os acontecimentos inquietantes recentes e me senti em paz em minhas novas circunstâncias. Tudo é como devia ser, e tudo está bem. Minha perspectiva agora é usar o meu diário de sonhos como ferramenta criativa e divertida para crescer cada vez mais.

PRESCRIÇÃO DO MÉDICO

*"Um sonho não interpretado é
como uma carta não lida."*

— O Talmude

Tenha sempre um caderno de folhas removíveis e uma caneta ao lado da cama. Ao acordar, registre seus sonhos o mais detalhadamente possível. Escreva tudo o que você lembrar, mesmo que pareça sem importância. Não se preocupe com a qualidade da redação; se preocupe apenas em registrar o sonho. Descreva os sentimentos que você sentiu durante o sonho e os que perduravam ao acordar. Ao terminar de escrever, observe os temas, padrões, imagens simbólicas e sinais recorrentes. Faça anotações nas margens e sublinhe aspectos relevantes. Faça isso durante uma semana. Talvez você queira analisar seus registros com um amigo ou amiga que também sonha ou com um conselheiro. Alguma coisa até então oculta ficou esclarecida? Seu amigo ou amiga percebeu coisas que você não percebeu?

Capítulo 5
DESENHOS: QUANDO CONSCIENTE E INCONSCIENTE DIVERGEM

"Arte é ouvir a batida da alma — e responder."

— Terri Guillemets

Quando entendemos que imagens e símbolos oníricos constituem um diálogo da inteligência psíquica ou somática com a mente consciente, é mais fácil ver que os desenhos também podem ser uma forma de comunicação com a consciência coletiva e com o eu superior. Conheci o desenho espontâneo num seminário dirigido por Elisabeth Kübler-Ross, no final da década de 1970. Kübler-Ross, psiquiatra junguiana e autora de *On Death and Dying*, dedicou sua vida à tarefa de incutir nos profissionais da saúde a compreensão da morte como um processo de crescimento constituído de cinco estágios de adaptação (negação, raiva, barganha, depressão e aceitação). Ela também contribuiu de modo significativo para uma nova concepção do asilo ou casa de repouso e do atendimento ao doente terminal.[1]

Um dos recursos terapêuticos de Kübler-Ross para estimular a comunicação entre o paciente terminal e as pessoas envolvidas no seu cuidado são os desenhos espontâneos. Os desenhos ajudam a revelar aspectos emocionais que o paciente e seus familiares se sentem constrangidos em abordar e também favorecem a identificação de assuntos não resolvidos antes da ocorrência da morte.

Depois de estudar o significado dos sonhos e de constatar os efeitos positivos da visualização orientada, me entusiasmei com a ideia de participar do seminário de Kübler-Ross, de conhecê-la e de me familiarizar com um novo instrumento cirúrgico junguiano a adotar com meus pacientes.

Durante o final de semana, pacientes e profissionais da saúde, indistintamente, tiveram a oportunidade de partilhar suas emoções e experiências de vida e de desenhar. A essas atividades grupais seguiram-se sessões em que Elisabeth apresentou e demonstrou as técnicas de interpretação por ela aplicadas.

Fiquei surpreso com a autenticidade das revelações a meu respeito baseadas apenas nos meus desenhos — aspectos de que eu não tinha consciência e que Elisabeth desvelou por meio de perguntas e observações. Por exemplo, desenhei uma paisagem com uma montanha coberta de neve e, no sopé, um lago com um peixe pulando na água.

Ao analisar o desenho, a primeira pergunta de Elisabeth foi: "O que você está escondendo?"

"O que você quer dizer?", perguntei. Imaginava que meu desenho mostra quanto eu valorizava a tranquilidade e a beleza da natureza. Ela então apontou para a neve.

"Você usou cor branca sobre papel branco, o que é totalmente desnecessário, acrescentando uma camada que sugere que você está encobrindo alguma coisa. Você também desenhou um peixe — um símbolo espiritual — mas fora da água".

Um ano antes do seminário, eu havia raspado a cabeça. Muitos achavam que eu tinha tomado essa decisão em solidariedade aos meus pacientes de câncer, mas foi apenas um desejo íntimo que não consegui evitar. Eu não fazia ideia do que me levara a esse gesto, até aquele dia no seminário. Entendi de repente que eu havia bloqueado meus sentimentos, bem como minha espiritualidade, para me proteger da angústia que sentia pela minha incapacidade de curar e recuperar meus pacientes. O corte do cabelo havia sido uma tentativa simbólica de desbloqueio, mas eu precisava remover mais do que isso.

O pico coberto de neve e o peixe pulando indicavam meus sentimentos de separação do meu eu espiritual, amoroso, do mesmo modo que a cabeça raspada nada tinha a ver com a exposição da pele, mas era um ato simbólico, como o do monge que descobre a cabeça como símbolo de manifestação da sua espiritualidade. Quando compreendi isso, encontrei a paz interior e Elisabeth se tornou minha guia e mestra.

Os *insights* que tive durante o seminário confirmaram que a comunicação entre meu consciente e meu inconsciente se dava por intermédio do desenho. O que me entusiasmou como médico, porém, foi o que observei nos desenhos dos demais participantes. Muitos desses desenhos não só refletiam em seus traçados aspectos psicológicos da vida das pessoas que os fizeram, mas também esboçavam aspectos anatomicamente corretos de seus corpos e doenças sem que sequer se dessem conta de que haviam feito isso. Sendo cirurgião, identifiquei estruturas anatômicas que pacientes e psicólogos em geral conheciam pouco ou nada. Considerando os aspectos físicos e psicológicos dos desenhos, me convenci de que a prática criaria um meio valioso de comunicação entre pacientes, médicos e outros envolvidos no cuidado dos doentes. Retornei às minhas atividades no consultório e no hospital munido de uma caixa de creions, meus novos instrumentos de cirurgião.

Muitos médicos não acreditavam no que eu dizia; não era algo a que haviam sido expostos durante os anos de estudo. As escolas de medicina não abordam com seus alunos o tema da autocura induzida, ou seja, de que o médico deve ensinar seus pacientes a promover a própria cura. Assim, até constatar pessoalmente o que eu havia observado e vivido, os médicos se recusavam a aceitar esses fatos.

Desenhos espontâneos são um auxílio excelente para prevenir, diagnosticar, prognosticar e tratar doenças. Eles não *substituem* as intervenções médicas, mas constituem um *recurso adicional* e aprimoram as habilidades do médico. Compreendendo melhor o paciente pelo acesso à sabedoria do seu subconsciente, tanto médico quanto paciente podem tomar decisões terapêuticas mais eficazes. As pessoas achavam que eu estava maluco quando pedia aos meus pacientes que fizessem desenhos antes de seguirem alguma recomendação ou de tomarem qualquer decisão referente a um tratamento, mas sempre que venciam o medo de não ser considerados artistas e apenas desenhavam, os desenhos se mostravam guias eficientes que não podíamos ignorar.

Os médicos não são ensinados a conversar com as pessoas, de modo que quando dizem: "Vou lhe prescrever quimioterapia, cujos efeitos colaterais são...", eles não introduzem essas palavras com o comentário: "Este procedimento vai curá-lo ou prolongar sua vida". A situação é um pouco como os anúncios de televisão: eles afirmam que o comprimido faz bem à sua saúde, mas em seguida dizem que pode causar ataque cardíaco, provocar distúrbio hepático, levar à infertilidade, produzir queda de cabelo ou matar. Por mais assustador que seja o desfecho dos comerciais, informando os possíveis efeitos colaterais, pelo menos começam mencionando os benefícios do medicamento. O que os pacientes ouvem dos médicos a respeito dos efeitos colaterais tem o objetivo de evitar que hospital e médico sejam processados. O hospital e o médico não pensam no efeito que as palavras de uma figura de autoridade exercem sobre os sentimentos e o processo de tomada de decisão do paciente. É por isso que sempre começo dizendo: "Este tratamento pode ajudá-lo a melhorar e aumentar seus anos de vida" ou "Ele pode curá-lo. Existem alguns efeitos colaterais, mas eles não afetam a todos de maneira indistinta". Chamo isso de "enganar" o paciente tendo em vista sua saúde. Adoto uma informação enviesada para benefício do paciente, destacando o aspecto positivo, pois estou convencido de que podemos induzir as pessoas à saúde ou à doença.

Um homem que veio me consultar recusava insistentemente a quimioterapia, embora esse fosse o tratamento recomendado para seu câncer. Ele não conseguia expressar o motivo de suas preocupações, mas eu conhecia muito bem seu problema. Ele tinha medo dos efeitos colaterais por causa do que seu médico havia lhe dito. Pedi então que fizesse um desenho do tratamento recomendado (fig. 18). Ele desenhou a quimioterapia como um fluido amarelado entrando nele, não se espalhando em todo o corpo e deixando-o doente, mas indo direto para o câncer. O líquido corria do leste e se assemelhava à luz do sol — um sinal positivo de energia. No lado esquerdo da folha, uma célula branca, montada num cavalo, atacava o câncer. Expliquei que sua intuição dizia que a quimioterapia era o tratamento correto para ele e que iria dar resultados positivos.

Quando você se conecta com a sabedoria interior de um paciente, ele pressente que essa sabedoria não procede do médico, mas do seu próprio interior, e então vive seu momento intuitivo: é o instante da revelação e da compreensão, visivelmente refletido em seu semblante. Nesse momento, eu disse a ele: "Vá e faça a quimioterapia; é a coisa certa a fazer". Sua atitude havia mudado, e ele conseguia aceitar o tratamento recomendado, passando a encará-lo com esperança e confiança. O resultado acabou provando ter sido a escolha certa.

Outro paciente desenhou sua cozinha com todos os familiares representados de cabeça para baixo. Pedi que explicasse o que estava acontecendo, e ele disse que havia resolvido tratar o câncer com alimentação macrobiótica, não com quimioterapia. "O problema é que meus filhos não almoçam nem jantam mais comigo. Minha mulher detesta preparar os pratos, e eu não aprecio esse tipo de comida. Até preferiria fazer quimioterapia." Até que o desenho revelasse sua tristeza cada vez maior por sentir que a dieta estava desgastando suas relações familiares e pelo sentimento de perda por não ser capaz de acompanhá-los às refeições, ele fora incapaz de verbalizar a infelicidade causada pela decisão de não aceitar um tratamento quimioterápico.

"Você não precisa curar o câncer com vegetais", eu disse. "Pode optar pelo tratamento com quimioterapia." Seus olhos brilharam e ele pareceu satisfeito pela primeira vez desde que havia entrado no meu consultório. Ver seus verdadeiros sentimentos representados no papel serviu de motivação para escolher o que seu instinto lhe dizia ser o certo para ele. De maneira espontânea, o paciente iniciou as sessões de quimioterapia.

Quando as mentes consciente e subconsciente, as duas fontes de sabedoria de um paciente, entram em conflito com relação a um tratamento, o paciente terá sem dúvida mais problemas e efeitos colaterais. Você pode ter dois pacientes com o mesmo tipo de câncer recebendo o mesmo tratamento. Então, se uma paciente desenha a si mesma sozinha, deitada na mesa de cirurgia da sala de operações, ela com certeza terá mais problemas associados à dor e a efeitos colaterais pós-operatórios (fig. 57). Quando outra paciente desenha o cirurgião sem máscara, tocando-a, com música, amor, Deus e um arco-íris, ela despertará indisposta da cirurgia, sim, mas livre de dores ou de efeitos colaterais maiores, e irá se recuperar mais rápido (fig. 58).

Muitas vezes é possível identificar o medo do tratamento não verbalizado dos pacientes nas imagens representadas no desenho. Quando uma paciente desenha uma imagem negativa como, por exemplo, a da seringa de quimioterapia cheia de um líquido escuro (fig. 52), eu a oriento a visualizar a mesma terapia com um resultado positivo, sem efeitos colaterais. Eu criei um CD intitulado *Getting Ready* que ajuda o paciente a adotar pensamentos positivos e belas imagens relacionados com seu tratamento. Esses pensamentos e imagens se tornam auto-hipnóticos, ajudando o paciente a tomar a decisão certa e a preparar o corpo para esperar um resultado positivo, qualquer que seja o tratamento. Depois de uma semana ou pouco mais, o desenho seguinte será diferente em comparação com a versão original e confirmará que o conflito entre intelecto e intuição foi resolvido para benefício do paciente. O tratamento pode prosseguir então com poucos ou mesmo nenhum efeito colateral e irá produzir resultados melhores. Se um paciente não consegue visualizar um resultado positivo, procuro ajudá-lo a esclarecer a diferença entre tentar não morrer e escolher o que é certo para ele.

Examinamos em capítulos anteriores o poder da visualização criativa para estimular a reação do sistema imunológico à quimioterapia e ao câncer. Quando um paciente desenha seu tratamento e mostra células sanguíneas brancas eliminando o câncer (fig. 59), ou uma paciente desenha raios de luz dourada atravessando seu corpo (fig. 58), esse paciente está utilizando os recursos dados por Deus para a cura autoinduzida. O que imaginamos, e em que fixamos a atenção, envia uma mensagem para o corpo, de modo que quando desenhamos imagens de cura, o corpo reage de acordo com essas imagens. Depois de uma visualização orientada, se os desenhos do paciente mostram imagens e símbolos positivos (fig. 64), deixo de me preocupar com o resultado do tratamento. Pessoas assim têm um histórico de recuperação notável, e eu sei que esse paciente ficará bem.

É frequente a doença atacar o local onde o corpo armazenou lembranças dolorosas do passado. A sabedoria interior do paciente reconhece que, para haver cura, essas lembranças precisam ser identificadas. A psicóloga e autora Alice Miller diz: "A verdade acerca da nossa infância está armazenada no nosso corpo; um dia o corpo apresentará a fatura... até não fugirmos mais da verdade".[2] Em *Breaking Down the Wall of Silence*, ela diz:

> Os sentimentos que você sente de verdade não o matam; eles o ajudam a achar a direção. Somente as emoções e necessidades não sentidas, mas poderosas, as emoções e necessidades temidas e repelidas, essas podem nos matar... Os terapeutas se surpreenderam ao ver que a partir do momento em que os pacientes conseguiam... levar suas emoções indesejadas a sério e elaborá-las numa linguagem direta e saudável, a recuperação total era possível.[3]

A dor nos ajuda a identificar e definir a nós mesmos; quando descobrimos isso, e trabalhamos com essa descoberta, toda dor se torna uma dor de parto, ou uma dor crescente. Quando desenhos espontâneos trazem à tona antigas mágoas do passado, eles possibilitam lidar com feridas psíquicas que têm o potencial de se transformar em doença física. Todo trabalho de parto é proveitoso quando damos à luz nosso eu verdadeiro.

A doutora Caroline Thomas, professora e psiquiatra na Escola de Medicina Johns Hopkins, pediu a alunos de medicina que preenchessem um teste de personalidade e desenhassem uma figura de si mesmos. Essa solicitação fazia parte de um estudo prolongado que acompanharia os profissionais depois de formados e que ainda hoje coleta dados. Anos mais tarde, Thomas examinou as histórias médicas e descobriu que aspectos específicos dos desenhos originais e dos perfis de personalidade dos alunos se correlacionavam de modo significativo com doenças que os alunos contraíram depois da faculdade, e também se correlacionavam com as partes do corpo que foram afetadas. Essa constatação estimulou mais pesquisas médicas com o objetivo de predizer com certa precisão que doenças as pessoas provavelmente terão no futuro, e em que parte do corpo, com base em perfis de personalidade. Um dos fatores de previsão da ocorrência de câncer resultou num perfil que revelava um baixo nível de proximidade com os pais.[4]

As crianças, em particular, estão despreparadas para lidar com traumas físicos ou emocionais e são vulneráveis às imposições de suas figuras de autoridade adultas quando elas ocorrem. Se adultos cuidadosos não as ajudam a enfrentar o trauma, elas recorrem a um mecanismo de compensação que as leva a relegar os sentimentos e lembranças dos acontecimentos à mente subconsciente e ao corpo, para ser abordados mais tarde ou talvez nunca. Germes de ansiedade, mágoa, medo, abandono e outras emoções se instalam em diversas partes do organismo e permanecem em dormência até anos mais tarde, quando o estresse da angústia ou algum outro evento traumático ataca o sistema imunológico. É então que esses germes podem se transformar em problemas de saúde, como câncer, infarto do miocárdio, doenças respiratórias ou digestivas, alergias e outros mais. Essas possíveis enfermidades muitas vezes se revelam nos desenhos dos pacientes — e não somente as próprias, mas também as de outros membros da família.

Eu me preocuparia com o desenho da família feito por uma mãe no qual o filho segura um objeto oval vazio semelhante a um buraco no tronco de uma árvore próxima — símbolo da situação da família frente ao câncer da mãe (fig. 61).

O desenho da paciente mostra o filho no fim da fila, sem nenhuma ligação com os demais. A vida do menino é como o recipiente vazio debaixo do braço. A análise de um desenho como esse ajuda os pais a não se sentirem criticados, mas a verem a solidão e a tristeza sentidas pelo filho, mesmo quando representadas de maneira intuitiva no desenho da mãe. O pai precisa estar ligado à mãe, e os familiares unidos uns aos outros; juntos eles podem fazer o que for necessário para ajudar o menino a se sentir amado e apoiado no momento em que a família vive esse período difícil.

Muitas vezes os desenhos mostram a relação entre lembranças significativas ou traumáticas e o estado de saúde da pessoa. Quando essa relação se torna visível, a pessoa pode dar a necessária atenção à aflição passada e à alma. A questão não é culpar o paciente, mas entender como as emoções criam nossa química interior e afetam nossos genes e nossa saúde.

Um bom exemplo disso é o da repórter descrente que me pediu uma entrevista. Pude constatar de imediato que essa pessoa, muito racional e intelectual, vivia na cabeça, não no coração. Percebi que a entrevista não seria agradável, por isso eu precisava fazer alguma coisa logo no início para deslocar o ponto de vista dela. Eu disse: "Enquanto termino as duas últimas consultas, faça um desenho de si mesma, por favor". Ela concordou, e quando me entregou o desenho, vi uma figura com uma cabeça enorme, o que confirmou a exatidão do meu diagnóstico a respeito da atitude dela (fig. 45). O desenho também mostrava um relógio com o ponteiro indicando doze horas.

A pergunta mais prudente a fazer teria sido: "Por que o doze é importante para você?" Ela poderia ter respondido: "Doze meses atrás, um incêndio destruiu minha casa". Mas eu queria lhe dar uma bela sacudida, então aproveitei a ocasião e, apontando para o relógio, perguntei: "O que aconteceu quando você tinha 12 anos de idade?"

"Significa que eu não gosto de prazos fixos."

"Mas o relógio tem um só ponteiro. O que aconteceu quando você tinha 12 anos?"

Ela rompeu em lágrimas e disse que tinha sofrido abuso com essa idade. Essa é a parte que sempre me impressiona — números em desenhos não são casuais. Daquele momento em diante, a entrevista foi totalmente diferente. A repórter entendeu que sua sabedoria interior lhe dizia para prestar atenção aos sentimentos da criança interior traumatizada, para parar de se esconder da memória que vivia em sua cabeça e procurar ajuda terapêutica.

Desenhos não só relacionam aspectos da mente e do corpo, mas também integram a vida do paciente fora do ambiente clínico com aspectos somáticos de sua doença. Um médico me enviou o desenho de uma paciente com problemas na pelve. Embora ele lhe tivesse prescrito diversos tratamentos, nenhum deles deu resultado. O desenho representava um coração, como o de namorados, com um grande corte e vinte gotas de sangue vertendo. Orientei o médico a perguntar à paciente o que havia acontecido quando ela estava com 20 anos. A resposta revelou que a causa do seu problema era o abuso sexual que ela tinha sofrido com essa idade. Os números nem sempre remetem à idade da pessoa; ela poderia ter respondido que vinte meses atrás havia acontecido alguma coisa. Depois de receber orientações com relação ao trauma, os sintomas diminuíram.

Outros desenhos identificam as causas dos sintomas. A mãe de uma menina estava transtornada, acreditando que os gânglios linfáticos cervicais aumentados da filha eram sinal de que ela estava com um linfoma, uma doença com histórico familiar. Quando a mulher trouxe a filha para a consulta, ela apresentou dois desenhos da menina. Num deles a menina havia desenhado a si mesma com o pescoço e o rosto inchados, e no outro, um gato com grandes garras dianteiras. Eu disse à mãe que não se preocupasse, pois a filha estava com febre da arranhadura do gato ou doença de Teeny. Os exames e uma biópsia confirmaram que o diagnóstico estava correto.

Quando expomos o inconsciente e revelamos a verdade interior, a desarmonia entre indivíduos, famílias e profissionais da saúde deixa de existir. O intelecto e a intuição resolvem o conflito e a cura pode ocorrer de fato. Médicos talvez digam: "Quem tem tempo para isso?" Minha resposta é que trabalhando com desenhos economizamos tempo. Quando uma criança com câncer me diz que a família não lhe dedica tempo suficiente, posso falar com meia dúzia de seus familiares e tentar esclarecer o problema ou posso pedir que ela faça um desenho da família.

Uma criança com câncer desenhou a família sentada num sofá. Na ponta do sofá ela deixou um espaço vazio para mais uma pessoa, mas desenhou a si mesma sentada numa cadeira no lado oposto. Os braços dos pais abraçavam os irmãos ou protegiam um ao outro, e estavam fisicamente longe da filha doente (fig. 62).

Não precisei ficar uma hora explicando aos pais que a filha estava se sentindo abandonada, pois o desenho dizia tudo. Quando entenderam o ponto de vista da filha, eles conseguiram expressar como o medo de perdê-la resultou em afastamento emocional como mecanismo de compensação para poder ser fortes com os demais filhos. O fato de a menina ter desenhado a si mesma na cor espiritual púrpura também me informou que ela sabia que morreria de câncer.

O desenho foi muito importante para mudar a atitude dos pais. Eles começaram a falar mais um com o outro sobre seus sentimentos e deram à filha a atenção e o apoio amoroso de que ela necessitava. Esse novo comportamento ajudou a criança a suportar seu sofrimento e também fez com que a família se unisse ainda mais antes do seu falecimento. Quando deixamos que espírito e símbolo trabalhem a favor da vida, podemos ser guias extraordinários e orientadores de vida para aqueles que amamos e por quem zelamos. Podemos ter consciência da verdade e não ver a morte de uma pessoa como um fracasso. E podemos continuar nossa vida livres de culpa, como os pais dessa criança.

MÉTODO E TEORIA

Para criar seus desenhos ou facilitar o trabalho de outras pessoas, você não precisa ser artista ou terapeuta. Tudo o que você precisa é de algumas folhas de papel branco comum e uma caixa de crayons ou de lápis de cor. Tenha todas as cores do arco-íris à disposição, mais as cores preta, branca e marrom, pois cada uma delas tem um significado.

Eu evito dizer às pessoas o que desenhar, porque quero que sua sabedoria interior, inconsciente, tenha liberdade para compor um desenho que desperte perguntas adormecidas e desejos latentes. Mas quando a situação ou tema é o câncer ou outra doença, peço à pessoa que faça um desenho de si mesma que mostre doença ou o tratamento, com os glóbulos brancos eliminando a enfermidade. Evito usar palavras como matar ou guerrear, pois estou interessado em ajudar as pessoas a curar sua vida e seu corpo, não a se fixar no inimigo. Também posso pedir à pessoa que faça um autorretrato, que pinte uma cena externa ou que desenhe sua casa e familiares.

Você pode desenhar uma figura relacionada com uma decisão que precisa tomar, como uma escolha de emprego, a pessoa com quem se casará ou uma cirurgia a ser feita. Eu incentivo as pessoas a incluir possíveis imagens, objetos ou símbolos que surjam de maneira espontânea durante a elaboração do desenho. As crianças desenham livres de autocríticas, mas aos adultos precisamos dizer que tudo o que desenharem estará ótimo, certo, sem nenhum problema; precisamos dizer isso para que percam o medo de que eles e seus desenhos sejam julgados e considerados ruins.

A primeira coisa que o avaliador deve fazer é registrar sua impressão geral imediata e identificar possíveis sentimentos evocados pelo desenho, como isolamento, raiva, tristeza ou alegria. O segundo passo consiste em examinar o que o desenho mostra (pessoas, objetos, movimento e sua direção, tamanho do corpo e assim por diante), o que falta (como mãos ou pés), o que é estranho no conjunto e também possíveis deslizes ou erros (por exemplo, linhas cortando uma pessoa). O avaliador deve prestar atenção às cores usadas, à presença de luzes e sombras, às cores disponíveis mas não usadas e à utilização de cores bizarras (como um sol púrpura). Deve também observar a presença de números e contar objetos recorrentes, e se a figura contiver diversos temas e elementos, registrar em que quadrante cada símbolo ou imagem se localiza. É preciso ainda verificar se o desenho ocupa ou não a folha inteira e se continua no verso.

Antes de iniciar a análise, o avaliador deve contar com a presença do desenhista para discutir o desenho com ele e resolver dúvidas pertinentes. Para interpretar corretamente a figura, precisamos saber por que a pessoa fez o desenho tal como ele se apresenta. Por exemplo, uma criança me entregou um desenho todo em creiom preto; fiquei muito preocupado com isso, até que ela esclareceu: "Tenho dois irmãos mais velhos. A única cor que sobra para mim é essa".

O avaliador precisa entender que ele representa uma figura de autoridade. Se basear a análise do desenho apenas em seu entendimento e em suas crenças, ele corre o risco de interpretar o desenho de maneira errada ou dar a impressão de criticá-lo — duas coisas muito prejudiciais. Não devemos ler o desenho como um horóscopo, mas tê-lo como ferramenta terapêutica para discussão com o autor, de modo a se chegar a interpretações e escolhas corretas.

Como exemplo de uma análise que precisa ser esclarecida, imagine o desenho de um paciente que mostra um gato preto andando pela sala. Para o avaliador, o gato poderia sugerir algo negativo, uma ameaça. O que pode acontecer na realidade, porém, é que o paciente tenha um gato preto de fato e seu subconsciente, então, poderia expressar a ideia de que a presença do gato durante o tratamento seria algo positivo, uma fonte de conforto e amor. Em vez de revelar um problema emocional ou uma ameaça, o gato nesse desenho representaria um aspecto importante das necessidades de recuperação do paciente.

A cor púrpura, símbolo da espiritualidade, pode indicar a passagem do mundo físico para o mundo do espírito através de um símbolo condizente, como uma borboleta púrpura elevando-se ao céu. Mas um paciente que desenha a si mesmo vestindo uma roupa com essa cor talvez não esteja prevendo a própria morte. Para ele, púrpura pode representar sua natureza espiritual. Ou talvez ser a cor do seu time de basquete, podendo então significar vitória sobre a doença, uma vitória que lhe permitirá assistir e apreciar muitos outros jogos. Por isso, é essencial que a pessoa que ajuda o autor a interpretar seu desenho seja receptiva e imparcial durante o diálogo de avaliação, pois o autor é o especialista na análise do sentido da sua obra. O terapeuta está aí apenas para ajudar a extrair o sentido oculto, como se faria com um sonho.

As três dimensões temporais — passado, presente e futuro — podem estar representadas num desenho. Em algum nível de consciência, temos certa percepção do futuro porque, nas palavras de Jung, criamos inconscientemente o nosso futuro com muita antecedência. Essa percepção se estende a mudanças de vida importantes, a eventos e à nossa própria morte, quer ela ocorra em consequência de um acidente ou de uma doença.

O desenho feito por uma mulher com câncer mostrava o marido empinando uma pipa púrpura. No meu entendimento, ela queria dizer que estava pronta para fazer a passagem e que ele não a deixava partir porque era ela que cuidava de tudo. Quando sugeri que era isso que estava acontecendo, ela se voltou para o marido e disse: "Eu vou te ensinar". Seis meses depois, quando ele comunicou à esposa que havia acabado de cortar o fio de conexão, ela respondeu: "Vou morrer quinta-feira que vem, quando nossos filhos chegarem da Califórnia". E foi isso mesmo que aconteceu.

Pedi a uma mulher que fizesse um desenho, e ela desenhou uma lápide com três arbustos verdes na frente. À esquerda, ela esboçou um montículo de terra ao lado de um túmulo vazio. O verde é a cor da vida, por isso os arbustos pareciam sugerir que, diante da morte, ela escolhia a vida. Quanto tempo você acha que ela viveu? Ela foi enterrada quase três anos depois de ter feito esse desenho (fig. 24).

Os desenhos podem apenas ter relação com o que acontece no momento da vida da pessoa que fez o desenho, mas aqueles que contêm objetos diversos ou conteúdo complexo podem ser divididos em quadrantes que revelam o passado, o presente e o futuro, como numa grade.

O centro do desenho representa o que é fundamental para o desenhista, como no caso da mulher que representou seu câncer de mama com a figura de um barco movido por duas velas (fig. 12). O quadrante superior direito representa o presente, ou o "aqui e agora" (fig. 19), onde o artista, diagnosticado com câncer, mostra os filhos como pássaros no alto do canto direito. Asas apontando para baixo revelam a tristeza que esses filhos sentem no momento por causa da situação e da impossibilidade de ajudar o pai. O quadrante inferior direito representa tanto o futuro próximo quanto o passado recente; o inferior esquerdo representa o passado distante. O quadrante superior esquerdo pode simbolizar o futuro distante ou o conceito de morte. Por exemplo, se alguém desenha diferentes lugares para onde imagina mudar-se, o lugar que ocupa o quadrante superior esquerdo é o que ele escolherá para sua nova residência.

A figura 21 é um ótimo exemplo da teoria do quadrante. Uma vizinha veio nos fazer uma visita rápida. Lá pelas tantas, ela disse que estava deprimida, por isso pedi que fizesse um desenho. No quadrante superior direito (o presente), ela desce uma colina com quatro raios de sol atrás dela. "Estou aborrecida por causa do meu divórcio. Esses são meus quatro filhos; eles são o meu sol", ela disse. No quadrante inferior direito (futuro próximo ou passado recente), ela colocou oito pessoas estilizadas em vermelho (emoção forte), mas não sabia o que significavam. O inferior esquerdo (passado distante) representa ondas do mar, e ela informou que havia crescido numa casa na praia. No quadrante superior esquerdo (futuro distante) aparecem nuvens negras, e ela acreditava que se referiam ao seu futuro divórcio.

Semanas mais tarde, depois de ver as crianças se dirigindo ao ponto de ônibus para ir à escola, ela ingeriu uma overdose de soníferos para se suicidar. O espantoso é que as crianças não quiseram entrar no ônibus quando este chegou. Alguma coisa lhes dizia que precisavam voltar para casa; foi o que fizeram, e assim encontraram a mãe e salvaram sua vida. Ela despertou na UTI com oito familiares indignados com ela, todos de pé ao redor da cama (pessoas estilizadas em vermelho).

Movimento e direção também são importantes nos desenhos, conforme esclarece Susan Bach. Um ônibus descendo em direção do lado esquerdo da folha indicaria uma espiral descendente no estado físico ou emocional, ao passo que um ônibus que partisse do quadrante inferior esquerdo e subisse para a direita indicaria melhora ou saída das profundezas sombrias.[5]

Devo mencionar aqui outro cuidado que precisamos ter: a disposição de objetos nos quadrantes deve ser tomada apenas como ponto de referência, pois não existem regras rígidas no que diz respeito à linguagem subconsciente. A perspectiva dos quadrantes não é uma ciência, mas uma teoria baseada em traços comuns observados em centenas de desenhos, de modo que é possível haver casos em que ela não seja aplicável.

Os números têm um papel significativo e devem ser examinados com discernimento, pois constituem uma das formas que temos para armazenar lembranças. Assim como os arquétipos representam uma ideia mais ampla, os números podem ser símbolos complexos e fecundos em significados. Jung afirmou: "Tenho a sensação nítida de que o número é uma das chaves para o mistério, porque ele tanto é descoberto quanto inventado. É quantidade e também significado".[6] O número pode aparecer nos desenhos sob a forma de algarismo, como o sete na vela de um barco (fig. 65) ou de elementos quantificados, como arbustos verdes (fig. 24) ou janelas num avião (fig. 70).

As cores contêm significados universais: o amarelo representa energia; o verde é crescimento e força vital; o preto simboliza tristeza ou desespero, e assim por diante. De novo, porém, é preciso ter cautela, porque as pessoas podem ter sentidos simbólicos pessoais ou culturais próprios. Uma cor por si só não é boa nem má. Na China, por exemplo, o vermelho significa boa sorte ou prosperidade, enquanto nos Estados Unidos em geral representa o ardor da raiva ou do amor. O médico ou terapeuta sensato perguntará ao paciente: "O que essa cor significa para você?" A interpretação do desenho então se torna muito mais proveitosa para o paciente e para as pessoas que cuidam dele. Lembre-se de que alguém pode realmente ter uma casa cinza com telhado preto (fig. 63), por isso é preciso conhecer os fatos.

Em geral, o preto representa tristeza e desespero. O vermelho significa emoções fortes, estendendo-se desde dor ou raiva até amor e paixão. O laranja é símbolo de mudança, a qual pode ser favorável se relacionada a um tratamento. O amarelo é energia, propício quando aplicado ao tratamento, não à doença. Verde, azul e marrom são todas cores naturais, vivificantes, saudáveis; se esmaecidas, porém, ou em especial se desbotadas numa série de figuras desenhadas ao longo do tempo, podem indicar declínio da força vital. Branco significa que algo está sendo encoberto, pois a folha já é branca, do mesmo modo que o rosa e o cinza podem representar o vermelho e o preto encobertos emocionalmente. Púrpura simboliza uma propriedade curativa, desenvolvimento espiritual, ou uma transformação, como a de passar de pessoa viva à condição de espírito.

Caso você queira mais informações sobre esses assuntos, recomendo enfaticamente dois livros mencionados antes e cujos autores me ajudaram no passado: *Life Paints Its Own Span*, de Susan Bach, e *The Secret World of Drawings*, de Gregg Furth.[7] As duas obras são dedicadas totalmente ao desenho.

Imagens podem revelar problemas que o paciente não aborda com seu médico, muitas vezes porque ele próprio não os percebe. Ao mesmo tempo, porém, o seu subconsciente *tem* consciência do problema, e a arte oferece a linguagem visual para se chegar a ele. Constatei ser de grande proveito mostrar desenhos dos filhos aos pais para que estes conheçam as mensagens comunicadas por eles, sem imaginarem que eu os estivesse criticando. Quando um garoto se representou como um inseto preto na mesa de operação (fig. 44), o desenho revelou sua falta de autoestima. Os pais perceberam que ele precisava mais do que cirurgia plástica; ele precisava do amor deles.

Em desenhos da família é importante prestar muita atenção a expressões faciais, a corpos em contato e ao espaço entre as pessoas. Pessoas ausentes ou partes do corpo omitidas, posições das pessoas e outras irregularidades ou erros também revelam áreas de conflito importantes. Freud assinalou que quando o consciente diverge do subconsciente, o conflito que o paciente não conseguiu exteriorizar sempre escapa sob o disfarce de um erro ou omissão na fala, na escrita ou no desenho. Ele acreditava que não existem erros; que o subconsciente está exigindo atenção.

Quando uma freira com câncer me entregou o desenho que fez da família (fig. 68), as posturas corporais dos familiares revelaram que eles não estavam abertos uns para os outros. Recomendei à freira que dissesse que precisava do apoio de todos eles, do contrário teria de procurar em outras pessoas a ajuda que a família simplesmente não estava pronta para dar.

Você não precisa estar doente para colher os benefícios da arte do desenho. Você pode se valer dela para compreender melhor a si mesmo e a outras pessoas e também para ajudá-las a se conhecerem melhor. Com adultos e pessoas mais idosas, a comparação de desenhos de si mesmos atuais com os de 25 anos atrás pode ser um exercício revelador para confirmar ou não seu senso de autoaceitação e identidade. Sentimentos de insatisfação aparecerão no desenho de "hoje" quando a pessoa se retrata como gorda, calva e infeliz em comparação com 25 anos antes, quando ela aparecia esbelta, feliz e com muito cabelo. Essa é uma bela oportunidade para abordar os sentimentos da pessoa de forma proveitosa.

Com pessoas mais idosas, os desenhos muitas vezes estimulam a comunicação sobre quem foram, quem são no momento e quem poderão ser no futuro. Por exemplo, um homem desenhou apenas uma figura e disse: "Esse sou eu naquela época e também agora". Ele nunca deixou de amar e de dar atenção às pessoas à sua volta; a clínica de repouso onde ele viveu e morreu preserva um memorial em sua homenagem na biblioteca. Quando pessoas mais jovens que cuidam dos residentes em clínicas de repouso conhecem melhor seus clientes por meio de desenhos como esse, elas deixam de vê-los como um amontoado de velhos; cada residente se torna um indivíduo, um ser humano com uma história.

Um exemplo de aproveitamento de desenhos para tomar decisões importantes para a vida é primorosamente dado por um estudante de medicina que veio se aconselhar comigo. Seu pai, médico e amigo meu, havia morrido de câncer. O filho começara a ter dúvidas se queria de fato ser médico, temendo que a pressão e as emoções vividas por esses profissionais constituíam parte da causa da doença do pai. "Faça um desenho de todas as profissões que você acha que poderia seguir", eu disse.

Ele voltou e me entregou três desenhos. No primeiro (fig. 13), ele se representou como político. Era a única pessoa no cenário que tinha orelhas; nem ele nem as demais figuras tinham mãos e pés. Havia pouca cor na imagem, toda emoldurada em preto, de modo que eu disse: "Não, não seja um político". Ao me entregar o segundo desenho (fig. 14), ele disse: "Eu poderia ser professor". Eu o aconselhei a não seguir essa carreira também. Todas as cores atraentes estavam fora da janela. Na sala havia carteiras vermelhas, uma cor emocional, e ninguém tinha orelhas ou pés, inclusive ele; eu disse que ele se sentiria preso, caso seguisse o magistério. Então examinamos o último desenho (fig. 15), ele como médico. A única coisa que faltava eram mais uma vez as orelhas, mas imaginei que essa ausência se devesse aos seus medos com relação ao pai, como se pensasse: "O que vou ouvir que será problema para mim, em termos emocionais?" Mas a sala estava representada com cores saudáveis, um piso verde, plantas crescendo e uma mesinha azul. Ele estava indo ao encontro do paciente. A sala também tinha uma porta. Se as coisas se complicassem, ele poderia sair e tirar umas férias. Suas calças eram de cor púrpura, cor que remete à espiritualidade. Isso indicava que sua relação com as pessoas se baseava numa percepção da vida nos níveis físico, mental e espiritual. Ele acabou se tornando psiquiatra e está feliz com o que faz.

PRESCRIÇÃO DO MÉDICO

Escolha uma situação, assunto, problema ou decisão que esteja ocupando seus pensamentos. Faça um desenho das suas escolhas e guarde-o. Retome o desenho e observe seus detalhes no dia seguinte, quando pode examiná-los por meio do intelecto — como se outra pessoa os tivesse desenhado — e você não está mais conscientemente cego ao simbolismo representado. Mostre o desenho a uma pessoa de sua confiança, pedindo que diga o que vê na figura e os sentimentos que o desenho desperta nela. Os comentários dessa pessoa, somados à sua própria interpretação, vão lhe dar uma compreensão maior do seu problema e o ajudarão a fazer uma escolha melhor e mais proveitosa. Lembre-se: "você é o único que conhece a verdade encoberta pelo simbolismo, por isso não deixe que outros imponham sua interpretação incorreta sobre sua sabedoria e conhecimento interiores".

Capítulo 6
INTERPRETAÇÃO DOS DESENHOS

*"Descobri que com cores e formas podia dizer
coisas impossíveis de expressar de outro modo
- e para as quais eu não tinha palavras."*

— GEORGIA O'KEEFFE

Os desenhos a seguir fazem parte da coleção que venho reunindo há trinta anos. Eles foram feitos por amigos, familiares, colegas, por pacientes meus e de outros médicos. Meus comentários sobre cada um deles ajudarão o leitor a compreender a interpretação que lhes foi dada. Em alguns casos, quando pertinente e relevante, menciono o resultado para o paciente. O objetivo desses comentários não é relatar histórias pessoais, mas introduzir o leitor à linguagem do subconsciente por meio de desenhos e mostrar como cada imagem pode ser um recurso valioso, mesmo quando representada com apenas algumas linhas rabiscadas numa folha de papel. Estudos recentes revelam como a análise de imagens pode acelerar o processo de cura e reduzir a dor depois de uma cirurgia. Os desenhos ilustram a natureza das imagens que precisam ser criadas para que isso aconteça em todos os aspectos da vida.

CORES: O QUE ELAS PODEM REVELAR

Figura 1

O artista, uma criança, desenhou uma bola multicolorida bastante contida e controlada, mas as cores estão misturadas, não em ordem como no arco-íris. A parte em preto sugere algo na vida da criança que a está incomodando. O desenho mostra muita emoção (as partes em vermelho) e tudo o que está acontecendo em sua vida: púrpura = aspectos espirituais; amarelo = energia. Mesmo assim, algo está encoberto, algo que precisa vir à tona e ser abordado. A situação não é grave, mas corrói a criança por dentro. A impressão é de *vida* desordenada, não de enfermidade física. Se a criança tivesse feito um desenho de si mesma e incluído um pouco de preto, eu diria que nesse caso o preto representaria doença física. Como se apresenta, porém, o desenho remete a algo de caráter emocional.

Figura 2

Quando o menino que desenhou essa figura está feliz e sua vida está bem, ele representa um arco-íris; todas as suas emoções estão em harmonia. Mas aqui o arco-íris está entre nuvens negras. Vivendo no arco-íris, ele se sente bem; assim, mesmo passando por algum problema, ele consegue manter o equilíbrio e controlar os sentimentos. O entorno está preenchido com azul e verde — cores naturais, saudáveis. Sua vida está completa, fato indicado pelo desenho ocupando a folha inteira. Ainda assim, algo limita seu arco-íris. Eu perguntaria que problemas ele está tendo — o que está interferindo e limitando sua felicidade — e trabalharia com ele os possíveis problemas verbalizados.

Figura 3

As cores nesse balão são praticamente as do arco-íris, mas foram redistribuídas de modo que o vermelho e o laranja estão no lado de dentro, podendo significar que o artista está encobrindo ou ocultando os sentimentos que essas cores representam, em vez de expressá-los. O sol está presente, mas está parcialmente encoberto por riscas vermelhas, indicando que o autor tem algum problema emocional que precisa abordar — não um grande problema, porém, porque ele usa muitas cores naturais, saudáveis; além disso, a nuvem é azul e amarela, não preta. Nas palavras de Helen Keller, quando olhamos para o sol, não vemos as sombras; mas este artista tem dificuldade de olhar para o sol porque a nuvem (seu problema emocional) no desenho bloqueia sua visão.

Considerando as cores escolhidas, não creio que o problema seja de difícil solução. Eu perguntaria ao autor por que o balão está ancorado e amarrado com três cordas. Por que ele não está no balão, passeando feliz? Eu perguntaria: "O que está te amarrando, o que está te limitando e causando tensão emocional?" O balão tem a aparência de uma lâmpada; poderia ser sua voz interior dizendo: "Preciso iluminar a situação e resolvê-la". Eu pediria que contasse os tufos verdes e verificasse se o total faria algum sentido para ele.

Figura 4

Compare esse desenho com o fenômeno do arco-íris e observe os sentimentos que ele desperta em você. Você se sente impelido a perguntar: "O que está acontecendo na vida dessa criança?" O desenho é confuso, desordenado e contém preto. Ele poderia ser consequência de algum problema com os pais ou familiares, de uma doença ou de muitas outras coisas. A criança precisa de ajuda para encontrar harmonia em sua vida. As letras estão escritas com a cor púrpura, indicando que o autor é espiritualizado e não está tão doente a ponto de correr risco de morte. Todos os sentimentos estão ali, à mostra, mas precisam ser expostos de forma saudável para que o problema possa ser resolvido e a confusão, desfeita.

Figura 5

Esse desenho parece um rolo de arame ou de barbante todo embaraçado. Esse é o ponto principal. É um desenho leve, todo riscado e enleado, mas contém muita energia. Alguma coisa criou esse emaranhado e causou o problema. Se o preto estivesse ausente, eu diria que se trataria de algum distúrbio, mas sua presença sugere um problema emocional significativo que precisa ser abordado. A criança precisa expressar seus sentimentos e receber ajuda para desembaraçar sua vida. Essa tarefa será muito mais trabalhosa do que a ajuda oferecida à criança que desenhou a figura 4.

ANATOMIA: CONHECIMENTO INTERIOR DE ESTRUTURAS E DOENÇA

Figura 6

Depois de uma apendicectomia, a barriga do garoto inchou, indicando a formação de gases devido à inatividade do intestino. Minha preocupação imediata era a possível existência de uma obstrução, o que exigiria outra cirurgia. Pedi a ele que fizesse um desenho de si mesmo. Ele desenhou um exame de raios X na parede, embora não houvesse tela para visualização radiográfica no quarto, por isso prestei atenção redobrada ao exame. Neste, a grande área branca é o estômago e as espirais representam o intestino. Quando há obstrução intestinal, o intestino delgado enche de gás e secreção porque não consegue esvaziar, mas aqui ele está nitidamente dobrado, sem inchaço. Além disso, o garoto usou marrom e azul, cores saudáveis, e não vermelho e preto, que sugeririam a existência de problemas.

Esses detalhes me levaram a acreditar que o intestino devia estar apenas se recuperando da infecção original e das substâncias anestésicas, e que não havia obstrução intestinal. Como a experiência me ensinou a confiar nos desenhos dos pacientes, continuei a observá-lo e tratá-lo sintomaticamente. Em poucos dias, os intestinos retomaram suas atividades e o menino começou a soltar gases. Seu corpo apenas havia precisado de mais tempo do que o habitual para se recuperar, e não houve necessidade de nova cirurgia.

Figura 7

Um homem com alguns sintomas de apendicite fez esse desenho e o jogou na lixeira. Eu o recolhi e analisei mais a fundo. O apêndice tem a aparência de um dedo de luva grudado no intestino, muito semelhante aos braços e pernas dessa figura. Quando é obstruído por fezes ou alguma outra coisa, ele incha e inflama. Repare na bolinha na extremidade do braço da figura. Ela parece um bloqueio; observe também as extremidades inchadas, sem mãos nem pés, e os espaços vazios. A cor é laranja, que representa mudança; depois de uma operação, o paciente seria diferente. Esse desenho, somado aos sintomas, me levou a acreditar que o paciente estava com apendicite e que precisava de cirurgia. Operamos e o diagnóstico foi confirmado.

Figuras 8 e 9

Ao ser levado à sala de operação, esse menino, apesar de eu não lhe ter pedido nada, me entregou dois desenhos. Me passando a figura 8, ele disse: "Isso é antes da operação"; me passando a figura 9, disse: "E esse é depois da operação". Detenha-se e observe, prezado leitor. Este é um bom exemplo de como o subconsciente usa linguagem visual. Do que você acha que o menino foi operado? Ele desenhou aviões, mas pode-se ver que parte anatômica eles representam. Outro termo para pênis, em inglês, é *cock*; e aqui o piloto está sentado no *cockpit* (cabine de pilotagem). Na figura 8, o prepúcio cobre o pênis; na figura 9, o prepúcio desapareceu e o pênis está exposto.

No primeiro desenho, o *cockpit* está aberto e a cabeça do piloto está inclinada para fora, mas na imagem pós-cirurgia o artista fecha o *cockpit* e esconde o piloto. A figura me sugere que ele irá proteger o pênis pelo resto da vida e não deixará que nada parecido com isso volte a acontecer. É interessante que as balas disparadas pela arma montada na asa mudam de pequenas gotas, na primeira figura, para linhas retas na segunda. Eu diria que as linhas retas parecem mais potentes, mais letais. Ele sabe que a arma estará pronta para operar e fazer o que precisa ser feito. E o azul é uma cor saudável. Por isso, ele não está apreensivo ou angustiado com a cirurgia. O desenho revela que a circuncisão é um procedimento positivo para ele.

Figuras 10 e 11

Essas duas figuras foram desenhadas por irmãos. Timothy desenhou sua casa (fig. 10), quase um símbolo fálico em vermelho, sinal de emoção, o qual se relaciona com sua cirurgia (circuncisão). Ele colocou catorze maçãs na árvore, número que pode estar relacionado às pessoas da família, a uma data ou a alguma outra coisa. Ele usou cores saudáveis para o sol (amarelo = energia), para a árvore (verde = vida) e para a estrutura do balanço (azul = saúde). Os balanços indicam diversão, sendo que o vermelho representa ele mesmo, e o azul, o irmão. A bandeirola da caixa de correio está desfraldada e, com sua cor (marrom = terra nutritiva), o fato de estar ali sugere que ele não tem problemas em comunicar seus sentimentos; a chaminé na casa lhe dá uma saída para aliviar a pressão e as preocupações. O desenho sugere que tudo ficará bem com ele.

Thomas também desenhou uma casa fálica (fig. 11), na cor púrpura, com nove janelas num dos lados e uma janela na extremidade do sótão. A árvore tem nove maçãs próximas e uma colocada na borda da árvore. Nove e um são significativos porque Thomas repete o padrão. Se ele fosse meu paciente, eu perguntaria se esses números fazem algum sentido. As cores que ele usa são saudáveis, mas a moldura em torno do papel sugere que ele se sente limitado ou confinado. E não há uma chaminé que permita que ele libere as pressões e preocupações.

Figura 12
Observe essas velas. É fácil ver que essa mulher tem câncer de mama. As aves são as pessoas na sua vida que têm dificuldade de lidar com o câncer dela, e por isso estão representadas na cor preta. O sol tem sete raios, mas está parcialmente fora do quadro. O barco é ela mesma e o seu problema atual; ele está delineado em preto e vermelho (aflição, sofrimento, preocupação) e navega em águas revoltas. Não há ninguém no barco; ele parece ser jogado de um lado para o outro, com apenas o vento controlando as velas, revelando assim a situação que ela está vivendo.

FUTURO, MORTE E INTUIÇÃO: SABER CONSCIENTE OU INCONSCIENTE

Figuras 13, 14 e 15
No capítulo anterior fiz uma referência ao estudante de medicina que me procurou em busca de orientação sobre sua escolha profissional depois da morte do pai, médico, em decorrência do câncer. Ele temia que as exigências físicas e emocionais da profissão médica houvessem contribuído para a doença do pai. Eu pedi que desenhasse a si mesmo exercendo a profissão que estava pensando seguir. Na figura 13, ele é um político. Na 14, professor. Nenhuma delas parecia promissora. O de-

senho como médico (fig. 15) se mostrou o cenário mais favorável, com suas cores, imagens e ações saudáveis. Recomendei que continuasse estudando medicina, o que ele fez. Ele se tornou psiquiatra, profissão que se revelou a correta para ele.

Figuras 16 e 17

Pedi a estudantes de medicina que desenhassem a si mesmos trabalhando como médicos; as figuras 16 e 17 representam dois extremos dessa turma. Quase todos os alunos, tanto do sexo masculino como do feminino, desenharam o médico sentado atrás de uma mesa com um diploma na parede, sem representarem pacientes ou outras pessoas na mesma sala. A figura 16 me deixou estupefato. Há um rosto indefinido à direita, embaixo, mas não se sabe se representa o médico ou o paciente. Ele dá a impressão de representar um intelecto, não um ser humano, porque só a cabeça está presente. E o que mais esse médico tem? Livros, um computador, um nome, vegetais, comprimidos — nada de pessoas. Esse desenho não remete ao cuidado de pessoas, mas ao tratamento de doenças. O indivíduo que o desenhou rotularia seus pacientes: "Você tem enxaqueca, ou você tem câncer; tome isto". Ou: "Se você está deprimido, tome aquilo". Não consigo imaginar o autor desse desenho trabalhando como médico, a menos que se orientasse para a pesquisa, trabalhando no laboratório, não com pacientes.

No outro extremo está uma bela imagem feita por um aluno da mesma turma (fig. 17). É exatamente *isso* que é ser médico. O autor desenha a si mesmo ajoelhado, pondo-se assim no nível da paciente. Veja seu braço esquerdo — o médico se torna uma coisa só com a paciente. Ele está fazendo contato visual, sorrindo e lhe dando um lenço. Sua postura corporal está dizendo que há esperança. Ele tem um estetoscópio, mas não é o que usa para tocar a paciente. Quando se representam tocando um paciente, em geral os alunos se mostram usando o estetoscópio ou algum outro instrumento, não as mãos.

Entre os desenhos feitos pelos pacientes, os mais animadores mostram pessoas em seus quartos — na sala de operação ou no quarto do hospital onde devem ficar isolados recebendo um transplante de medula óssea — e o médico está com eles, tocando-os. Quando os pacientes desenham seus médicos sem touca, máscara ou avental, usados no ambiente esterilizado de uma sala de operações, o simbolismo é maravilhoso, sugerindo relacionamento pessoal e resultado positivo.

Figura 18

O homem que fez esse desenho tinha medo da quimioterapia e não queria se tratar. Mas a energia amarela fluindo para o câncer revelou que ele sabia por intuição que o tratamento seria bom para ele. Intelecto e intuição nem sempre estão de acordo. Quer decida se tratar ou não, você deseja estar livre de qualquer conflito com relação à decisão tomada. Depois de compreender o que a voz interior lhe dizia, este homem resolveu aceitar o tratamento, uma decisão acertada.

Figuras 19 e 20

Essas duas imagens foram desenhadas por um médico com câncer. Na figura 19, os três pássaros são seus filhos. As asas pendentes significam que eles estão tendo problemas emocionais com relação à doença do pai. O peixe (símbolo espiritual) está fora da água e voltado para o oeste, onde o sol se põe, revelando como o autor se sente em relação ao que está enfrentando. Ele também está navegando na direção oposta ao sol e aos filhos. Ele e a esposa estão no barco, juntos na jornada, e estão pintados na cor laranja (indicando mudança vindoura). Espero que a vela amarela e o barco púrpura se relacionem à fé do casal, ao crescimento espiritual e à transformação — e não que sejam sinal de que ele planeja morrer. Ele está sentado, e as linhas que delineiam o barco estão abaixo dos seus pés, ou seja, ele não está preso e tem condições de sair. Mas as linhas passam por cima da mulher, imobilizando seu corpo. Ele está no controle da vela e da cana do leme, de modo que embora ela o acompanhe na jornada, ele não a deixa ajudá-lo. Esse não é um comportamento de sobrevivência. É como se ele estivesse tentando proteger os familiares não dizendo como se sente (uma das mãos está atrás das costas). Ele está no controle de tudo; não deixando os familiares ajudá-lo, estes se sentem mal.

Depois de algumas sessões de terapia, o médico desenhou a figura 20. Observe as cores vivas dos filhos (os pássaros) e como as asas tendem para cima. Agora ele navega na direção do sol (futuro distante), que irradia raios de energia. Conte os raios; ele tem um bom número de anos pela frente. O peixe trocou de lado e está mais robusto, com uma cor melhor. Ele está voltado para o leste, onde o sol nasce — e quando olhamos para o sol, não vemos as sombras. As quatro ondas representam totalidade. O vento enfuna a vela, por isso ele não precisa segurá-la nem controlá-la. O casal está de mãos dadas, sorrindo, percorrendo a jornada juntos, e não mais separados. Eles têm olhos e nariz. Deus insuflou vida em Adão pelas narinas. Se você não tem nariz, como pode respirar a vida? Ele tem uma orelha, assim a esposa pode falar com ele, e ele pode ouvi-la.

Figura 21

A mulher que fez esse desenho estava conscientemente inconsciente de que o desenho não só iria prever sua tentativa de suicídio, mas também que os filhos, simbolizados pelos quatro raios de sol, a salvariam, e que oito membros da família estariam ao seu lado quando ela despertasse no hospital. Dividi o desenho em quatro quadrantes para mostrar como o presente, o passado e o futuro estão representados.

FIGURAS 22 E 23

A cor laranja simboliza mudança, e quando Monica, de 7 anos, escreveu seu nome em preto sobre laranja (fig. 22), estava indicando que não se sentia feliz por ter de fazer a cirurgia. Na sala onde ela seria operada, duas lâmpadas amarelas, colocadas ao alcance da mão para se poder ajustar o foco sobre o paciente, pendiam sobre a mesa de cirurgia (fig. 23). As lâmpadas estavam fixas em braços flexíveis, de modo que pudessem ser manobrados para dirigir a luz, com um botão preto na dobra para firmar a lâmpada no lugar desejado. É importante observar que Monica nunca havia entrado numa sala de operação. Mesmo assim, ela desenhou uma sala como uma caixa, colocando nas extremidades duas lâmpadas amarelas com dois botões pretos em cada uma. Durante uma cirurgia, o paciente fica deitado sobre um lençol branco e é coberto com um lençol azul esterilizado com uma abertura sobre a área cirúrgica. Monica desenhou o lençol branco e o azul, e a si mesma em rosa no centro. Ela também desenhou quatro linhas acima da cabeça. Na sala de operação estão a enfermeira instrumentadora, o anestesista, o cirurgião e uma enfermeira circulante — que não usa necessariamente roupa esterilizada e que pode sair da sala para buscar algum equipamento que o cirurgião possa precisar. No desenho, a enfermeira circulante está representada por uma linha que em parte passa pela borda da sala. Monica sabia por intuição que essa é uma pessoa que pode entrar e sair e que não ficaria na sala com ela o tempo todo.

Foi esse desenho que mudou o modo de pensar das pessoas no hospital. Muitas delas pensavam que eu era maluco em colher informações em desenhos, mas essa criança desenhou elementos essenciais numa sala de cirurgia sem nunca ter visto uma delas. Então, de onde saiu essa imagem? As pessoas no hospital se impressionaram com o desenho de Monica e se convenceram, e assim os desenhos dos meus pacientes passaram a ser muito mais interessantes do que raios X e tomografias.

FIGURA 24
Os arbustos verdes no desenho dessa mulher acabaram sendo uma predição do tempo de vida que ainda lhe restava: ela foi enterrada quase três anos depois de desenhá-los.

FIGURAS 25 E 26
Um pouco antes do casamento da nossa filha, perguntei a ela e ao noivo: "Por que cada um de vocês não faz dois desenhos — um de si mesmo e um dos dois como casal?" Nossa filha desenhou na frente e no verso da folha, o que é significativo, porque olhando a folha contra a luz, o autorretrato fica sobreposto ao casal no lado oposto. (Se a pessoa ou os familiares se sobreporem a você, a família é um problema.) Quando olhei o desenho contra a luz, a mão levantada da nossa filha estava sobre a cabeça do noivo e a outra mão sobre o coração dela. Eu disse: "Se ele está na cabeça dele e você está no seu coração, vocês vão ter problemas".

O desenho do casal (fig. 25) mostra nossa filha puxando o noivo para que ele se aproxime dela, mas ele nem sequer está olhando para ela. Eles têm orelhas, mas as dela estão na cor preta porque o que ela ouve do noivo a deixa desesperada. No autorretrato (fig. 26), ela usa sapatos na cor laranja, mas com ele está usando sapatos pretos. Ela tem dedos maiores no autorretrato, mostrando que possui controle maior das coisas quando não está com ele. Eu disse: "Entre a cabeça dele e o seu coração, vocês terão de encontrar uma forma de se comunicar um com o outro e resolver as coisas para que o relacionamento sobreviva". Mas eles nunca fizeram isso. Um dos filhos deles nasceu com um grave problema metabólico genético; e quando esse fato se somou à situação já existente, o divórcio foi o desenlace inevitável.

Figura 27
Esse desenho foi feito por um médico que estava com câncer e cujos filhos já eram adultos. Ele queria saber como os filhos estavam lidando com isso. Eu disse: "Faça um desenho da sua família". Ele perguntou: "Eles estão todos espalhados pelo país; o que isso vai me dizer?" Respondi que ele sabia por intuição o que estava acontecendo, e então me apresentou esse desenho. A primeira coisa que lhe pedi foi que parasse de classificar os filhos. Debaixo de cada um, ele escreveu: "Yale", "Arquiteto", "Advogado", e assim por diante, e a profissão de todos. Depois lhe perguntei: "Se você tivesse um filho drogado, um rebelde que abandonou os estudos e um assassino em massa, você acrescentaria esses detalhes?" Ele riu e sacudiu a cabeça. "Não rotule seus filhos", concluí.

Ao examinar o desenho, percebi de imediato com qual dos filhos ele precisava conversar. Sempre digo que ser advogado é uma doença grave. Um advogado me disse: "Ao aprender a pensar, quase esqueci de sentir". É isso que havia acontecido com o filho advogado desse médico: ele está todo de preto e não toca ninguém da família; por esse desenho, tenho certeza de que ele vivia totalmente em sua cabeça. Ele precisava de contato com a família e de incentivo para expressar seus sentimentos. O pai conseguiu entrar em contato com ele e ajudá-lo a resolver a situação.

NATUREZA: ESPELHO DO NOSSO AMBIENTE INTERIOR

Figura 28
As árvores são símbolos dos seres humanos: da nossa família, da nossa vida, do nosso corpo. Quando desenhamos uma árvore, a parte que fica embaixo da terra — as raízes — em geral simboliza o inconsciente, e pode remeter também às raízes da família. O tronco representa o corpo e o que está acontecendo

na nossa vida; a copa pode representar o futuro e o nosso desenvolvimento e consciência.

A árvore na figura 28 não ressalta as raízes; a artista pode estar desvinculada da família. A cavidade no tronco sugere que alguma coisa está cavando um buraco nela ou em sua vida. Penso que a criatura desenhada no buraco não representa uma doença, mas uma pessoa que a está consumindo. Observe a desordem dos galhos. Existe vida, mas que direção está seguindo? É um emaranhado confuso. Essa desenhista precisa resolver o problema do seu relacionamento com a família, por isso eu perguntaria: "Quem está cavando um buraco em você?" É possível que a criatura no tronco seja a própria paciente — representada por uma criança no ventre da árvore. Ela precisa criar sua própria vida, uma vida autêntica, e não viver a vida imposta por outros. Ela precisa renascer como ela mesma, em sua verdadeira essência.

Figura 29

Essa figura mostra a razão de todos estarmos aqui. A vida é uma oportunidade que todos temos para crescer e desenvolver de modo saudável. Esse é um desenho maravilhoso, com a energia amarela no fundo, a luz do sol banhando a flor, e o verde saudável, sinal de vida. Quando crianças têm câncer e não se sentem bem, as cores esmaecem e desbotam. Mas essa figura mostra uma pessoa que está em pleno desenvolvimento, orientando-se e buscando tudo o que é bom na vida.

Figura 30

Braços de pessoas erguidos podem representar diferentes emoções. Mas observe essa árvore: ela tem galhos finos, intrincados, todos traçados com cores emocionais. As duas figuras estão de pé sobre o solo, tendo portanto algum apoio; muitas vezes as pessoas se desenham flutuando no ar, sem apoio. Os pés dessas duas apontam em direções opostas, indicando que realmente precisam tomar uma decisão, resolver para que lado querem ir. Também é difícil ver alguma coisa que se assemelhe a um tronco nessa árvore; aparece apenas uma linha muito fina. A vida em comum dessas duas pessoas precisa ser fortalecida, receber um estímulo no sentido da organização. Nenhuma delas tem nariz, mostrando que não podem respirar — elas precisam criar uma vida mais vibrante para si mesmas, e não viver numa ilha.

Figura 31

Aves quase sempre representam as pessoas que fazem parte da nossa vida. Nesse desenho, três pássaros estão juntos na frente da lua e um está isolado. Pássaros em preto podem representar pessoas que estão lhe causando tristeza e desespero ou que elas mesmas estão nesse estado. O céu noturno apresenta certo colorido ao lado do preto, mas não é um céu agradável à vista. A embarcação está desenhada em duas cores emocionais, preto para angústia ou desespero, e vermelho, que poderia ser amor, mas na maioria dos casos representa sofrimento ou conflito. Quando a jornada de vida do paciente (o barco) é preta e vermelha, não tenho uma boa impressão com relação ao seu estado. Além disso, quem está conduzindo o barco? Em que direção está seguindo? Uma das linhas passa sobre o barco, dando a entender que está parado — quase como num remoinho — e está ligado à linha do horizonte. A água púrpura poderia significar algum tipo de jornada espiritual, mas a embarcação precisa de ajuda, no sentido de que precisa de alguém para conduzi-la e para lidar com as emoções dolorosas da jornada em que a pessoa se encontra. Os pequenos pássaros podem ser pessoas na vida do artista, mas não passam a impressão de que poderão ajudar em alguma coisa. Por isso, essa pessoa precisa pedir ajuda. Quando você precisa de ajuda, peça; isso é comportamento de sobrevivência.

Figura 32

A neve nas três montanhas não foi desenhada com creiom branco, mas mesmo assim está encobrindo alguma coisa, por isso eu perguntaria ao artista: "Há três pessoas, ou três coisas, interferindo em sua vida; você está ocultando seus sentimentos com relação a isso?" O sol está no quadrante do futuro, o que transmite uma sensação de esperança, mas não há raios (alegria) expandindo-se para a figura. O caminho vai do passado recente (quadrante inferior direito) para o futuro distante (quadrante superior esquerdo) e afina bastante, o que dificultará permanecer nele.

Além das três montanhas, há também três grandes árvores. Uma delas está viva; as outras duas parecem mortas ou em dormência. Caso representem pessoas, ninguém as está alimentando, e elas, como o caminho, estão começando a fenecer. É como se sua força vital estivesse se esvaindo. Os próprios pinheiros têm troncos pretos, podendo indicar que têm problemas. Montanhas púrpura são símbolos espirituais, e uma árvore natalina também pode ser espiritual, mas alguma coisa exauriu a vida das árvores desfolhadas, o que pode representar um dos pais ou uma criança. Eu também perguntaria ao artista: "O número cinco significa alguma coisa para você?" A cerca, com seus cinco postes, está localizada no quadrante que representa o passado. Na base de cada poste há uma pequena vegetação verde, saudável. Há também mais algumas árvores no passado. Mas como todas as árvores verdes são pretas na base, apesar de parecerem saudáveis, há conflito. Creio que alguma coisa do passado do artista que precisa se expandir está sendo contida por essa cerca, e o artista precisa de terapia para que isso aconteça.

Figura 33

Esse desenho é outro tipo de arco-íris, com vermelho, amarelo, laranja, púrpura e verde, e está cheio de vida. Embora as cores não estejam na ordem do arco-íris, o desenho tem ordem —

equilíbrio — e é muito bonito. O vaso repousa sobre um suporte marrom, uma cor forte, terrosa, estando assim bem sustentado; o cabo sugere que você pode apanhá-lo, segurá-lo e levá-lo com você. Você pode encher esse vaso com água para conservar as flores. Esse desenho me transmite uma sensação boa sobre a vida da pessoa. Eu perguntaria ao artista: "Por que há quatro flores amarelas, duas roxas, e assim por diante?" ou "Por que há oito flores?" Se o número oito não se aplica a nada em particular para o artista, ele pode indicar que está havendo um novo começo, ou que em breve ocorrerá alguma coisa nova.

Figura 34

Minha esposa, Bobbie, desenhou essa paisagem com cinco árvores no alto da folha. Nós temos cinco filhos, e na época em que ela fez esse desenho, um deles nos causava alguns problemas. Ele é o que está fora do alinhamento. Eu insistia para que ele fosse para a faculdade, e não que simplesmente ficasse em casa se queixando o tempo todo. Ele é um rapaz inteligente e cheio de energia, mas considera a escola maçante. Quando era mais jovem, e Bobbie e eu saíamos de férias, ele se trancava no *closet* e ficava lendo o dia inteiro, em vez de ir para a escola. Por isso eu tentava convencê-lo a sair e estudar alguma coisa do seu interesse.

Quando Bobbie fez esse desenho, dois dos nossos filhos já haviam saído de casa e três estavam conosco. Mas veja na parte inferior do quadro, onde há sete flores (representando todos nós). Embaixo, à esquerda, estão os gêmeos, minha esposa e eu. A terceira flor passou para o outro lado das tifáceas, alteração que me sugeriu que ele sairia de casa, o que eliminava totalmente a pressão. Havia seis caules de tifáceas. Seis semanas depois de feito esse desenho, nosso filho entrou no seu carro, foi a Denver e começou a frequentar a escola com seu irmão. Esse desenho ainda me impressiona, e nós o conservamos pendurado na parede de casa.

AUTOIMAGEM: COMO A AUTOESTIMA AFETA O CORPO

Figura 35

Essa jovem foi internada no hospital porque estava, literalmente, morrendo de fome. Os médicos e seus auxiliares estavam muito irritados, querendo saber a todo custo por que ela agia dessa forma. Todos a tratavam com rudeza. Então fui até ela e pedi: "Meu bem, faça um desenho de você mesma". Quando ela terminou, peguei a folha, levei-a para que todos a vissem, e disse: "Vejam, essa é a imagem que ela tem de si mesma. Vocês percebem o problema que ela tem? Essa é a imagem de uma mulher grávida, obesa". Quando entenderam como ela via a si mesma, todos se acalmaram e começaram a tratá-la melhor.

O que me agrada nesse desenho é que os dois pés estão voltados para o leste. Com terapia, ela com certeza tomaria a direção certa, pois os pés não apontam em sentidos opostos; ela não se mostra confusa nem em conflito. Ela precisa de dedos maiores para agarrar as coisas. Os quatro botões talvez significassem alguma coisa para ela. A jovem estava começando a se encontrar, fato indicado pelo pescoço ligeiramente espichado. Um único ponto para o nariz sugere que ela precisava descobrir algo que a inspirasse; caso encontrasse, ela se tornaria uma pessoa inteira, o que seria indicado por linhas coloridas, não pretas. Se não ama a si mesmo, você não enxerga o seu verdadeiro eu no espelho nem se aceita como pessoa merecedora de amor; você vê apenas o que está errado.

Figura 36

O interessante no desenho feito por essa jovem são os braços: ela tem mãos, mas estão imobilizadas nos pontos onde a linha do vestido passa sobre os braços. Ela tem todas as partes do corpo, incluindo olhos, nariz e boca, e ocupa a folha inteira, indicando algo positivo sobre sua autoestima em comparação com o diminuto autorretrato feito pela mulher anoréxica. Mas eu lhe perguntaria: "O que a está imobilizando? O que lhe falta para ir à luta e obter o que deseja?" Os braços são marrons e o rosto branco; braços com matiz escuro talvez indiquem a dificuldade que ela tem de ir em busca de alguma coisa e fazer o que precisa ser feito. Ela é uma pessoa branca com braços marrons; é como se tivesse medo de ser julgada. Os pés não apontam na mesma direção, revelando certa indecisão. Ela pode ter sido criticada por alguém, que talvez lhe tenha dito: "Você não deve fazer isso".

Figura 37

Você dá uma caixa de creions a uma pessoa e observa o que acontece. Com exceção dos olhos e da boca vermelhos, toda a figura está desenhada em preto. Ela tem olhos, nariz e boca, mas não tem orelhas, mãos e pés. Isso expressa sua depressão. Pelo menos ela não esboçou um sorriso no rosto para negar seus sentimentos — a maioria das pessoas totalmente deprimidas se retrata com um sorriso largo, arreganhando os dentes. Além disso, a linha dos ombros está mais marcada, indicando que ela está carregando um peso. Eu lhe perguntaria: "O que está acontecendo?" Ela se representou mostrando não ter nada com que remediar sua situação e se sentindo impotente. Ela precisa de ajuda para aprender a tomar a iniciativa, a desenvolver pés, a se movimentar e a fazer o que precisa ser feito. O cinto está quase apertado demais, como se indicasse que alguma coisa em sua vida a está comprimindo. Ela precisa aprender a ouvir os próprios sentimentos, do mesmo modo que nós reagimos à fome e procuramos o alimento de que necessitamos.

Figuras 38 e 39

A figura 38 foi desenhada nos lados internos de uma folha de papel dobrada, de modo que a pessoa que você vê aqui retratada abre como um livro. As cores da imagem exterior são saudáveis e têm energia, mas as mãos estão na realidade dobradas para dentro (a artista não consegue controlar o que está enfrentando) e os pés estão virados em direções opostas (ela é indecisa). Os ombros são largos, como se ela estivesse carregando um fardo. A imagem ocupa toda a folha, mostrando uma boa autoestima. Quando perguntei à autora por que havia dobrado a folha, ela a abriu. Veja agora o que há dentro: na figura 39, o corpo está despersonalizado. A artista aparece recebendo quimioterapia, que é amarela (representando energia) e que flui diretamente para o tumor, sinal positivo (menos efeitos colaterais). Mas olhe para ela — ela não tem cabeça, não tem mãos, os pés apontam em direções opostas e o corpo é vermelho; eu diria que ela está se sentindo totalmente impotente e não sabe o que fazer. Alguém prescreveu o tratamento, e ela acha que *precisa* segui-lo.

O tratamento deve resultar de uma decisão pessoal da paciente, e não de prescrição médica. No entanto, ela esteve ocultando seus receios sob a folha dobrada. Recomendei que abandonasse o tratamento ou então que assumisse outra atitude com relação a ele. Se você está vivendo um inferno, desabafe; não esconda a situação. Cuide-se bem e peça ajuda de outras pessoas. O que ela precisava fazer era tomar coragem e seguir o tratamento porque era opção dela, e não indicação de terceiros. Assim ela teria muito menos problemas. Dez vezes ao dia, durante três ou quatro minutos, ela devia se visualizar seguindo o tratamento, alcançando um resultado positivo sem efeitos colaterais e voltando para casa revigorada e saudável. Quando você se sente impotente, ou acredita que o tratamento o está envenenando, você cria o pior resultado possível.

Eu estava assistindo a um programa na TV aberta em que um psicólogo falava sobre um projeto de pesquisa que incluía voluntários submetendo-se a uma ressonância magnética funcional que registra a atividade cerebral em tempo real. Em cada exame, os pesquisadores colocavam uma das mãos na frente da pessoa e observavam no monitor as partes do cérebro que registravam atividade. Quando retiravam a mão, a atividade cessava naquelas áreas. O psicólogo comentou que caso se retirasse a mão e dissesse à pessoa: "Feche os olhos e imagine uma mão", o cérebro no monitor de imagem acendia nas mesmas áreas de antes, indicando a mesma atividade, como se a pessoa estivesse vendo uma mão real. Assim, quando você se vê fazendo tratamento e recuperando-se, é como se estivesse se recuperando de fato. A diferença é enorme.

Figura 40
Esse sou eu. Veja a largura dos ombros. Estou assumindo coisas demais, se você me entende. Mas enchi a folha, o que significa que a minha autoestima está boa; as cores são naturais. Tenho todas as partes necessárias — nariz, boca, olhos e orelhas. O sorriso é sincero, não simulado. Tenho quatro botões na camisa — para mim poderia ser um número que simboliza completude. Meus pés se apoiam no chão. Mesmo quando você sabe o que está desenhando, é surpreendente perceber como os pequenos detalhes se insinuam. Se você parece ter mais músculos do que tem na realidade, você está tentando ser forte e não está dando a si mesmo o mesmo cuidado que dá para outras pessoas. Eu não devo assumir tanta coisa; preciso cuidar de mim mesmo e ir com calma. Então, se eu fizer outro desenho, talvez me retrate menos musculoso e mais saudável.

Figura 41
Em contraste com o desenho anterior, veja essa imagem desenhada pelo filho do nosso vizinho, que estava deprimido. O corpo do garoto não preenche o quadro; ele é um peque-

no esboço na folha de papel e se retratou todo em preto, o goleiro num time de hóquei. O que ele precisa encarar? Um goleiro é obrigado a suportar todos os que chutam objetos pretos sólidos contra ele. O simbolismo contido nessa imagem é muito claro, com o preto da depressão, a imagem diminuta — e o modo como ele segura o taco sugere que está esperando mais problemas. Esse jovem precisava realmente de ajuda.

Figuras 42 e 43

Esse garoto chegou ao meu consultório e desenhou uma figura de si mesmo que encheu a folha. Pela cor púrpura, percebi que é um garoto espiritualizado, mas no desenho não tem pernas (fig. 42). Não percebi que ele havia escrito a palavra "vire" ao pé da folha. Então perguntei: "Qual é o problema? Você não tem pernas. Está se sentindo bloqueado ou preso?" Ele respondeu: "Vire a folha". No outro lado, lá está ele com suporte sob os pés (fig. 43). Eu uso toda a folha quando desenho a mim mesmo, mas esse garoto ocupa duas. Não é preciso se preocupar com sua autoestima. Ocupando duas folhas e tendo apoio, ele se dará bem. Esse desenho me diz que está tudo bem com ele.

Figura 44

Esse menino disse: "Doutor Siegel, os garotos estão debochando de mim no vestiário da escola, e eu quero que o senhor me circuncide para que parem de mexer comigo". Eu lhe disse: "Faça um desenho de você mesmo na sala de operação", e lhe entreguei uma caixa de creions, com preto, branco, marrom e todas as cores do arco-íris. Ele pegou o creiom preto, escreveu "Eu" em preto e desenhou um inseto preto na mesa de operação. Daí escreveu um pouco acima: "Desenhei isso porque estou cansado". Eu sabia que não era esse o motivo de ele ter desenhado essa figura; ela mostrava como ele se sentia com relação a si mesmo. Se até então ele se sentisse como uma criança bonita e amada, ele poderia ter se desenhado como um jovem elegante que queria ou não uma circuncisão. Eu disse: "Muito bem, você não quer que os meninos o incomodem, certo? Podemos ir em frente e providenciar a circuncisão". Mas mostrei o desenho aos seus pais, dizendo-lhes: "Vou fazer a circuncisão para ajudá-lo, mas ele pode passar a vida consultando cirurgiões plásticos e nunca se sentir bonito ao se olhar no espelho. O que ele mais precisa é do amor de vocês".

Vi a mesma coisa acontecer entre instrutores de profissionais da saúde numa convenção. Perguntei-lhes: "O que eu deveria pendurar na entrada de todo prédio público para transmitir a mensagem: 'Veja como a vida é bela e tem sentido!'?" Eles mencionaram coisas como: "Borboletas!" "Arco-íris!" "Fotos de bebês!" — até que eu disse: "Não, nada disso; pendurem um espelho". Um espelho simboliza aceitação total e amor a si mesmo. Quando aceitamos a nós mesmos como criação de Deus, vendo beleza e sentido no que somos, exatamente como somos, aceitamos também os outros como criação de Deus. As crianças conhecem de início a autoestima através do amor e da aceitação dos pais; quando elas têm isso, não precisam se preocupar com a própria aparência — com o que os amigos dizem ou com o que os vizinhos pensam. Se são tratadas pelos pais com indiferença e rejeição, o desastre pode ser grande.

Figura 45

Esse desenho foi feito por uma repórter que me entrevistou. Quando ela desenhou um relógio com um só ponteiro, indicando para o número doze, a minha leitura foi que o seu inconsciente lhe pedia que ela prestasse atenção a uma experiência traumática do passado cuja cura dependia de ajuda terapêutica.

Figura 46

Eu mostro essa imagem em palestras e pergunto aos participantes: "Quem vocês acham que produziria *instruções escritas* sobre como fazer um desenho, quando tudo o que pedi à pessoa foi que desenhasse alguma coisa?" Quando digo: "Foi um engenheiro", todo mundo ri. As primeiras palavras que ele escreveu foram: "Tenho dificuldade de desenhar". Com o que ele está preocupado? Não se tratava de uma aula de arte, ele não seria avaliado. Ele não ficou satisfeito em apenas acrescentar algumas palavras para rotular as coisas, como algumas pessoas fazem, mas escreveu uma página inteira de instruções. Ele estava tentando controlar tudo em sua vida usando a cabeça. O interessante é que esse fato ainda fazia uma enorme diferença para ele, porque eu lhe disse: "Você está vivendo na sua cabeça, não nos seus sentimentos. A sua parte engenheiro está tendo problemas de relacionamento; e do mesmo modo que os advogados, você está pensando e medindo, e não usando o coração". Essas palavras de fato o tocaram.

Cerca de quinze anos mais tarde, mostrei esse *slide* durante uma palestra em Yale; no final, um jovem da plateia se aproximou e disse: "Essa é a caligrafia do meu pai. Quando o senhor disse que ele dependia totalmente do intelecto e não sentia suas emoções, essa revelação mudou sua vida. Essas palavras o tocaram profundamente e o ajudaram a sobreviver ao câncer". Então fiz uma cópia do desenho e a dei ao filho.

Algumas pessoas têm tanto medo de desenhar, que pedem ao filho que faça o desenho por elas. Eu lhes digo: "Você está lutando contra o câncer e tem medo de fazer um desenho?" Um menino de 10 anos desenhou a figura da mãe a pedido dela, dando-lhe uma enorme cabeça e um sorriso falso. Esse era o entendimento dele — ou seja, que ela vivia na cabeça, sem nenhum contato com seus sentimentos.

TRATAMENTO: O MODO DE PERCEBER AFETA A MANEIRA DE VIVER

FIGURA 47
Essa paciente tem um senso de humor que a ajudou a sobreviver. Aqui ela se retratou recebendo quimioterapia, e mostra a substância fluindo para todas as partes do corpo — indicando assim que está inconscientemente se preparando para ter muitos efeitos colaterais. Ela está ligada à bomba de infusão que aplica a terapia intravenosa durante todo o dia e parte da noite, uma das inúmeras sessões que aconteceriam ao longo de vários meses. Ela me disse: "Estou cansada de arrastar essa coisa por aí". Ela na verdade estava prestes a abandonar tudo e morrer. Então, olhei para ela e disse: "Veja, você é a Mulher-arrastão (Dragging Lady)" — um trocadilho com o nome *Mulher-dragão* (Dragon Lady) — e ela caiu na gargalhada. Dragões se tornaram símbolos das células brancas durante as sessões de visualização, e ela começou a se recuperar de forma maravilhosa a partir daquele momento. Ela não teve mais problemas com o tratamento nem com outros detalhes porque se tornou a Mulher-arrastão.

Os médicos poderiam obter grandes benefícios se aprendessem técnicas psicológicas para lidar com as pessoas, como o trocadilho que usei para entreter e incentivar a "Mulher-dragão". Eu adoto também o que chamo de técnica do Paradoxo, por meio da qual faço exatamente o oposto do que o paciente espera que eu faça. Por exemplo, quando alguém chega e diz: "Me disseram que tenho uma semana de vida", eu acrescento: "Estou achando que você tem apenas dois ou três dias". O paciente olha para mim em estado de choque, mas logo entende que estou apenas brincando. O que eu digo é tão fora de propósito que o paciente começa a rir. Então começamos a conversar, e a tensão desaparece. O uso do Paradoxo ajuda a desviar o pensamento do paciente para alguma coisa mais positiva, o que por sua vez afeta sua experiência do tratamento. O resultado será uma melhora de vida, e desse modo eu aplico com frequência uma forma branda de "mentira terapêutica" para induzir a saúde.

Os desenhos a seguir mostram reações emocionais diferentes de dois pacientes aos respectivos tratamentos. Eles ilustram com clareza por que atitudes positivas exercem um papel importante no processo de cura.

FIGURA 48
Alguém aqui está recebendo um transplante de medula óssea, que parece estar sendo feito numa prisão. Não há luz do sol entrando pela janela, nem nada agradável no lado de fora. As enfermeiras são figuras-palito sem mãos e não tocam a paciente. A paciente tem apenas um braço; não tem olhos, orelhas, nariz, e por isso não consegue se expressar. Ela simplesmente está deitada numa maca, com uma enorme agulha aproximando-se dela. O cenário é de pesadelo, não de uma terapia de cura. Uma pessoa que faz um desenho desses precisa ir para casa e visualizar o tratamento de outra perspectiva, como algo terapêutico, até se convencer de que é benéfico. Tenho um CD intitulado *Getting Ready* que ajuda as pessoas a se "reprogramar" por meio de visualizações orientadas. Eu o recomendaria a essa paciente, porque ele modificaria por completo sua reação ao tratamento e ao seu resultado. Agora, compare esse desenho com o seguinte, a figura 49.

FIGURA 49
Esse é o cenário de um transplante de medula óssea no qual vemos a mão de Deus sustentando a paciente. A infusão está ocorrendo sem problemas, acompanhada pelo médico. Em geral o médico usa touca, máscara e avental, o que não acontece nessa imagem, e ele toca a paciente, não com um estetoscópio, mas com a mão — como um ser humano — e está sorrindo. Em-

bora o desenho tenha desbotado com o tempo, ainda é possível ver o arco-íris da vida no quarto, simbolizado pelas cores na cadeira. É como se a paciente estivesse num cruzeiro de férias, e não passando por um procedimento difícil no hospital. Uma luz irradia sobre ela; a porta é vermelha, uma cor emocional, indicando seu retorno para a vida. Numa janela está a árvore da vida, com aparência saudável. A família a espera junto à outra janela. Ela tem o aparelho de CD para terapia de visualização e tudo o mais de que necessita. Eu não me preocupo com um paciente assim. Estudos revelam que pessoas que fazem esse tipo de desenho e alimentam essa perspectiva psicológica têm uma taxa de sobrevivência mais elevada do que aquelas que compõem imagens de aspecto negativo.

Figura 50
Essa mulher escreveu "Socorro" na barriga, seguindo o meu conselho a pacientes que vão ser internados. Eu sempre digo para que levem um Kit Siegel, que inclui um marcador de feltro, um chocalho ou apito e uma pistola d'água. O marcador é para escrever: "Corte aqui" e "Não aqui, idiota". Uma mulher escreveu logo acima dos pelos pubianos: "Não apare o gramado". Com um humor assim, todos na sala de operação se divertem e formam uma família. O chocalho ou apito pode salvar vidas. Uma mulher hospitalizada estava se engasgando, e quando acionou o sistema de chamada de emergência, ninguém atendeu. Ela me disse, mais tarde: "Se eu não tivesse uma companheira de quarto, eu morreria". A arma de água serve para molhar os que perturbam sua privacidade sem um bom motivo.

Figura 51
A cor púrpura é a cor da espiritualidade, e embora seu uso possa sugerir uma pessoa morrendo, penso que a cor da quimioterapia dessa paciente não reflete a crença de que o trata-

mento irá matá-la. Pelo contrário, penso que ela acredita que ficará curada. As pintas vermelhas no corpo — uma cor emocional — representam o câncer. Os poucos pontos brancos entre elas, quase invisíveis, são as células brancas. A percepção que a paciente tem de si mesma como uma figura-palito não é muito animadora. Ela se retratou em preto e é honesta o bastante para mostrar que está infeliz. Mas como não há ninguém administrando a quimioterapia, e por pintá-la de roxo, a paciente parece acreditar que o tratamento é como um presente de Deus. Os pés apontam para a seringa, mostrando intuitivamente que acredita que o tratamento lhe fará bem.

No que diz respeito à quimioterapia, eu diria: "Sim, vá em frente e experimente, por causa da sua aparência no desenho, da cor do tratamento e da direção dos pés". Eu também mostraria que o câncer aparece em vários locais e é vermelho, indicando que está criando um problema emocional na sua vida. O modo como as pessoas se veem é importante: se mostram centenas de células cancerosas e poucos glóbulos brancos, o corpo reagirá de acordo com essa percepção. Eu recomendaria a essa paciente que alterasse a imagem que tem de si mesma e reavaliasse as crenças a respeito de si própria.

Figura 52

A quimioterapia aqui é aplicada com uma seringa preta, e a mulher não está deixando a substância entrar no corpo. Os olhos e a boca são pretos e as manchas de câncer parecem roxas; nesse caso a cor púrpura parece representar a morte. A mensagem da paciente parece ser: "Isso vai me matar. Essa doença vai me transformar num espírito". Ela não tem nariz para respirar, por isso não pode absorver a vida, sugerindo que, para ela, o tratamento não irá melhorar sua qualidade de vida. Um dos pés está voltado para a direita, o oeste, região da escuridão, e os sapatos são pretos.

Ela também dá a impressão de estar se esvaecendo: a parte superior do corpo é rosa-claro (sugerindo emoção e sofrimento ocultos), e ela está mostrando as cicatrizes da mastectomia. Susan Bach observa que crianças doentes podem desenhar no início cenas externas em cores vívidas e saudáveis, como o verde, e então, com o tempo, a cor em desenhos seguintes pode se tornar cada vez mais esmaecida, às vezes porque os autores aplicam menos pressão sobre a folha e outras vezes porque escolhem tonalidades mais pálidas. Quando isso acontece, diz Bach, é sinal que a luz da vida está esmorecendo, está abandonando-os. Desse modo, a figura que essa mulher desenhou não oferece bons presságios para seu futuro.

Figura 53

Esse desenho dramático tem muitas cores. Como a paciente deixou os pés fora do quadro, eu diria que ela se sentia paralisada no momento em que o fez. E ela *estava* paralisada, porque tinha em torno de 16 anos e os pais lhe haviam tolhido todo poder de decisão. Contra sua vontade, fora obrigada a fazer quimioterapia, até que por fim se recusou a continuar. Quando a trouxeram para o meu consultório, eles queriam que eu convencesse a filha a retomar o tratamento. Pedi a ela que fizesse um desenho. Quando vi as palavras *Eu te odeio*, perguntei se isso queria dizer que ela odiava o câncer. Ela respondeu: "Não, não odeio o câncer; o câncer está passando o mesmo inferno que eu estou passando. Ele está gritando e dizendo: 'Socorro! Me ajuda!'".

Que declaração! Ela se compadecia do câncer! Quem ela queria transpassar com a lança, então? "Quero cravá-la no meu médico", ela respondeu. "Ele me deixou essa cabeça careca, feia, e esse joelho horrível." Então sua raiva era toda contra os médicos. Não sei como o caso terminou, mas pelo menos os pais puderam compreender melhor o comportamento e as atitudes da filha. Sugeri que lhe devolvessem sua autonomia e a deixassem decidir o que fazer.

A palavra *paciente* deriva de um termo que significa "sofredor submisso". Isso implica que se você é um "bom" paciente, suportará sofrimento, cirurgia e deformação do corpo, além de quaisquer complicações que possam sobrevir, tudo sem expressar raiva. E talvez você morra num dia que agrade a todos ou quem sabe devido a decisões médicas tomadas por profissionais que não conhecem você como pessoa e lhe prescreveram o tratamento errado.

Eu recomendo às pessoas que não sejam bons pacientes, mas sim participantes responsáveis.* Você assume a responsabilidade pelo seu tratamento. O médico pode prescrever alguma coisa, mas é *você* que decide se quer seguir a prescrição dada. E quando toma decisões, você não se julga um fracasso se o resultado não é o que você esperava. A forma como digo isso é: Você está tentando não morrer ou fazer o que é certo para *você*?

Em sua maioria, as pessoas se submetem a procedimentos difíceis com a esperança de não morrer ou de viver por mais tempo, mas algumas se preocupam mais com a qualidade de vida e escolhem um tratamento com o qual podem conviver, mesmo que isso signifique que talvez não vivam muito tempo. Um participante responsável decide o que é certo para ele, e se a decisão tomada não leva a resultados positivos, ele não se irrita consigo mesmo, imaginando que é um fracasso. Quando as pessoas dizem: "Eu não quero morrer", eu lhes digo: "Então faça tudo o que seu médico recomendar; se não der certo, pelo menos você não se sentirá culpado por não tentar".

---

* "Respants" = responsible participants. (N.T.)

Figura 54

O adolescente retratado nessa figura está deitado na cama do hospital recebendo quimioterapia. Do meu ponto de vista, ele sem dúvida acredita que o tratamento lhe fará bem, pois o pintou de laranja, a cor que simboliza mudança. Mas ele não está deixando a substância entrar no corpo, bloqueando-a no pulso. Como ele prevê a ocorrência de efeitos colaterais, desenhou uma bacia debaixo da cama para o caso de vomitar. O suporte intravenoso e ele próprio estão desenhados em preto, indicando que ele está muito aborrecido com a doença. A janela também é preta, mas há nuvens azuis (energia vital), um bom sinal. A roupa que ele veste também é azul, embora talvez seja apenas a cor da camisola hospitalar, e nesse caso não teria significado nenhum. O amarelo do colchão é uma cor positiva se tiver relação com o tratamento.

O que me intriga é a porta à direita: o jovem precisa de companhia. A família decidiu que ele devia receber quimioterapia, e ele foi internado para o tratamento. Mas onde está a família? Os familiares não estão presentes para apoiá-lo. Ele está lá deitado, sozinho, sofrendo as consequências da decisão dos familiares, mas sem a presença e o amor deles.

Procure fazer o seguinte experimento: mergulhe a mão num balde de gelo enquanto está sozinho no banheiro. Registre o tempo que decorre até que você comece a sentir dor e tenha de retirar a mão. Depois leve o balde para a sala, reunindo ao seu redor todos os familiares e animais de estimação. Coloque a mão no balde mais uma vez e anote quanto tempo mais você consegue aguentar tendo ao seu lado pessoas que o amam. O experimento mostra de forma clara como o amor e a companhia são importantes para os que fazem todo o possível para se recuperar.

Figuras 55 e 56

Essa mulher se retratou dentro de uma caixa com uma tira para imobilizar a cabeça durante a irradiação do tumor (fig. 55). A linha que demarca um lado da cama passa sobre o pé da paciente, impedindo-a de sair. De modo simbólico, ela está encaixotada, e o fato de não ter dedos sugere que ela não está apegada a nada. Ela não tem nariz, implicando falta de inspiração com relação ao tratamento. O que também sugere uma ausência parecida de apoio emocional e de estímulo são as figuras das técnicas que a assistem, elas também não têm nariz e a observa do outro lado da janela, totalmente separadas da paciente.

Na figura 56, os raios da radiação são vermelhos e pretos, duas cores emocionais intensas, por isso ela reagirá muito ao tratamento. Observe que ela direcionou a aplicação não só ao tumor, a grande área em preto na mandíbula, mas também ao ombro, pescoço e rosto. Um aspecto positivo é que as células pretas do tumor estão cercadas pelo sistema imunológico, representado por uma cor terrosa saudável. Essa área marrom quase parece feita de tijolos ou de bolinhas de gude, contendo o tumor e confinando-o a esse ponto. A visão da situação é apropriada, mas acredito que a paciente, devido à sua atitude, terá inúmeros efeitos colaterais nos pontos visados pelas setas.

Figura 57

Aqui o paciente está na mesa de operação, com o cardiograma pendurado na parede e duas mangueiras de medicação intravenosa ativadas. O lençol verde é uma cor saudável, mas não há ninguém no quarto cuidando do paciente. É como se ele tivesse morrido e algúem tivesse coberto o cadáver. Muito provavelmente esse paciente tem medo de ir para a sala de cirurgia, porque expõe seu cardiograma, desenhado em preto. O cardiograma pode sugerir que ele pensa não estar sendo atendido por ninguém e que, por consequência, o coração pode parar, por isso ele está muito assustado.

Figura 58

Nesse desenho você vê o contrário do medo. Que diferença! Porque acredita que o amor e Deus estão na sala de operação, essa mulher não terá nenhum problema. A mesa é amarelo-solar e raios de energia vivificante irradiam à sua volta. O cirurgião não está usando máscara e avental ou luvas — ele está ali para ela como pessoa, tocando-a, se relacionando com ela como um ser humano. Há um arco-íris sobre o cirurgião e a paciente está imaginando uma flor; uma linha de quatro bolhas liga o cirurgião ao arco-íris e a paciente à flor. Quatro é o número da totalidade ou plenitude; também pode simbolizar algo pessoal para a autora. Três corações e três notas musicais purpúreas dançam no ar. O número três poderia se referir à Trindade. Há doze flores, que podem simbolizar um período de tempo, pessoas ou ter algum outro significado pessoal. O cenário é simplesmente belo. Todas essas imagens são calmantes, curativas. Eu não me preocuparia com essa paciente, em absoluto.

Figura 59

Esse homem está escondendo as mãos e não tem pés, como se estivessem amputados. Como pode se ajudar — se animar a fazer o que precisa ser feito? Os ombros arredondados é um sinal positivo, pois assim os problemas podem deslizar por eles". O paciente expõe duas cicatrizes grandes no peito, todavia imagina que a doença está fora do corpo, como se não pudesse fazer nada com relação a ela. Ele tem olhos, nariz, orelhas e boca, mas desenhar a doença fora do corpo significa que ele não aceita a existência dela ou a responsabilidade de enfrentá-la; por isso, como pode atingi-la?

A sabedoria intuitiva desse homem nos diz o que está acontecendo em seu corpo. Aqui as células pretas são cancerosas, o tratamento é vermelho e as células brancas são como come-comes amarelos. Uma célula cancerosa embaixo não é afetada pelo tratamento, de modo que eu diria que 80 por cento do câncer está sendo combatido pelo tratamento e pelo sistema imunológico.

Usando as mesmas metáforas que ele escolheu para o desenho, eu lhe diria: "Ponha suas mãos em ação, faça seus pés andar e aceite que a doença está em seu corpo". Aceitação não significa enfrentar um resultado ruim; é questão de observação: "Tudo bem, isso aconteceu, e eu preciso participar do que está acontecendo, não apenas ficar aí parado". Precisamos fazer com que ele crie imagens mais positivas nas sessões de visualização e sinta 100 por cento do seu câncer sendo curado.

Figura 60

Esse homem usou cavalos para representar seus glóbulos brancos. Eu lhe diria: "Não se limite a sete cavalos; use centenas deles ou mais". (Uma mulher usou pipocas — uma boa imagem. Os núcleos têm muita energia, aparentemente em quantidade infinita, e quando estouram podem asfixiar as células cancerosas.) Nesse desenho, a substância quimioterápica não está afetando todas as células cancerosas do paciente. Eu o orientaria a visualizar *todas* as células cancerosas sendo atacadas e a ver esse ataque acontecendo *dentro* do corpo.

FAMÍLIA: O PRIMEIRO SISTEMA DE APOIO

Figura 61

A árvore simboliza a família ou uma pessoa. O tronco representa o corpo; a copa representa a consciência; as raízes, enterradas sob a superfície, simbolizam o passado e o inconsciente. Aqui, tudo o que se vê é o tronco da árvore, com um buraco no meio. O desenho foi todo feito com lápis preto, sem nenhuma cor, excluindo assim as emoções e a vida. Quando os membros de uma família não se comunicam, a vida se extingue.

O pai está com as mãos no bolso. A filha procura estar perto da mãe e a toca, mas a mãe não corresponde, e ninguém está tocando o garoto. Eles precisam se comunicar, apoiar um ao outro e falar sobre seus sentimentos.

Figura 62
Observe o sofá. Embora haja um lugar vazio, essa criança está sentada numa cadeira à parte, sozinha. Ela se desenhou na cor roxa, enviando-me a mensagem: "Vou morrer dessa doença. Vou me tornar um espírito". Mostrei o desenho aos pais, produzindo um impacto profundo sobre toda a família. Um ano depois, a menina faleceu. Os pais me telefonaram, dizendo: "Nós lhe somos gratos pela ajuda que nos deu com aquele desenho, pois passamos a dedicar muito mais tempo a ela. Estabelecemos uma relação maravilhosa com ela e resolvemos todas as nossas diferenças antes do seu falecimento". Assim o processo de morte da filha não significou apenas perda ou fracasso, mas suscitou nos pais e irmãos um sentimento de tranquilidade e dever cumprido. Também foi muito importante para eles saber que a filha fez a passagem se sentindo muito amada.

Figura 63
O telhado preto dessa casa pode ser a cor real ou pode significar a situação emocional do artista. Antes de interpretar um desenho como esse, é importante perguntar: "De que cor é o telhado da sua casa?" Certa ocasião, pedi a uma paciente que desenhasse uma casa vermelha e um carro preto. O resultado foi que essas duas cores emocionais indicaram que o marido era um alcoólatra que fumava dentro de casa e dirigia embriagado, pondo em risco a vida da esposa tanto em casa como no carro. Nesta figura, duas pessoas estão sentadas na frente da casa, e é óbvio que há espaço para ambos nela. Há também flores e um cachorro, e o desenho ocupa a folha toda. O uso

da folha inteira indica que a vida da pessoa está plena. As chaminés permitem uma saída fácil do ar quente da casa. Ou seja, se essas pessoas tiverem um problema, elas o resolverão. O ar não formará pressão nem destruirá a vida familiar do casal.

Figura 64

A borboleta é o símbolo da transformação, podendo-se então dizer que a mudança na vida das pessoas aqui retratadas está em andamento. Essa borboleta é púrpura, mas não está voando no quadrante superior esquerdo, o qual remete ao conceito de morte. O desenho não evoca nada funesto, por isso não o vejo como predição de morte. Como a borboleta ocupa a área central do lado direito (o presente), interpreto-a como símbolo de transformação espiritual e mudança — ela tem relação com o que está acontecendo na família no momento. Acima das pessoas há um arco-íris com as cores na ordem apropriada, expressando a ideia de ordem na vida dessa família e um senso de plenitude. Eles estão todos se tocando, e a cor está em toda parte; o desenho está cheio de vida. As quatro flores podem representar as pessoas. Três flores estão mais próximas e uma está ligeiramente afastada, assim como o menino, mas a sensação que temos é de energia, crescimento e relações saudáveis, e assim nos sentimos bem olhando essa imagem.

Figura 65

O número sete aparece no centro dessa figura, podendo indicar a idade da autora do desenho. Há muitos raios de sol no quadrante superior direito, representando o presente, o aqui e agora, que pode se referir à vida em geral da artista, às pessoas da sua vida, e assim por diante. Ela incluiu quatro nuvens, todas azuis — uma cor positiva, saudável — não pretas. Há também três ondas. Seria proveitoso conversar com ela sobre o possível significado de todos esses números. Particularmente interessante é que as quatro nuvens e as três ondas totalizam sete, outro elemento que precisa de explicação. O número sete, também o número de dias da semana, poderia estar relacionado à situação de vida da artista e à nova realidade que a mudança está criando. Esse desenho foi feito por uma criança adotada; eu diria para a família: "A menina mostra que vocês estão no mesmo barco, mas em lados opostos. Os braços das pessoas estão estendidos, mas elas estão afastadas; ela precisa que vocês se aproximem mais dela".

Figuras 66 e 67

Esses desenhos foram feitos por uma amiga médica depois de um acidente de carro a que ela teve a sorte de sobreviver. O carro derrapou e saiu da estrada e felizmente alguém percebeu, a encontrou e prestou socorro. A consequência, porém, foi que ficou paraplégica. Na figura 66, ela está sozinha, numa estrada em curva, descendo. Ainda há um pouco de sol em sua vida, mas há também nuvens carregadas de certa emoção — ela acrescentou alguns matizes de vermelho. Mas essas nuvens não são pretas, e ela esboça um sorriso, um sorriso honesto. Vemos um grande buraco negro na região do coração — essa é sua chaga: sua paralisia. Imagine — ela se formaria em medicina, e veja o que lhe aconteceu durante os estudos. Ela teve dificuldades em convencer a escola a aceitá-la de volta por causa da sua condição.

No desenho que fez de si mesma com o namorado (fig. 67), ela está inteira. Como mencionei antes, quando pessoas queridas estão presentes, os sofrimentos e os problemas mais diversos ficam amenizados. Ela não está mais numa estrada em declive, e agora seu traçado é verde. Quando alguém ama você, o seu caminho na vida se torna um caminho de cura; a história é outra quando vocês estão juntos. Ela se sente completa de novo; está de pé. Eles olham um para o outro, de mãos dadas. As quatro flores podem ser outras pessoas ou podem representar o tempo, possivelmente o número de anos que faltam para concluir os estudos de medicina.

Figura 68

Esse é o retrato feito por uma freira. Ela é a pessoa na extrema esquerda, a que está com câncer. Ela disse: "Eu preciso de mais ajuda da minha família", e então me entregou esse desenho. Eu mostrei que sua família padece de um defeito genético: os braços e mãos de todos estão presos ao corpo. O vestido azul da mulher no centro tem linhas que cruzam as mãos, significando que estão amarradas e por isso ela não consegue usá-las. As mãos dos outros estão enfiadas nos bolsos ou coladas nas laterais. Ninguém na verdade está se tocando, embora os irmãos estejam bem próximos, roçando-se de leve. O terceiro irmão da direita está pisando no pé de outro irmão. Detalhes como esse se insinuam nos desenhos, e não são casuais. Há alguma coisa acontecendo entre esses dois jovens — considerando-se o simbolismo de um pisando nos dedos do outro e a postura corporal de ambos. Os dois sinalizam que não estão abertos um para o outro.

Embaixo, as palavras "Minha família" estão escritas em vermelho, mas um vermelho esmaecido, indicando que a paixão e o afeto estão ausentes. Eu disse à minha paciente que ela teria de sair do seu isolamento e pedir ajuda, assumir um comportamento de sobrevivência. Se for demasiado escrupulosa em pedir ajuda à família, estará prejudicando a si mesma. Ela precisa conseguir o apoio dos familiares ou então recorrer a outras formas de ajuda.

Figura 69

Esse desenho, sem dúvida, foi feito por um dos nossos filhos. Ele me desenhou com um dos braços mais comprido porque eu segurava a minha pasta; eu praticamente vivia no hospital, sempre fazendo alguma coisa, e ele expressa suas emoções associadas a esse meu comportamento. A roupa de Bobbie é preta, mas não representa doença; é a que ela usava quando posou para o desenho. Stephen acabou indo para a faculdade de direito, mas fez um curso de mecânica de automóveis e passava o tempo consertando carros, por isso o que tem nas mãos é uma ferramenta de mecânico. Os membros da família estão todos se tocando. Keith (à direita) tem de fato braços longos, o que pode significar que ele tem mais necessidades ou que está em busca de coisas. Mas aqui, também, veja os ombros largos dele, indicando uma pessoa que assume coisas em demasia. Carolyn (de suéter azul) e Keith são gêmeos; atrás estão John (de óculos) e Jeffrey. As árvores no fundo parecem saudáveis.

Incentivar seus filhos a desenhar é uma forma excelente de iniciar uma conversa sobre assuntos que eles não se sentem confortáveis em abordar. Quando esses assuntos se revelam nos desenhos, as crianças podem discutir sobre eles. Quando eu visitava a escola nos dias dos pais, os professores dos meus filhos ficavam muito impressionados com o fato de eu examinar os desenhos de outros alunos e falar sobre as famílias das crianças. Eu podia ver que a família estava passando por situações de divórcio, doença ou alguma outra coisa entre centenas de possibilidades, e os professores perguntavam: "Como você sabe disso?" Eu respondia: "Está no desenho".

Nossos filhos aprenderam a usar desenhos como ferramentas para a vida. Eles estavam cientes de que eu entendia bastante de desenhos, de modo que se precisavam tomar uma decisão sobre alguma coisa e faziam um desenho da situação, e eu entrasse no quarto, eles não tinham problema em me pedir ajuda. Mas se estavam lidando com um desenho sobre alguma coisa pessoal e eu entrasse, eles o cobriam com um objeto ou se curvavam sobre ele para escondê-lo. Eles não queriam que eu interpretasse esses desenhos, que me preocupasse com eles ou que me intrometesse em sua vida pessoal.

Figura 70
O que inspirou esse desenho foi a necessidade da autora de tomar a decisão de continuar morando no endereço atual ou de se mudar para mais perto da família. O que você acha que ela decidiu?

PRESCRIÇÃO DO MÉDICO
PARA PAIS E OUTROS FAMILIARES

Consiga algumas folhas de papel branco e uma caixa de creions. Em seguida peça a seus filhos que desenhem um autorretrato e depois façam o desenho da família, para grudar na geladeira; não diga que é para analisá-los. Você ficará surpreso ao ver como seus filhos conversam com você enquanto desenham. Use os desenhos como outra forma de se aproximar mais dos familiares e de ajudar a curar as feridas da família com suas novas percepções. Quando seus familiares precisam resolver algum problema, peça que desenhem as várias alternativas possíveis para que você possa ajudá-los com novas ideias a respeito da melhor decisão a tomar — quer esta se refira ao melhor tratamento a seguir, ao colégio a frequentar, com quem se casar, onde morar, e assim por diante.

Capítulo 7
ANIMAIS, VIDENTES E INTUITIVOS

*"Não há conclusão no infinito. Há apenas inclusão...
Alcançamos o mesmo lugar inalcançável do qual nunca partimos."*

— Gloria Wendroff

Acredito que estamos neste mundo para dar nossa contribuição de amor ao planeta, cada um a seu modo. No entanto, não obstante essa contribuição ser essencial, os seres humanos não são a única fonte de amor aqui existente. Quando uma pessoa que mora sozinha diz que sofre em consequência de alguma doença, aflição ou depressão, eu a oriento a desenvolver um relacionamento. Quando você dá sentido à sua existência abrindo-se para o outro, a nova atitude transforma sua vida e o modo como você e seu corpo sentem. Minha orientação para os que sofrem é que introduzam outros seres vivos em sua vida, seres que dependam deles e pelos quais possam sentir afeto, como um cão ou um gato. Assim, as pessoas de certo modo se convencem de que não podem morrer, pois do contrário o animal sofreria muito. Quando abre seu coração para o amor de um animal, você oferece ao corpo uma razão de viver.

Estudos revelam os benefícios para a sobrevivência associados à presença de um cachorro, gato ou peixe em casa ou em lares de repouso — ou mesmo de plantas, quando esses lares atribuem aos residentes a incumbência de cuidar do jardim. Outros estudos concluíram que, doze meses após um ataque cardíaco, pacientes que viviam em residências onde havia um cachorro apresentavam uma taxa de mortalidade significativamente mais baixa do que os que viviam em casas sem um cachorro. Em outra pesquisa, corretores de valores hipertensos receberam tratamento, mas à metade deles foi entregue um cão que podiam levar para casa e para o trabalho. Estes mantiveram a pressão sanguínea em níveis mais baixos.

Uma das minhas pacientes com câncer tinha doze gatos, o que preocupava a família devido à falta de higiene. Os familiares não a visitavam por causa do mau cheiro. Eles também achavam muito trabalhoso para ela cuidar dos animais durante as semanas de tratamento, e me disseram que haviam conseguido convencê-la a doar os gatos a terceiros. Eu disse à família: "Se tirarem os gatos, ela morrerá. Digam que não estão conseguindo encontrar uma casa para eles; depois arregacem as mangas e limpem o lugar". Eles conservaram os gatos, que se tornaram uma ótima terapia para ela, ajudando-a a se recuperar com sucesso.

As emoções desencadeiam reações elétricas e químicas, alterando nosso estado interior. Quando uma pessoa acaricia um animal, o organismo libera o hormônio oxitocina na corrente sanguínea dela e do animal. Esse hormônio é o mesmo que flui pelo corpo da mãe depois do parto, levando-a a criar laços afetivos com o bebê. Ao pegar o bebê no colo, o pai, bem como outros familiares, libera essa substância química, responsável pela formação dos vínculos familiares. Hormônios e neurotransmissores que promovem o relacionamento com pessoas e com outros seres vivos enviam mensagens de vida para o nosso corpo. Uma forma mais simples de explicar isso é dizendo: afeiçoar-se e cuidar de um animal faz bem à saúde.

Temos receptores não só no cérebro, mas também no estômago, na ponta dos dedos e em muitos outros pontos distribuídos pelo corpo. Por que as pessoas dizem: "Me sinto muito bem" ou que têm uma "sensação visceral" ou um "coração partido"? Quando substâncias químicas internas se comunicam com receptores, todo o corpo se beneficia ou sofre as consequências, dependendo dos hormônios liberados. Estou falando da medula óssea, do tecido dos vasos sanguíneos, de cada órgão e de cada célula que existe dentro de nós.

Muitas vezes ouvimos dizer que esse ou aquele animal roubou a cena. Esse modo de falar se baseia no fato de que os animais têm uma forma admirável de nos fazer rir. Quem consegue ficar aborrecido vendo seu cachorro perseguir o próprio rabo ou seu gatinho pular assustado ao passar por um espelho e ver seu reflexo? A ciência provou que a composição dos hormônios e dos neuropeptídios que circulam no sangue de quem ri várias vezes ao dia é diferente daquela de uma pessoa deprimida, irritadiça ou medrosa; a pessoa que ri também tem melhores estatísticas de sobrevivência.

É impossível calcular o número de vezes que testemunhei o efeito benéfico do amor de um animal sobre a vontade de viver e a recuperação da saúde de pacientes. A mensagem que precisamos aprender dos animais é esta: siga o exemplo dos animais. Saia ao ar livre e faça exercícios. Brinque e se divirta o máximo que puder. Exercite-se a ouvir sem julgar, e ao fazer isso crie vínculos e amizades e exteriorize sentimentos de empatia cordiais. Cuide de si mesmo do mesmo modo como cuida do seu animalzinho de estimação. E, por favor, não faça o que uma apaixonada por gatos fez. Ela e o marido pararam de fumar dentro de casa para não matar os gatos com fumaça secundária, mas transferiram esse hábito nocivo para os fundos da casa. Se você quer viver e estar na companhia dos seus bichinhos, ame a si mesmo pelo menos com a mesma intensidade que os ama e abandone vícios nefastos.

PRESCRIÇÃO DO MÉDICO

Leve seu cachorro para passear. Observe como você se sente caminhando ao lado dele em comparação com uma caminhada sozinho. As pessoas que vocês encontram se comportam de modo diferente? Por exemplo, elas param e conversam com você? (Uma grande porcentagem das mulheres entrevistadas numa determinada cidade disseram que conheceram o futuro marido durante passeios com seus cães.) Terminado o passeio, preste atenção ao seu estado de espírito. Como você compararia esse estado com o que você sentia antes do passeio com seu cachorro? Se você não tem condições de caminhar, peça a alguém que o leve a um abrigo de animais. Peque um gato, um cachorrinho ou um coelho no colo e afague-o por alguns minutos. Observe a sua disposição de ânimo antes, durante e depois desse gesto. Faça outras visitas semelhantes.

TUDO TEM RETORNO

Animais podem agir como catalisadores, produzindo efeitos benéficos em nossa vida quando vivemos momentos difíceis. Em *A Book of Miracles*, Mary Rose Anderson conta como um gato adotado salvou sua filha. Frances havia recebido o diagnóstico de transtorno opositivo-desafiador e de síndrome de Tourette, e apresentava sérias dificuldades de aprendizagem. Mary Rose comparava as explosões diárias e o comportamento provocador da filha ao comportamento da jovem Helen Keller antes que Annie Sullivan* entrasse em sua vida. Mary Rose achava que ninguém jamais conseguiria chegar até sua filha, não obstante os esforços de todas as pessoas dedicadas que tentavam ajudá-la.

Mary revela: "Quando Harry o Encantador de Crianças entrou em nossa casa, observei admirada como minha filha começou a mudar".[1] Por iniciativa própria, e fazendo disso tarefa sua, Harry se tornou o companheiro constante de Frances, ronronando com amor incondicional sempre que observava qualquer movimento que ela fizesse. Antes da adoção de Harry, Frances tinha explosões de raiva frequentes, episódios de descontrole emocional, e durante as sessões de tutoria não se concentrava ou então se fechava em silêncio desafiador. Mas com o gato sentado na cadeira ao seu lado, abanando o rabo, ela passou a dedicar mais atenção à tarefa a cumprir. Ela conversava com Harry sobre tudo o que fazia, envolvendo-o em suas lições. Todas as noites, pouco importando o que havia acontecido durante o dia, Harry subia na cama com Frances e embalava seu sono. Sob a influência calmante do gato resgatado, Frances deixou de ser uma criança quase sem esperança de um dia progredir e passou a ser uma jovem feliz e produtiva que adora escrever poesia. Este é o excerto de um dos seus poemas:

> E se eu fosse meu gato?
> Fico imaginando como seria acordar sempre às sete horas lambendo minhas patas. Minhas patas têm gosto bom?
> Fico imaginando como seria quase encostar meu rosto felino no meu dono PACIENTE e AMOROSO...
> e miar.
> Será que eu gostaria de ouvir o som da minha voz?[2]

---

* Personagens do filme *O Milagre de Anne Sullivan*. (N.T.)

Os cavalos também desempenham um papel terapêutico significativo para pessoas com problemas físicos, mentais, emocionais e de desenvolvimento. Os que fazem hipoterapia (terapia baseada no andamento do cavalo) aguardam ansiosamente toda a semana pelo dia da sessão, não importando se tiveram um derrame, algum membro amputado, ou se têm autismo, síndrome de Down, paralisia cerebral, transtorno de estresse pós-traumático ou qualquer outra doença que transforma a vida num desafio singular.

Gail Corell, presidente e coordenadora voluntária do programa terapêutico Equestrian Crossings, acredita que a recuperação psicológica que observa nos participantes do programa beira o milagroso. "Um cavalo toca o coração de uma pessoa de um modo que nenhuma bola de terapia consegue fazê-lo", diz Gail. Ela me contou uma história envolvendo Kirbey, o cavalo de terapia da raça Percheron originalmente recuperado de um circo e que depois o instrutor do programa resgatou de um proprietário desleixado. "A semana passada, levamos Kirbey para o South Whidbey Island Children's Festival", disse Gail.

> Enquanto esperávamos na área a nós reservada, Kirbey voltou a atenção para alguma coisa no extremo oposto do campo. Seu comportamento e linguagem corporal indicavam à nossa treinadora de salto e instrutora de equitação, Mirian Burk, que ele estava ansioso para ir até lá. Curiosa para descobrir o que lhe despertara o interesse com tanta intensidade, ela montou e deixou o cavalo à vontade. Kirbey trotou determinado entre a multidão de pessoas, passando por centenas de crianças e pais. Ele adora crianças, e passar por tantas crianças sem ser tocado por elas não é bem do gosto dele. No outro lado do campo, uma menina estava sentada sozinha numa cadeira de rodas. Kirbey se aproximou dela, parou, abaixou a cabeça e deixou que ela o acariciasse enquanto os olhos de ambos mantinham uma longa e emocionante conversa. Desde o instante em que pôs os olhos

na menina, Kirbey sabia exatamente do que ela precisava e levou esse presente a ela.[3]

Emily Brink, terapeuta física e instrutora de equitação terapêutica no Equestrian Crossings, atendendo a alunos confinados a cadeiras de roda incapazes de se manter eretos sem ajuda, viu muitos deles se recuperar de tal modo que, em apenas oito meses, conseguiram se sentar com boa postura e controlar os movimentos da cabeça. Diz Emily:

> Na clínica hospitalar para pacientes externos, tenho sorte quando consigo fazer com que um paciente movimente a pelve entre trinta e sessenta repetições por sessão. Mas quando alguém monta, o movimento do cavalo força o corpo do cavaleiro a fazer os movimentos que reproduzem o caminhar, levando a pelve a fazer bem mais do que centenas de repetições. Isso estimula o cérebro do paciente e envia informações preciosas aos músculos mais importantes; melhora a postura e o equilíbrio, desenvolve a coordenação e aumenta o controle sobre a cabeça e o pescoço. A autoconfiança e a disposição geral do paciente recebem um impulso surpreendente. Todos esses fatores promovem o crescimento e o desenvolvimento em vários níveis, produzindo mudanças positivas incríveis em sua vida.[4]

Os animais se comunicam através da consciência, não por palavras, e têm muito a nos ensinar sobre integridade. Em *No Buddy Left Behind: Bringing U.S. Troops' Dogs and Cats Safely Home from the Combat Zone*, Terri Crisp narra a história dos primeiros oito meses da Operação Baghdad Pups. Animais perdidos que adotaram soldados americanos na zona de guerra haviam se tornado uma verdadeira família para as tropas, e quando seus companheiros soldados eram remobilizados, os animais precisavam de um milagre para sair do Iraque. Um soldado das Forças Especiais voltou para casa depois de vários anos de mobilizações, incapaz de falar com quem quer que fosse e sofrendo sintomas graves de transtorno de estresse pós-traumático. A mãe temia ter perdido o filho. Ao saber do cachorro que ele havia deixado para trás, ela entrou em contato com a organização e pediu ajuda. Com a intervenção da organização, o companheiro de guerra do filho acabou sendo resgatado e entregue a ele nos Estados Unidos. Quando essa mãe olhou pela janela e viu o filho conversando com o cachorro, com os braços em volta do pescoço do animal, e o cachorro ouvindo cada palavra, ela chorou aliviada. Ela disse: "A guerra levou meu filho embora, mas esse cachorro salvou a vida dele e o trouxe de volta".[5]

Crisp conta também a história de uma oficial da Força Aérea dos Estados Unidos que trabalhava numa equipe de saúde mental em Bagdá e que recolheu um filhote de cachorro na rua. Os soldados relutavam em ir ao centro para receber o aconselhamento necessário, mas quando o filhote começou a acompanhar os conselheiros, os soldados apareciam e pediam para vê-lo. "Enquanto seguravam o cãozinho, eles se abriam, e nós podíamos estabelecer uma relação terapêutica", explica a oficial. "Ele era o melhor técnico em saúde da equipe!" Depois de ser salvo pela Operação Baghdad Pups, o filhote, chamado Patton, foi levado para os Estados Unidos, ficando com a oficial aposentada. Meses depois essa oficial descobriu que estava com câncer de mama. "Patton se tornou minha terapia e meu técnico. Não sei o que eu teria feito sem ele. Ele me fazia rir e me dava esperança. Agora me recuperei bem e estou treinando para uma maratona".[6]

Animais de apoio exercem um papel inestimável em ajudar pessoas a se adaptar e realizar ações tidas como naturais por quase todos nós. Quando Jacquei me contou sua história, fiquei maravilhado em saber que ela foi uma das primeiras mulheres mecânicas a trabalhar em bombardeiros a jato para a Marinha dos Estados Unidos. Ela se especializou em assentos ejetores, sistemas de oxigenação, extintores de incêndio e outros sistemas de salvamento, e durante seus cinco anos com os Blue Angels, viajou por todo o território dos Estados Unidos e do Canadá. Os dias preferidos de Jacquei eram as sextas-feiras, quando os Blue Angels apresentavam espetáculos para crianças em parceria com a Make-A-Wish Foundation ou então visitavam escolas. "Eu adorava fazer isso porque as crianças são curiosas e se interessam realmente", ela disse. "Elas faziam boas perguntas também, como, por exemplo, por que os pilotos não caem do avião quando voam de cabeça para baixo." Jacquei acumulara experiências pessoais que a ajudavam a responder perguntas como essa. Um oficial naval sancionou seu realistamento quando ela voou no assento traseiro de um F/A-18 — em voo invertido — apenas sessenta metros acima da água.

Jacquei foi obrigada a se aposentar por razões médicas. O mal que mais a debilitava não eram os ferimentos físicos decorrentes da sua atividade, mas o grave transtorno de estresse pós-traumático que assombrava sua vida diária. "É como um interruptor que de repente liga, e não se consegue desligar", explicou. "Um ruído ou um movimento inesperado me põe em estado hiperalerta, e então o menor som me enche de pânico, medo, raiva ou fúria." Jacquei apresenta sintomas típicos: distúrbios do sono, como pesadelos e sonambulismo, perda de memória, resposta de sobressalto e oscilações de humor muito além do normal. "É onde Sampson entra", ela disse, acariciando seu cãozinho acompanhante, um chihuahua de dois quilos.

> Ele sabe antes de mim que alguma coisa está errada no meu corpo. Ele pula no meu colo, coloca as patas nos meus ombros e lambe o meu rosto até que eu lhe dê atenção, deslocando meu foco da causa da agitação. Apenas olhar para ele e senti-lo me tocar acalma o pânico antes que ele se instale. Algumas pessoas zombam quando digo que este pequeno chihuahua é um cão acompanhante, mas Sampson tem um espírito Rottweiler e me protege aonde quer que eu vá. Seu forte senso de dever para

comigo me possibilita sair de casa e viver uma vida relativamente normal. Aos que duvidam, digo que Sampson pode ser pequeno, mas ele prova todos os dias que tamanho tem pouca ou nenhuma importância.

Os animais são criações completas de Deus; os humanos são criações incompletas. Se você está sofrendo, ponha um animal na sua vida. Ame esse animal e cuide dele. Você descobrirá que amor dado se torna amor recebido e que a recompensa de dar amor é o estado de contentamento consigo mesmo.

COMUNICAÇÃO PSÍQUICA

Eu acredito que a criação emana de uma energia amorosa, consciente, inteligente, e que quando saímos do corpo numa experiência de quase morte, nos tornamos de novo "não vivos" e retornamos ao estado de perfeição do qual procedemos. Eu acredito que a inteligência que permanece quando temos uma experiência de quase morte, ou quando nos surpreendemos pairando sobre nosso corpo, é a mesma força que se comunica por meio dos sonhos, fala à nossa intuição através de símbolos e guia o nosso conhecimento interior. Esta, a consciência coletiva universal, é a fonte de toda criação e ela se comunica com a nossa consciência.

A consciência é não local, o que significa que independe do corpo físico e percorre distâncias enormes num instante, vencendo barreiras de linguagem, de espécies, de espaço e tempo. Amelia Kinkade, escritora, vidente e sensitiva que se comunica com animais, estando em Los Angeles, me indicou o local onde estava nosso gato, Boo Boo, que havia desaparecido da casa do nosso filho em Connecticut. "Vendo" através dos olhos do gato, ela descreveu a casa e o quintal com detalhes impressionantes e identificou o lugar onde o gato se escondia. Eu saí e resgatei Boo Boo no lugar exato onde Amelia o havia visto de uma distância de quase três mil quilômetros.

Amelia também me esclareceu que é preciso aquietar a mente para poder se comunicar com os animais. Ela me disse que um dos meus maiores problemas é a minha tendência a ir mentalmente a um lugar de medo quando um dos nossos animais de estimação desaparece ou age de modo estranho. Eu tento forçá-los a fazer a minha vontade e grito seus nomes com medo ou raiva quando os procuro, ou entro na minha mente e decido o que o animal está pensando, e nada disso dá resultado.

Ao se referir à comunicação com animais, ela não estava falando em sons verbais ou toque físico, mas em sintonizar minha consciência com a frequência de consciência com que a inteligência do animal se harmoniza e compreende. Todos nós somos capazes de fazer essa conexão, mas antes que a inteligência não local possa se comunicar conosco, precisamos entrar num estado de quietude mental. Ela não consegue se realizar se estamos perturbados, porque mentes turbulentas não conseguem alcançar o estado de serenidade que reflete a imagem espelhada.

Ouço seguidamente uma voz que me fala, quase sempre quando estou caminhando sozinho ou fazendo algum exercício e a mente está calma. Um episódio como esse aconteceu pouco depois que publiquei um livro intitulado *Buddy's Candle*. É uma história sobre o amor de um menino por seu cachorro, Buddy, e sobre como o cachorro o ensinou a gostar da vida e a entender a morte.[7] Eu havia escrito a história para ajudar pessoas de todas as idades a lidar com a perda de um ente querido de qualquer espécie.

Num sábado de manhã, depois que os primeiros exemplares de *Buddy's Candle* me foram entregues em casa, levei nosso cachorro, Furphy, para um passeio. No silêncio, ouvi uma voz me dizer: "Vá até o abrigo de animais". Aprendi por experiência a sempre dar ouvidos a essa voz; acredito que ela venha de Deus ou, como diz minha mulher, sabe Deus de onde.

Resolvi levar alguns exemplares do livro ao abrigo; quando cheguei com Furphy, encontrei uma voluntária sentada perto da porta segurando um cachorro. A voz quase pareceu falar por mim quando perguntei: "Qual é o nome dele?"

"É Buddy", ela respondeu. "Uma mulher o trouxe para cá há menos de quinze minutos porque não gosta do jeito como ele se comporta."

A coincidência desse nome me impressionou, e o comentário da voluntária sobre a dona do cachorro me lembrou do único cachorro que tive na infância. Minha mãe, que não queria um animal dentro de casa, o segurava pendurado pela guia fora da janela até que ele urinasse, e então o puxava de volta. Depois de apenas uma semana, quando voltei da escola, ela disse que meu cachorro estava doente e que o havia devolvido.

Como eu podia não adotar esse animal? Eu sabia que a consciência coletiva havia tomado a decisão por mim. Sua cor era a mesma de Furphy, e ele não tinha rabo. O rabo de Furphy havia sido amputado, por isso se assemelhavam. Era óbvio que formávamos uma família. Pelo menos nesse caso pude escolher meus parentes. Dei a cada pessoa do abrigo um exemplar do *Buddy's Candle* e levei Buddy para casa comigo.

Acontecimentos, circunstâncias, nomes, números etc. sincronizados são sinais de que uma inteligência maior está exercendo um papel orientador no modo como esses acontecimentos ocorrem. Lembre-se, não existem coincidências, e o nosso inconsciente está sempre criando o nosso futuro.

Meses depois eu estava mais uma vez no abrigo, e eles me disseram que um cachorro chamado Simon, o nome do meu pai, estava lá e que ele precisava de cirurgia para remover um tumor bastante grande. Minha experiência como cirurgião oncológico me alertou sobre a urgência da situação, por isso ajudei a pagar as contas médicas e o levei para casa. Depois que ele se recuperou por completo, encontramos uma família que lhe daria muito amor e nos manteria informados sobre ele. Hoje temos um gato chamado Simon, e eu tomei uma decisão: não revelar mais os nomes de familiares para o pessoal do abrigo.

A comunicação com os animais é inerente a todos nós, explica Amelia em seu livro *The Language of Miracles*.[8] Pensamento e emoção são ondas eletromagnéticas que viajam em frequências específicas, assim como as ondas de rádio. Se você está totalmente calmo quando um animal emite um pensamento ou sentimento, você pode aprender a sintonizar a frequência do seu pensamento e emoção com a do animal e vibrar na mesma onda dele. Os animais pensam em imagens; eles sentem um amplo repertório de emoções e possuem uma enorme capacidade de amar, dar e estabelecer relações significativas. Quando percebem que ouvimos e entendemos seus sentimentos e pensamentos, eles ficam agradecidos e nos recompensam com uma melhor saúde e dedicação.

Meus animais de estimação também sabem o dia em que planejo dar banho neles e se escondem, o que dificulta muito encontrá-los. Dois gatos que ficam fora de casa desapareceram por uma semana depois que marquei uma consulta com o veterinário, programada para o início da manhã com a ideia de que eu poderia pegá-los e levá-los quando aparecessem para o café. Na manhã seguinte ao cancelamento da consulta, eles se apresentaram animados para o café da manhã.

Agora que passei a acreditar nas coisas, quando surge algum problema com um animal, eu me faço a pergunta OQAF: O que Amelia faria? Nossa querida coelha, Smudge Eliza-Bunny, sempre começava o dia saindo pela porta de passagem dos bichinhos e ficava com os outros animaizinhos no jardim cercado da frente. Eu sempre quis saber por que ela deixava que minha mulher a pegasse e a levasse para dentro à tardinha sem nenhum problema, mas fugia de mim por dez ou quinze minutos antes de me deixar pegá-la quando eu tentava recolhê-la. Era quase sempre eu que a levava para dentro, por isso me incomodava o fato de Smudge dificultar tanto essa tarefa.

Assim, depois de aprender com Amelia alguma coisa sobre comunicação animal, minha primeira OQAF foi ir ao jardim na tarde seguinte e perguntar, mentalmente, à coelha: "Smudge, por que você não me deixa pegá-la e levá-la para dentro como faz com Bobbie?"

Quando recebo uma resposta inesperada em minha mente, esta examina se essa resposta procede do animal e não da minha imaginação. Nesse caso a resposta foi: "*Você não trata os gatos desse jeito*". Quando lhe perguntei o que ela queria dizer com isso, Smudge comunicou que eu não fazia os gatos entrarem numa hora determinada. Em vez disso, eu lhes dava liberdade para entrar e sair até a hora de dormir. Expliquei a Smudge que gatos podiam se defender se algum predador entrasse no jardim, mas eu me preocupava com ela se ficasse fora até escurecer.

Depois de nos comunicarmos, Smudge saltou para perto de mim e me deixou pegá-la, tendo o mesmo comportamento todos os dias daí em diante. Devo admitir, algumas vezes ela sorria para mim e me lembrava dos velhos tempos por um minuto ou dois, mas eu poderia dizer que se tratava apenas do seu senso de humor. E quando eu tinha algum compromisso, eu ia até o jardim e lhe dizia que precisava sair e que me sentiria melhor se ela entrasse. Ela sempre se aproximava de mim quando sabia que eu precisava cumprir horários.

Quando Smudge morreu, Amelia disse: "Ela vai ficar com Rose, que a ama". Amelia não sabia que o nome da minha mãe era Rose, ou que mamãe morreria pouco depois de Smudge. Hoje sei que elas estão juntas novamente, contando histórias sobre mim.

Ano passado saí às compras com nossos dois cachorros, Furphy e Buddy, numa minivan nova com mecanismos de controle remoto na chave. Terminadas as compras, voltei para o carro e fiquei horrorizado ao ver que a porta lateral estava aberta, por eu ter acionado o controle sem perceber. Buddy, que mais me preocupava porque tinha medo de entrar no carro, estava sentado tranquilamente no banco, ao passo que Furphy havia sumido. Minha primeira reação foi de pânico, e comecei a correr pelos arredores chamando seu nome e procurando nas áreas do estacionamento. Então lembrei: "Você não está fazendo o que Amelia lhe ensinou", e me perguntei: OQAF?

Eu me acalmei e entrei na cabeça de Furphy para descobrir o que ele estava pensando. Percebi de imediato que ele estava à minha procura e que provavelmente se encontrava no balcão de informações do mercado, com alguém perguntando pelo alto-falante: "De quem é esse cachorro?" Digo isso porque quando participei do seminário de Amelia no Instituto Ômega, Furphy não pôde entrar no refeitório. Por isso, durante o intervalo para o almoço, eu o deixei na porta dos fundos e lhe disse para me esperar até que eu saísse, o que ele em geral faz. Mas naquela ocasião ele não fez isso. Poucos momentos depois, um homem entrou no refeitório com Furphy no colo, perguntando de quem era o cachorro, e nós nos reencontramos. Tudo indica que Furphy tinha dado a volta até a porta da frente e entrado na sala, à minha procura. Ele conquistou o coração de todos, e todos o deixaram ficar.

Dessa vez, ao me aproximar da entrada do supermercado, vi um guarda de segurança sentado em seu carro. Ele baixou o vidro do motorista e perguntou: "Você está procurando um cachorro?" Respondi que sim, e ele disse: "Ele está aqui, no assento do passageiro, com ar-condicionado, água e petiscos". E acrescentou que havia visto Furphy se aproximando do mercado e não queria que ele fosse atropelado por um carro, por isso o tinha recolhido e posto em segurança. Depois que agradeci ao homem, Furphy me acompanhou de volta para o carro, e nunca mais tivemos esse problema.

Agora falo de Buddy e explico por que fiquei surpreso com qual deles ficou no carro e com qual saiu: Depois de resgatar Buddy de um abrigo de animais, nunca consegui fazer com que ele entrasse num carro sem causar um transtorno. Certa vez, inclusive, ele saltou do carro quando parei para abastecer. Em casa, se não fosse com a coleira, fazê-lo entrar no carro era uma experiência frustrante e demorada. Por fim, um dia pensei, OQAF?

Então relaxei e perguntei a Buddy por que ele não queria entrar no carro. Fiquei surpreso com a resposta. Ele disse que sua antiga dona era muito legal, mas quando o marido voltava do trabalho, ela lhe pedia que levasse o cachorro para um passeio. Buddy me disse:

> Ele me colocava no carro, dirigia até um bar e me deixava no carro. Quando saía do bar, ele era agressivo comigo por causa da bebida e me levava para casa, nunca me deixando sair para uma caminhada. Assim, entrar num carro me lembra de todos os maus-tratos que sofri e me assusta.

Aquele dia assinalou o fim da desobediência de Buddy. Agora nos entendíamos um ao outro. Buddy gosta do carro porque sabe que sempre saímos para aproveitar o dia juntos. Ele adora correr atrás de coisas em movimento nos bosques perto de casa, e no entanto eu nunca me preocupo com a possibilidade de ele não voltar. Sempre que abro a porta, antes que eu diga, "Suba!", ele já está no assento da frente ansioso para partir.

Furphy e Buddy são meus coterapeutas em grupos de apoio e têm permissão de entrar em todos os lugares. O único problema, agora que sabem que podemos nos comunicar, é que Furphy vive me dizendo o que fazer e interrompe os grupos de terapia se não ganha um petisco, meu sinal para ele de que estamos começando a sessão terapêutica.

Dias atrás, saí, imaginando que ambos estivessem no carro, mas depois de uns quinhentos metros, percebi que ninguém me dizia aonde ir ou o que fazer. Olhei para o banco traseiro e vi apenas Buddy. Me conectei imediatamente com Furphy, disse que sentia muito e que estava voltando para casa. Fiz a volta e retornei, sabendo que Furphy estaria sentado na entrada com aquele olhar de *Cara, você é um pateta?* que todas as criações completas de Deus dirigem a nós, seres humanos incompletos. É um olhar que eu recebia também dos gatos, quando sem querer os deixava fora de casa à noite. Agora, todas as noites, antes de ir para a cama, eu faço a chamada, intuitiva e fisicamente, para ter certeza de que todas as nossas crianças estão dentro de casa e ninguém está trancado fora. Eu lhes comunico que os quero dentro para sua proteção e não apenas porque desejo a companhia deles, e esse é o momento em que aparecem à porta.

Minha amiga sentiu um vínculo intuitivo com seu cachorro enquanto participava de um seminário sobre cura com animais e seu cachorro havia ficado em casa. Cindy escreveu:

> Durante a meditação fiquei apavorada ao me surpreender olhando para uma pessoa que parecia de estatura gigantesca; eu chegava ao nível dos joelhos dela. Subitamente intuí que o gigante era eu, e não estava mais no meu corpo! Por ser de estatura baixa, eu nunca havia pensado em mim mesma como alta. Foi quando me ocorreu que eu não olhava através dos meus olhos, mas via da perspectiva do meu cachorro. Pude compreender os pensamentos de Pickles e sentir seus sentimentos. O amor que ele me dedicava era tão envolvente, quase sufocante. Nunca senti um amor puro tão intenso como aquele. Sua existência era mais do que coração e sentimento; era sua alma irradiando para mim, e quase me fez chorar.
>
> Pickles deixou de usar uma pata traseira depois de duas operações seguidas no joelho. Durante a recuperação da primei-

ra cirurgia, ele havia conseguido remover a coleira de cone, tirar os pontos e lamber o local, e a infecção produzida prejudicou a região a ponto de haver necessidade de uma segunda cirurgia. Semanas depois de curada a ferida, ele não usava aquela perna, mas a mantinha suspensa, sua falta sendo suprida pelas outras. No dia do seminário sobre cura com animais, os sentimentos e as imagens de Pickles que persistiam me fizeram entender que ele acreditava ter feito alguma coisa errada, e por isso sua perna se ferira. Ele se sentia realmente muito chateado e fazia de tudo para ser bom, por isso parou de usar a perna.

Me senti muito mal quando compreendi que Pickles havia interpretado o sofrimento da segunda operação como castigo. Assegurei-lhe mentalmente que ele não havia feito *nada* errado, que era sempre um bom garoto e que o amávamos muito. Quando voltei para casa três dias depois, a primeira coisa que fiz foi passar algum tempo com ele, fazendo um trabalho de energia na perna e no corpo, e convencendo-o de que ele era muito amado. Continuei a rotina de sessões de cura e amor nos dias seguintes.

Pickles começou a usar a perna de imediato. Em duas semanas, ele inclusive começou a correr, e depois de quatro semanas, quando testei a resistência da perna à extensão, ela havia aumentado a resistência normal de 20 por cento para quase 80 por cento. O que me impressionou foi que ele não só perdeu o medo de usar a perna, mas curou outra doença também. Pickles sofria de ataques epilépticos desde que fora adotado por nós, e o veterinário quis medicá-lo para reduzir a frequência dos ataques. O remédio o deixava sonolento o tempo todo. Se tudo o que ele queria era dormir, que tipo de vida era essa? Por isso, paramos de lhe dar o medicamento. Depois das sessões de cura do joelho, Pickles nunca mais teve um ataque. A epilepsia desapareceu por completo.

Eu poderia compartilhar muitas outras histórias sobre cura através da energia. Quando o veterinário recomendou eutanásia para um dos nossos cães porque nunca havia visto um cachorro tão doente como aquele se recuperar, as crianças me impediram de aprovar a recomendação. Eu vi esse animal reverter por completo o seu estado e se recuperar de câncer terminal com amor e toque. Eu próprio me recuperei de uma lesão recorrendo à cura energética. Para conhecer melhor o trabalho com energia, ver *The Energy Cure*, de William Bengston, um livro fascinante.

ENERGIA CURATIVA CONSCIENTE

Embora eu sempre tenha procurado manter a mente aberta, nada na minha formação médica sequer sugeriu que todas as formas de vida emitem uma imagem reflexa de energia consciente invisível no nível quântico subatômico, e tampouco que os indivíduos podem comunicar essa energia por meio de técnicas psíquicas ou intuitivas. E também não me informaram que as pessoas podem promover a cura espontânea de problemas físicos com energia consciente.

Um dia Bobbie e eu participamos de uma reunião da Associação Médica Holística Americana em que a palestrante convidada era Olga Worrall, escritora e mística renomada que se comunicava com espíritos e realizava curas espirituais.[9] Olga comentou que no seu trabalho, numa relação harmoniosa, sintonizava seu campo de energia pessoal com o campo universal de energia, tornando-se assim um canal de comunicação entre esse campo energético e o paciente. Explicou que emanações envolvem cada indivíduo e que essas emanações são causadas por correntes elétricas que circulam no corpo físico. Falou ainda de ondas sonoras emitidas pelos órgãos físicos, de ondas de pensamento criadas pela mente e de vibrações produzidas pelo corpo espiritual, ou aura.

A capacidade de Olga de canalizar energia havia sido testada por muitos cientistas respeitados em dezenas de experimentos controlados; com frequência os experimentos envolviam grandes distâncias, de modo que não se tratava de crenças, mas de ciência. A apresentação de Olga me impressionou, mas como minha formação e experiência médicas não incluíam a possibilidade do que ela descreveu, continuei cético.

Ao término da palestra, minha esposa disse que eu devia procurar Olga e pedir que curasse a lesão na minha coxa, ocorrida durante um treinamento para uma maratona. Eu disse a Bobbie que não conseguia acreditar nas ideias e posições da palestrante. Então Bobbie foi até ela e pediu sua ajuda. Quando Olga se aproximou, ela se sentou numa cadeira na minha frente e colocou as mãos sobre a região afetada. Elas pareciam ferro quente transpassando minha calça jeans. Coloquei minhas mãos sobre a perna, mas não senti nenhum calor. Cinco minutos depois, ela terminou. Eu me levantei e andei alguns metros, totalmente livre de qualquer dor ou problema. Com constatações dessa natureza aprendi a aceitar o que vivencio como válido e a não me deixar limitar por minhas crenças, educação e a necessidade de explicar tudo.

Olga e eu nos tornamos amigos muito próximos desde então. Anos antes, durante uma meditação, eu havia encontrado meu guia interior, George. Eu o vi como uma figura com barba, boné e um manto branco. Ele parecia muito real, mas tive dificuldade de acreditar que ele era algo mais do que um elemento da minha imaginação fértil. Pensei ter extraído seu caráter do meu subconsciente.

Certa vez, depois que terminei de pronunciar algumas palavras durante um funeral do qual Olga também participava, ela se aproximou de mim e disse que durante o meu discurso, um homem ficara de pé ao meu lado. Ela descreveu seu porte e seu modo de vestir, e me deu a entender que se tratava do homem que havia aparecido durante a minha meditação, o homem chamado George. Ela me revelou que ele era um rabino, o que explicava suas vestes e o quipá, e sugeriu que ele estava lá para me incentivar, apoiar e ajudar a curar neste plano físico.

Numa outra vez eu fazia uma palestra e me dei conta de que as palavras que eu proferia não eram minhas. Alguma outra pessoa decidia o que devia ser dito e usava minha voz para transmitir essas palavras. Uma mulher que eu não conhecia veio a mim no final da palestra e disse: "Um homem estava à sua frente durante toda a palestra; eu desenhei a figura dele para o senhor". Ela me entregou o desenho, e era George de novo. Naquela mesma noite, outra pessoa me disse: "Eu o ouvi falar em ocasiões anteriores, mas hoje a sua palestra foi melhor do que de costume". Hoje em dia, eu simplesmente deixo tudo com George.

A VIDA SEGUE A VIDA

Com a morte do corpo físico, o espírito individual volta a unir-se à consciência maior, mantendo porém sua identidade própria. Creio que isso também explica o que chamamos de experiência de vidas passadas, expressão que descreve algo que aconteceu comigo. Ao descrevê-la, penso numa mulher com um filho no ventre, alguém que é uma alma diferente, mas que procede do DNA dela. Durante minha experiência de vida passada, foi como se eu estivesse sendo impregnado com a consciência da vida de outra pessoa, uma vida que fora vivida antes da minha.

Tive também muitas experiências em que pacientes que haviam morrido ainda eram capazes de se comunicar comigo e com seus entes queridos. Por exemplo, um médico colega meu, chamado Frank, sempre se declarara cético com relação a tudo que não pertencesse à esfera da ciência física e não acreditava que o espírito continuava vivendo depois da morte do corpo. Alguns meses depois da morte de Frank, um paciente meu, sensitivo, me disse: "Tenho uma mensagem para o senhor de alguém que se chama Frank: 'Se eu soubesse que era tão fácil, teria comprado o pacote muito antes e não teria resistido tanto'".

Horas depois telefonei para a viúva de Frank e lhe repassei a mensagem que me fora transmitida: "Meu Deus, era de fato Frank!", disse, rindo e chorando ao mesmo tempo. "Nas suas reuniões, sempre que alguém levantava o tema da vida após a morte, depois ele me dizia: 'Eu simplesmente não consigo comprar o pacote'. Essas eram suas palavras".

Por isso, conserve sempre a mente aberta à possibilidade de comunicação entre espécies e através do tempo e da distância. Pense na possibilidade de expandir sua prática médica com a inclusão de algum trabalho com energia em seus procedimentos terapêuticos ou tratamentos tradicionais. Praticantes habilitados de técnicas como Reiki, massagem e acupuntura muitas vezes potencializam o processo de cura e influenciam o corpo de forma benéfica. Aprenda a acalmar a agitação mental e preste atenção à sua voz interior. Deixe que o milagre do amor entre em sua vida e a cure. Quando amamos nossa vida, nosso corpo em geral capta a mensagem, decide viver e produz a cura.

Capítulo 8
SOLTE O RISO

FELICIDADE
"Não vou entregar meu poder
Ele é a minha felicidade, minha,
Eu a crio, não tu; eu decido ser, não tu
Tu podes insinuar-te em minha felicidade
Mas não podes criá-la ou destruí-la
Podes somente aumentá-la."

— BERNIE SIEGEL

O amor e o riso são os elementos que precisamos para construir e sustentar nossa vida. O amor são os tijolos com os quais construímos nossa vida, mas o que mantém esses tijolos unidos? A argamassa, e a argamassa da vida é o humor. Me refiro a um humor inocente que não ofende nem magoa ninguém. O efeito do humor sobre minha família e meu casamento comprova que ele é uma força vital, uma força que nos possibilita criar relações saudáveis com outros seres vivos.

Talvez você esteja se perguntando: "O que o riso tem a ver com a arte de curar?" Respondo que o riso pode ser uma das artes curativas mais naturais e genuínas. O que estou dizendo é que o riso é uma das melhores atividades terapêuticas que a Mãe Natureza nos propicia, e não custa um centavo sequer. O verdadeiro riso é uma explosão ou expressão de respiração que envolve as cordas vocais e provém das profundezas do abdômen. Ele é causado por uma necessidade incontrolável de expressar surpresa, hilaridade, alegria e prazer. O riso estimula a liberação de endorfinas, um grupo de substâncias cerebrais mencionado em capítulo anterior. Essas substâncias químicas irrigam o corpo com uma sensação de bem-estar que envolve cada célula, enviando uma mensagem que diz: "A vida vale a pena, por isso faça todo o possível para sobreviver".

Ao contrário dos meus tempos de estudante, hoje temos pesquisas comprovando que pacientes de câncer que riem ou praticam o riso induzido várias vezes ao dia vivem mais tempo do que os de um grupo de controle que não adotam essa prática. Apesar disso, a escola de medicina ainda não ensina aos alunos o valor do riso como terapia. Eu com certeza não aprendi no curso; meus pacientes é que foram meus professores. Eles, os nativos, ensinaram a mim, o turista.

Lembro-me de um dia em que fui visitar uma paciente, uma mulher amável que me causava preocupação; ela enfrentava uma doença grave e várias complicações decorrentes da enfermidade. Me aproximei do quarto me perguntando como poderia ajudá-la e qual seria o tratamento mais apropriado. Assim que nos cumprimentamos, ela perguntou: "Alguma coisa errada?"

"Por que você está perguntando?" devolvi.

"Seu rosto e sua testa estão franzidos."

"Estou pensando em como ajudá-la."

"Pense no corredor, então", disse ela. "Quando entrar aqui, preciso que você sorria." Ela estava certa. Eu precisava readaptar a minha atitude para ser um médico melhor para ela, um ajuste que fiz com alegria. Os melhores médicos aprendem com as críticas e observações feitas por seus pacientes, auxiliares e famílias. Aprendi com todas essas pessoas que me soltando, estimulando o riso nas pessoas e eu mesmo praticando-o, todos se beneficiavam.

Quem nos dá um bom exemplo ilustrativo da transformação de uma situação tensa através do riso é uma mulher ansiosa que tinha medo de passar por uma cirurgia. Fiquei quase uma hora tentando acalmá-la no corredor que dava para a sala de operação, até por fim entender que minhas palavras não produziam nenhum efeito. Mesmo assim a levamos para a sala de operação, e em seu pânico ela deixou escapar: "Graças a Deus, todas essas pessoas maravilhosas vão cuidar de mim".

Sabendo que nada melhoraria se eu concordasse com ela, eu disse em voz bem alta para todos ouvissem: "Eu conheço essas pessoas. Trabalho com elas há muitos anos, e elas não são pessoas maravilhosas". Dois segundos de olhares espantados decorreram, e então ela e todos na sala explodiram em gargalhadas; todos nos tornamos uma família e ela se portou maravilhosamente bem.

Outra experiência que me convenceu do valor do humor ocorreu quando minha esposa e eu viajávamos para proferir palestras. Como parte da apresentação, Bobbie ocupava alguns minutos contando piadas, uma espécie de intervalo que ajudava as pessoas a descansar da palestra. Em vez de ouvirem mais histórias minhas sobre o comportamento de pacientes excepcionais, a plateia tinha a oportunidade de *experimentar* alguns métodos da nossa terapia de grupo.

Ao apresentar Bobbie, eu dizia: "Esta é minha esposa Bobbie; ela é um Henny Youngman* do sexo feminino, e somos

---

* Comediante norte-americano. (N.T.)

casados há 38 anos maravilhosos". As mulheres todas sorriam para mim, até eu concluir dizendo: "e 38 de 56 não é tão ruim assim". Então suas expressões mudavam e alguns momentos depois a primeira gargalhada irrompia.

Enquanto Bobbie cumpria sua rotina, eu em geral ocupava o lugar dela na plateia e me divertia com o espetáculo. Uma vez, porém, me prepararam um lugar atrás do palco, de modo que eu podia observar o público. A mudança que constatei na aparência física das pessoas depois de rirem durante quinze ou vinte minutos foi surpreendente e me convenceu dos benefícios do humor. As pessoas pareciam muito mais saudáveis! Seus olhos brilhavam e a postura de todas era de abertura e relaxamento. Bobbie quase sempre terminava sua parte dizendo: "Quem ri vive mais". E sua última recomendação era: "O riso é contagioso, por isso sejam transmissores".

Depois de observar a extraordinária mudança naquela plateia, passei a destacar os benefícios do riso antes de Bobbie apresentar sua parte, de modo que as pessoas podiam se dar conta da mudança física proporcionada pela experiência. E você quer saber? Ao término da nossa apresentação, Bobbie sempre recebia mais agradecimentos do que eu.

Recomendo que pratique o riso espontâneo e conserve um senso de humor pueril ao longo do dia. Quando digo humor pueril, quero dizer: "Veja o mundo através dos olhos de uma criança". Por exemplo, caso se depare com uma placa dizendo: "PISO MOLHADO", vá em frente e escorregue. Quando as instruções no balcão da entrada dizem: "Assine ao entrar", assine o livro com estas palavras: "Ao entrar". Isso pode causar uma longa espera, mas é divertido. Quando um formulário diz: "Escreva seu nome em letra de forma", escreva "SEU NOME" em letra de forma. Quando a placa diz: "NINGUÉM ESTÁ AUTORIZADO A ENTRAR AQUI", entre, e quando alguém gritar para você sair, diga: "Eu sou um ninguém; posso entrar".

Quase sempre os guardas o deixam entrar, pensando que se você é tão tolo, não deve representar perigo. Quando fiz isso certa vez, um guarda se pôs à minha frente e disse: "Estou transformando você em Alguém. Agora saia". A criança interior do guarda viera à tona, por isso lhe dei um abraço.

Numa entrevista de rádio, quando a repórter me perguntou como eu conseguia ser feliz nestes tempos difíceis e hostis, respondi: "Aprendi que se deve sempre terminar tudo o que se começa. Por isso, antes de sair de casa de manhã, a primeira coisa que faço é terminar todo o vinho tinto e branco, o kahlua, o Prozac e o Valium de casa. Antes mesmo de fechar a porta, já me sinto realmente feliz". Depois de alguns segundos, ela esboçou uma risadinha, indicando que entendeu — uma das melhores maneiras de ser feliz, em especial quando tudo está desabando à sua volta, é simplesmente rir.

Em *Anatomy of an Illness as Perceived by the Patient*, Norman Cousins fez um impressionante relato da sua cura da espondilite anquilosante através do riso autoinduzido. Quando o médico lhe disse que a chance de recuperação era de uma em quinhentas, Cousins foi para um hotel, assistiu às fitas de *Candid Camera** e riu, riu muito, vários dias seguidos.[1] Escolher o humor como remédio, em vez de reagir ao medo e não fazer nada, é a marca do otimista — do sobrevivente.

O contrário do otimismo (um sinal de felicidade) é a negatividade (falta de esperança e desconhecimento das possibilidades). A negatividade é uma atitude que nasce do medo: "É claro que, sem dúvida, isso vai acontecer; isso vai acontecer". Como você pode ser feliz quando tem medo, quando o primeiro pensamento que lhe ocorre é o pior de todos os cenários?

---

* Programa de TV norte-americano que faz uso de câmeras escondidas, também conhecido como pegadinha ou câmera oculta. (N.T.)

O medo existe para ajudá-lo a salvar sua vida. Se você caminha pela mata e vê uma cobra que pode ser venenosa, o medo é uma reação adequada. Você salta instintivamente. Isso aconteceu comigo outro dia quando eu andava de bicicleta pelo bosque. Pensei ter visto alguma coisa parecida com um coiote ou um lobo, e dei uma guinada sem sequer pensar. Então percebi que era apenas a sombra de um galho, embora parecesse um animal prestes a atacar. O que me impressionou foi que dei a guinada antes mesmo que o cérebro tivesse tempo de dizer: "Tudo bem, é apenas uma sombra".

O medo é apropriado quando um cachorro avança para você rosnando, dentes arreganhados. Seu batimento cardíaco aumenta e, com um jorro de adrenalina, você encontra forças para subir numa árvore na qual antes não conseguia subir. Mas se você vive em estado constante de medo, é como se caminhasse numa floresta onde tudo à sua volta é uma serpente venenosa ou um cachorro raivoso. Seu corpo é constantemente bombeado com substâncias químicas de estresse que o desgastam. Ele não consegue se recuperar enquanto põe toda essa energia na resposta de lutar ou fugir, a reação automática da autopreservação. Quando você vive com medo constante ou crônico, seu sistema imunológico enfraquece à medida que os hormônios do estresse se elevam, causando o aumento do nível de açúcar no sangue e alterações no sistema circulatório.

Pacientes às vezes revelam medos ocultos em desenhos relacionados com situações familiares, com sua doença ou com o tratamento. Esses medos não são expressos verbalmente durante uma consulta, por isso o médico fica sem saber como ajudar o paciente a superá-los. Se você conseguir levar o paciente a falar sobre seus medos através de desenhos e reverter a situação de modo que veja o lado bem-humorado da situação e possa rir com ela, o riso afetará de maneira benéfico o tratamento e os resultados da recuperação. (Ver meu comentário sobre a figura 47 no Capítulo 6.)

Se você nutre pensamentos de amor e procura rir todos os dias, suas preocupações serão substituídas por reações contrárias a elas. É quase impossível viver com medo quando você ri; e quando você ri todos os dias, sua atitude muda. Como isso pode acontecer? Você começa a entender que *você* controla duas coisas: seu modo de pensar e seu modo de agir. A felicidade não é um lugar aonde você chega ou um prêmio que recebe. A felicidade é algo que você pratica, e ao praticar você se *torna* feliz em decorrência dos seus pensamentos, da sua atitude e do seu comportamento.

Imagine que é um ator; ensaie até ficar feliz com sua atuação. Mesmo representando, seja uma comédia ou uma tragédia, as emoções associadas ao papel que você interpreta alteram a química do seu corpo.

Ingrid Bergman contou uma história engraçada sobre seu trabalho com Alfred Hitchcock. Ela devia representar uma cena carregada de emoção, e a cada tentativa, não conseguia alcançar o nível emotivo necessário. Ela se aproximou de Hitchcock e lhe disse que temia não conseguir transmitir aquela emoção em particular. O fleumático diretor olhou para a atriz e disse: "Ingrid, então *finja*".[2]

Isso não quer dizer que você deva fingir que não fica triste quando, digamos, seu cachorrinho morre. Emoções negativas em reação aos problemas da vida são normais. Elas se tornam destrutivas, porém, quando o fazem presa do medo ou o levam a se revolver em pensamentos sombrios e deprimentes. É normal sentir pesar pela morte de um cachorro ou chorar de dor por esfolar o joelho ao cair da bicicleta, mas, esgotadas as lágrimas, descubra algum lance engraçado sobre a situação e comece a rir. Se entregue a ele; vibre com ele; deixe que o riso expurgue todas as emoções negativas para que o processo de cura tenha início.

Os cientistas estudaram os efeitos do riso sobre o corpo e identificaram inúmeros benefícios fisiológicos. O riso aumenta a atividade no sistema imunológico, estimulando as células exterminadoras naturais, em especial sua habilidade de atingir vírus, alguns tumores e células cancerosas. Avaliações de componentes do sistema imunológico mostram um efeito benéfico duradouro do riso que se prolonga *até o dia seguinte*. Parece que o riso combate a infecção e o desgaste ou agressões químicas ao trato superior do sistema respiratório. O riso é um relaxante muscular natural; ao mesmo tempo, constitui um bom exercício para o coração e para o diafragma, aumentando a capacidade do corpo de aproveitar o oxigênio. Essa propriedade o torna uma atividade ideal para os que têm dificuldade em se exercitar. O riso também melhora o humor e reduz a percepção ou consciência do paciente com relação à dor. Como no caso de um exercício apropriado, não existem efeitos colaterais negativos associados ao riso.

Muitos anos atrás, caí do telhado quando o degrau superior da escada quebrou. Ao contar essa história a uma plateia, eu disse: "Eu devo ter um anjo, porque caí de pé. Considerando o ângulo da escada, parecia impossível cair de pé". No fim da palestra, um homem se aproximou de mim e disse: "Você tem um anjo, e eu sei o nome dele".

"Qual é?", perguntei.

"O que você disse quando a escada quebrou?"

"Droga!"

"Esse é o nome do seu anjo", concluiu.

Eu ri, não entendendo na ocasião o presente que esse homem me deu. Hoje, sempre que me deparo com uma situação difícil e exclamo "Droga!" começo a rir, porque sei que a ajuda está a caminho. Não tenha receio em usar o meu anjo da guarda sempre que você tiver alguma necessidade. Aquele homem da plateia me ajudou a superar muitas coisas, inclusive quando passei com a bicicleta sobre uma lâmina de gelo e voei pelos ares, sem dúvida gritando "Droga!". Quando aterrissei, rindo, estava super-relaxado e, consequentemente, sem nenhuma lesão.

O yoga do riso é uma forma de exercício que incorpora respiração e riso sem recorrer a piadas ou a filmes de comédia. Ele se baseia na premissa de que o corpo não reconhece a diferença entre riso espontâneo e forçado, e que os efeitos benéficos são os mesmos. Quinze minutos de riso visceral são considerados o tempo mínimo necessário para obter os melhores resultados fisiológicos. O riso natural em geral dura alguns segundos, mas os exercícios do yoga do riso se prolongam pelo tempo que a pessoa desejar.

O yoga do riso é semelhante à prática zen-budista do riso forçado. De início, alguns participantes podem achar estranho, mas o riso simulado logo se torna autêntico, e a expressão "Simule até conseguir" pode ser facilmente aplicada nesse caso. Eu pratiquei esses exercícios e achei muito difícil parar de rir, mesmo quando não havia motivo para isso.

PRESCRIÇÃO DO MÉDICO

Procure fazer este exercício na frente do espelho ou olhando para um amigo: levante as sobrancelhas, respire fundo e entoe o som de meditação *Om* por três segundos. Em seguida, relaxe as sobrancelhas, sorria e emita o maior número possível de sons *hi, hi, hi* até expelir todo o ar dos pulmões. Enquanto simula o riso, mantenha um sorriso largo no rosto, mesmo que pareça uma careta. Respire fundo de novo, erga as sobrancelhas e entoe *Om* por três segundos. Relaxe as sobrancelhas, sorria e emita *ha, ha, ha,* expirando totalmente.

Repita esse ciclo várias vezes, revezando os sons e deixando que o riso natural comece a substituir e aos poucos se imponha sobre o riso forçado. Mesmo que o riso natural não aconteça, faça o exercício durante quinze minutos. Ao terminar, observe como você se sente.

Centros e lares de idosos que promovem sessões de riso relatam que os internos apreciam muito esses exercícios e pedem para repeti-los. Eles esquecem o mal-estar e as dores, sendo possível observar uma melhora significativa da disposição geral durante e após as sessões e até 24 horas depois.

A ÚLTIMA RISADA

Quando seus dias neste planeta estiverem perto do fim, sugiro que você reúna seus familiares para contar histórias sobre sua vida. Meu pai faleceu rindo, literalmente, enquanto minha mãe contava histórias engraçadas sobre seus primeiros anos de relacionamento. Papai estava cansado do seu corpo e havia dito para mamãe: "Preciso ir embora daqui". Ela teve forças para se resignar e soube que ele morreria naquele dia. Os filhos foram chamados. Antes de ir vê-lo, fui praticar meus exercícios e ouvi uma voz perguntar: "Como seus pais se conheceram?" Respondi que eu não sabia; a voz disse: "Então, ao chegar ao hospital, pergunte à sua mãe".

Algumas horas depois, ao entrar no quarto, a voz interior me lembrou de perguntar, então eu disse: "Como vocês se conheceram?"

Mamãe contou como ela estava de férias e sentada na praia com algumas garotas desconhecidas e que, como soube mais tarde, eram de reputação bastante duvidosa. Alguns garotos caminhavam pela praia jogando cara ou coroa para ver quem pegaria qual garota. Então mamãe disse: "Seu pai perdeu e ficou comigo".

No segundo encontro, ele a levaria a um passeio no mar; quando a ajudava a entrar no barco, o proprietário gritou: "Ei, você precisa pagar antes de subir".

"Seu pai me soltou, e eu caí na água", continuou mamãe. "As coisas pioraram ainda mais depois disso...", e todos no quarto já estavam rindo. A essa altura papai estava em coma, mas eu sabia que ele ainda nos ouvia e em algum nível estaria rindo conosco. Ele parecia tão bem, que pensei que adiaria o momento da morte, mas logo que o último neto chegou, ele abandonou o corpo, nos deixando com uma sensação de plenitude e sem medo da morte.

Frequentemente pergunto aos idosos como podem morrer rindo. As respostas estão sempre ligadas a dois aspectos. O primeiro se refere à satisfação de terem concluído o que todos nós estamos aqui para fazer, que é servir ao mundo à maneira peculiar de cada um e não de um modo determinado por outros. Quando as pessoas passam a vida fazendo o que gostam, no fim o riso se torna bem mais fácil. O segundo aspecto é a lembrança que se tem de histórias sobre épocas da vida que podem ter sido difíceis, desvairadas ou complicadas, mas que provocam explosões de riso hoje. Às vezes essas histórias são contadas pelos filhos adultos que dizem, por exemplo: "Pai, fiquei muito envergonhado quando você fez aquilo; procurei fingir que você era pai de outra criança", e todos voltam a ter um momento familiar de muita descontração.

Por isso, lembre-se: não tenha medo de constranger seus familiares e de prover-lhes material que possam usar quando você estiver à beira da morte — e morra rindo com as histórias deles. Como aconteceu na época em que não conseguíamos encontrar um dos nossos animaizinhos exóticos resgatados. Eu resolvi telefonar para a polícia, para o caso de alguém comunicar que o tivesse visto. Imagine telefonar para a polícia para dizer que não consegue encontrar o seu jupará: "O seu o quê?" "Sim, o meu jupará. Ele desapareceu." Quando as crianças me ouviram telefonar para a polícia a primeira vez, acharam que foi bastante constrangedor, mas quando telefonei uma segunda vez, me ouviram dizer que eu havia encontrado o jupará quando ele pôs a cabeça para fora enquanto eu andava perto das vigas da casa com uma banana na boca.

Dê ao seu cachorro o nome de Sex (Sexo) e aos seus gatos de Hope (Esperança) e Miracle (Milagre), como eu fiz. Veja o que acontece quando corre pelo jardim à caça de Sex e grita para sua mulher que você não tem Miracle e não consegue pegar Sex, mas pelo menos tem Hope. Você vai constranger seus filhos com seu humor infantil, mas eles vão rir disso mais tarde.

Nossos filhos chegam em casa e dizem: "Obrigado, papai". Quando pergunto por quê, eles respondem que fizeram alguma coisa doida no trabalho ou na escola; então, em vez de se queixar ou criticar, as pessoas com quem convivem se olham e dizem umas às outras: "Bem, você sabe quem é o pai dele".

Seja um colecionador de fatos engraçados e transforme-os em lembranças inesquecíveis, narrando-os e escrevendo-os. Com frequência peço comida chinesa quando vou à Pizzaria do Ernie. Pat, o proprietário, me conhece e gosta das minhas maluquices, mas garçonetes recém-contratadas não sabem o que fazer comigo e sempre tentam me explicar que estou no restaurante errado. Certa noite, entrei e fiz o meu pedido de comida chinesa; a garçonete apareceu com três marmitas dessa iguaria, motivo que levou o restaurante inteiro a explodir em gargalhadas. Meu comportamento um tanto excêntrico também fez com que meus cinco filhos evitassem comer fora comigo, o que me ajudou a poupar um bom dinheiro.

Terry Bruce me escreveu dizendo que o fato de contar histórias divertidas sobre os filhos dela a ajudou a superar dificuldades de relacionamento com sua mãe.

> Às vezes mamãe me deixa louca, e eu tenho vontade de xingá-la, o que sempre me faz sentir ainda pior, porque só conseguimos nos visitar a cada dois ou três anos. Um dia, eu já estava cansada quando ela telefonou, e eu sabia que esse podia ser um dia ruim para falar com ela. Mas mamãe começou a lembrar coisas engra-

çadas que meus filhos haviam feito na última vinda dela para cá, de modo que me sentei e fiquei escutando.

Ela me lembrou do dia em que todos tínhamos ido colher amoras. Quando voltamos para casa, despejei todas as amoras numa tigela. Minha filha de 3 anos havia tirado duas amoras da tigela e colocado na boca. "Izzy, não coma mais dessas amoras, não vai ter suficiente para a sobremesa", eu disse. Com um olhar de pura inocência, Izzy retrucou: "Eu não estava comendo, mamãe. Eu estava limpando". Então tirou as amoras da boca e as pôs de volta na tigela.

Mamãe e eu rimos, e essa história me lembrou de outras travessuras que meus outros filhos, Farley, Raffy e Jesse, haviam feito. Muitas foram momentos preciosos que mamãe havia perdido, mas agora que eu as revivia em detalhes gráficos, estávamos rindo de novo. Quando ela desligou, eu me sentia realmente próxima dela, como se ela tivesse estado comigo. E em vez de levarmos uma à outra à loucura, apreciamos muito o nosso telefonema. Esse forte senso de família e de pertencimento me impulsionou pelo resto do dia. Todas as coisas com que eu estivera me estressando até então, de repente pareciam insignificantes.

O mundo está repleto de sofrimento. Mas ele é também uma comédia humana quando resolvemos vê-lo como tal. Sim, é uma comédia trágica às vezes, mas você ainda pode ser um animador e espalhar alegria por meio do humor e do riso. Por que você acha que as comédias de Shakespeare continuam sendo tão atrativas mais de quatrocentos anos depois de escritas? É porque as pessoas adoram rir. Alguma coisa em nosso íntimo sabe que rir faz bem para nós. Depois de um enterro, vá à casa do falecido e observe como as pessoas começam rapidamente a contar histórias divertidas. Alguma coisa dentro delas lhes diz que é hora de se restabelecer um pouco. Assim, ria; cure as feridas do pesar, e não apague com lágrimas a vela celestial da pessoa que você ama.

Minha amiga Diana participava de uma reunião em família com sua irmã e dois irmãos, quando eles começaram a ter ataques de riso com histórias sobre a sovinice da madrasta. "Não pude acreditar aquela vez que fui visitar papai e mamãe", contou Diane aos irmãos, "e quando levantei para ir ao banheiro, mamãe disse: 'Não use o papel higiênico bom, querida. Eu reservo esse para as visitas'."

Seu irmão Bruce acrescentou: "Sim, e depois que papai morreu, ela comunicou que tinha alguma coisa para nos dar. Eu esperava que talvez fosse um envelope com um cheque ou então algum objeto do papai, como suas condecorações de guerra. Quase caí quando ela pôs a mão na bolsa e retirou quatro saquinhos fechados cheios de cinza. 'Aqui está o pai de vocês', ela disse, e nos devolveu nosso pai".

"Lembra o que você fez?", perguntou Diane. "Você segurou o saquinho e perguntou: 'Que parte de papai eu peguei?'"

As risadas renovaram os laços familiares e ajudaram a curar antigos ressentimentos. É difícil guardar mágoas quando a causa do ressentimento produz histórias tão pitorescas que inspiram acessos de riso contagiante.

SEJA CONTAGIOSO

Alguns anos atrás, minha mulher chegou das compras e correu para o banheiro. Eu fui até o carro, levei os mantimentos para dentro e guardei tudo. Quando ela voltou para a cozinha, eu estava esperando um efusivo agradecimento e um belo elogio pelo que havia feito. Em vez disso, ela disse: "Não se coloca tomates na geladeira". Fiquei chateado. Nada de agradecimentos — só críticas. Então compus um poema, intitulado "Divórcio".

> Tomates não vão para a geladeira
> fiz isso de novo
> talvez minha mulher nunca me perdoe
> nosso casamento está em crise

eu ronco, coloco tomates na geladeira
e caminho e como rápido demais
o advogado não sabe
como nos ajudar a chegar a um acordo para valer
para a minha crueldade
ele sugere que tentemos resolver
dar uma oportunidade ao amor
e não colocar tomates na geladeira
eu leio esse acordo para minha mulher
ela ri
Eu a amo quando ela ri
e esquece os tempos difíceis
nós dispensamos o advogado
e tiramos os tomates da geladeira.[3]

Bobbie riu quando li esses versos para ela, e bem como diz o poema, eu a amo quando ela ri. Incluo aqui algumas coisas que Bobbie recomenda às pessoas observarem. Ela as denomina "Sinais de Alerta de Bobbie":

- Você telefona à sua mulher para dizer que gostaria de jantar fora, e ela deixa um sanduíche na mesa da varanda.
- Você põe o sutiã virado e ele se adapta melhor.
- Você telefona ao Programa de Prevenção ao Suicídio e eles o colocam no modo de espera.
- Você liga ao Setor de Pessoas desaparecidas e eles lhe dizem para desaparecer.
- A cartomante lhe oferece um reembolso.
- Você volta do salão de beleza e o seu cachorro rosna, não a deixando entrar em casa.
- Você abre o biscoito da sorte e encontra uma intimação.
- A ave sentada no parapeito da sua janela é um urubu.

E aqui alguns conselhos matrimoniais perspicazes da minha mulher:

- Nunca vá dormir com raiva. Fique acordado e brigue.
- Nunca discuta com uma mulher quando ela está cansada ou descansada.
- A próxima vez que o seu marido estiver irritado, diga: "Você fica tão bonitinho quando está com raiva".

Amá-la? Pode apostar que a amo.

Para algumas pessoas, o riso vem fácil; para outras, é preciso praticar, quase sempre devido a experiências da infância em que o riso não era incentivado. Os artistas precisam praticar sua habilidade para explorar, aprender e crescer no domínio da sua arte, quer pintem, escrevam ou adotem alguma outra forma de expressão criativa. A palavra-chave aqui é expressão. Por isso, recomendo que você pratique a expressão de risadas e gargalhadas; torne-se um artista e encha sua paleta com risadas. Lembre-se: "Não é saudável ser sério e normal". Tentar ser normal é somente para aqueles que se sentem inadequados. Por isso, seja um transmissor infeccioso. Espalhe alegria e cura, e mantenha vivo o artista que está em você.

Capítulo 9
SIMULE ATÉ CONSEGUIR

"Olhando para o sol, não vemos a sombra."
— Helen Keller

Ao refletir sobre a relação entre parentalidade e saúde, quase sempre a consideramos apenas no contexto da saúde dos filhos, esquecendo a importância da saúde dos pais. Mas a saúde e o amor dos pais — por si mesmos e pelos filhos — são os fatores de saúde pública mais importantes no planeta.

Como pai de cinco filhos, inclusive de gêmeos, todos eles nascidos num período de sete anos, conheço as consequências da exaustão para a saúde da minha esposa e para a minha. Quando eles eram pequenos, dormíamos umas poucas horas por noite, pois cuidávamos deles, preparávamos as mamadeiras, lavávamos fraldas, brincávamos com eles e não os perdíamos de vista. Agíamos por amor, mas o cansaço afetava o nosso sistema imunológico e os níveis do hormônio do estresse. O resultado foi que acabei no hospital com uma infecção estafilocócica grave e minha mulher desenvolveu esclerose múltipla.

Uma das coisas que todos os pais deveriam fazer seria programar períodos de afastamento para descansar e se recuperar. Você não precisa se sentir culpado por deixar os filhos de vez em quando para cuidar de si mesmo, dando-se a oportunidade de viver uma vida autêntica em vez de um papel. Depois que aprendemos a cuidar melhor de nós mesmos, no início de cada ano Bobbie pegava o calendário e definia o número de dias em que podíamos ser pais devotados antes de começar a ter problemas de saúde. Então ela reservava alguns dias a cada três ou quatro meses para que nós dois pudéssemos tirar uma folga enquanto amigos ou familiares assumiam o nosso lugar dividindo seu tempo e afeto com nossos filhos.

Todos se beneficiavam com a separação. Por intermédio dos nossos vizinhos, amigos e dos meus pacientes, nossos filhos conheciam um novo grupo de pais e avós experientes que estavam dispostos e prontos a ouvir seus problemas e a amá-los, e minha esposa e eu tínhamos uma oportunidade para nos recuperar e relacionar com coisas que não fossem fraldas, horários e refeições. Era também uma ocasião que nossos filhos tinham para praticar jogos com adultos que desconheciam suas artimanhas para superá-los em esperteza.

Eu tive muitos pacientes dependentes de comida, drogas, álcool e de outros comportamentos viciosos, e essa interação me possibilitou concluir que essa foi a resposta que deram a uma infância vivida em meio à indiferença, rejeição e abusos por parte dos pais — o oposto exato do amor. Eles procuravam uma forma de compensação para se sentir bem, mas essas escolhas, por serem apenas paliativos temporários, foram autodestrutivas. As pessoas que escolhem um caminho de autodestruição não permanecem nesse caminho por falta de informações. O que lhes falta é inspiração e autoestima.

Um estudo com um grupo de estudantes de Harvard revelou que, dos alunos que achavam que os pais não os amavam, quase 100 por cento deles tiveram doenças graves até a meia-idade. Entre os que se sentiam amados, porém, apenas 25 por cento desenvolveram alguma doença grave no mesmo período.

Durante o processo de desenvolvimento, em etapas bem específicas, os filhos precisam de determinados tipos de mensagens de um ou de ambos os pais que os façam se sentir amados e seguros. A maioria das pessoas provavelmente não sabe que até os 6 anos o padrão de ondas cerebrais da criança é semelhante ao de um indivíduo hipnotizado. Na época em que as crianças se capacitam a avaliar as palavras dos pais, elas enfrentam uma enorme dificuldade para se livrar das mensagens negativas transmitidas pela maioria dos pais. Quando essas mensagens são destrutivas, na realidade é muito difícil livrar-se delas.

Cito uma das minhas pacientes: "As palavras da minha mãe me corroíam e talvez até sejam a causa do meu câncer". A mãe dessa mulher sempre depreciara tudo o que a filha fazia e a vestira somente com cores escuras para que os outros não a notassem. Ela precisou desenvolver uma doença grave até poder sair e comprar um vestido vermelho, começar uma nova vida e assumir sua verdadeira personalidade.

Quando os pais impõem padrões de comportamento, escolhas profissionais e outras coisas mais, o que quase sempre fazem é tirar, literalmente, a vida dos filhos. A delicada irmã gêmea idêntica que agrada mamãe, papai e a família, mas internaliza raiva, tem muito mais probabilidade de desenvolver mais tarde um câncer de mama do que sua irmãzinha agitada que está sempre fazendo o que bem entende.

As crianças revelam nos desenhos os problemas que têm com os pais. Por exemplo, num desenho da família, uma criança pode representar a mãe com uma expressão facial irritada, agredindo verbalmente, e desenhar o pai com as mãos nos bolsos e os olhos na direção oposta à mãe, mostrando assim que está emocionalmente distante. A criança pode se representar com o semblante triste ou assustado. Quando mostramos um desenho como esse aos pais, eles se motivam com mais facilidade a procurar ajuda. Em vez de apenas ouvir a interpretação do terapeuta, que os faz se sentirem pais negligentes, eles veem nas imagens o que a filha diz, pelo que ela está passando; o desenho expressa o que precisam ouvir.

Aconselhamento familiar, cursos de parentalidade responsável e controle da raiva, e seminários sobre habilidades de comunicação são em geral meios para ajudar a família a operar como uma unidade. Esses recursos não só ajudam a aliviar a angústia psicológica da criança, mas também desempenham um papel importante na cura da sua doença física e lhe propiciam uma mente e um corpo mais saudáveis pelo resto da vida.

Precisamos nos convencer da importância do ato de ouvir uns aos outros e de verbalizar o nosso amor. Dê amor aos seus filhos, mesmo quando não gosta do que estão fazendo. Não os agrida com palavras como: "Tem alguma coisa errada com você!" Em vez disso, passe uma mensagem como: "Eu amo você, mas o que está fazendo é perigoso e prejudicial, por isso pare de agir assim". Diga-lhes que você não gosta do comportamento que estão tendo; ao mesmo tempo, porém, mostre-lhes que os ama. O período da adolescência pode ser o mais difícil para os filhos, em particular quando os pais não criaram um canal aberto de comunicação amorosa. Quando os filhos precisam de orientação e apoio, eles não se sentem encorajados a procurar os pais para falar sobre seus problemas ou a lhes pedir ajuda. Um estudo constatou que 70 por cento dos alunos do ensino médio disseram já ter pensado na possibilidade de suicidar-se. Esses jovens não têm ideia do que fazer para se livrar do que os angustia, por isso pensam em suicídio.

Lembre-se de que o contrário do amor não é o ódio, mas a indiferença, a rejeição ou o abuso. Você sabe por que eu penso que as crianças se tornam agressoras, *bullies*? Quando elas recebem de figuras de autoridade com quem convivem palavras de ordem destrutivas e testemunham comportamentos negativos num ambiente sem amor, elas acabam agindo de formas destrutivas para si mesmas e para os outros, adotando táticas de ameaça, agressão e violência. Essas crianças não interpretam a agressão como nós, porque quem cresce num meio violento e desprovido de amor tem um sistema nervoso muito menos sensível à agressão física, ao ruído e a outros estímulos sensoriais. Partes do cérebro dessas crianças deixam literalmente de funcionar. Estudos mostram que a negligência, o trauma e o abuso na infância têm um impacto físico sobre o sistema nervoso central — o cérebro, a medula espinhal e os nervos — deixando algumas estruturas e vias neurais pouco desenvolvidas e outras exageradamente suscetíveis.[1]

Crianças podem assumir um mau comportamento de propósito. O desordeiro recebe atenção; mesmo que se trate de uma atenção negativa, é melhor do que rejeição. A agressão é um sentimento normal, mas para chamar atenção, e às vezes por vingança, a criança negligenciada e rejeitada transforma a agressão saudável em violência e destruição, em vez de se envolver com esportes, trabalho e passatempos.

Do mesmo modo que o fogo pode tanto aquecer quanto destruir sua casa, assim a energia que move as crianças pode ser dirigida para atitudes saudáveis. As crianças podem se rebelar de modos saudáveis, sem ser agressivas. Quando dirigem sua energia para alguma coisa positiva, como artes, esportes, passatempos ou para a realização de ações voluntárias, o mundo se torna um lugar melhor e ninguém é ameaçado por essa energia. Precisamos oferecer essas saídas às crianças e ajudá-las a buscar o que atende às suas necessidades de maneira saudável.

Quando eu era pequeno, fiquei com inveja do brinquedo de um vizinho; agi como agressor e quebrei o brinquedo. Ao chegar em casa, meu pai soube o que eu tinha feito, mas não disse nada. No dia seguinte, porém, chegou com o mesmo brinquedo e simplesmente o colocou nas minhas mãos, sem dizer o que fazer com ele. A ação do meu pai falou mais do que qualquer palavra de repreensão. Ele fez a coisa certa como adulto responsável, substituindo o brinquedo quebrado, mas me deixou com a decisão de ficar com ele ou de devolvê-lo ao vizinho. Sua ação me disse que ele me amava, confiava em mim e queria que eu fizesse a coisa certa. Cabia a mim a decisão de fazer isso ou não. Meu pai sabia que a experiência pela qual ele me fazia passar era pior do que o castigo físico. E, sim, eu fui até a casa do meu vizinho e lhe devolvi o brinquedo.

Precisamos transmitir às crianças o respeito pela vida. Podemos fazer isso ensinando-as a ser responsáveis pela vida e pelo conforto de algum ser vivo, seja uma planta, um animal de estimação ou outro ser humano, e dando-lhes a oportunidade de fazer isso com supervisão apropriada. Quando você dá atenção e cuida daquilo com que vive, você respeita o mundo e seus habitantes.

Minha esposa e eu enchemos a casa e o quintal com animais resgatados. Nós quebramos todas as normas de zoneamento, mas ninguém, nem mesmo a polícia, nos denunciou, porque todos sabiam que estávamos cuidando de todas essas criaturas. Nossos filhos inclusive levavam insetos para fora da casa porque os respeitavam como seres vivos. Quando as crianças chegaram à idade da revolta, em vez de dirigir sua energia contra as pessoas, eles a empregaram para melhorar o *status quo* e criar um mundo melhor. Quando precisavam de amor e atenção, eles os pediam ou então praticavam atos repreensíveis, mas nunca agiram de modo destrutivo com ninguém nem com nada.

Por exemplo, um dos filhos comunicou que os avós haviam telefonado e pedido que ele fosse visitá-los. Então eu o levei à rodoviária e o coloquei no ônibus. Já adulto, ele confessou que eles nunca telefonaram e que ele simplesmente precisava sair e receber um pouco de amor. Foi esse mesmo filho que, numa ocasião em que Bobbie e eu estávamos fora, fez os irmãos dizerem ao casal que cuidava deles que ele havia saído cedo para a escola. Mas ele não foi para a escola, e ficou o dia inteiro trancado no *closet*, lendo. Ele sabia como conseguir atenção e também como cuidar de si mesmo sem prejudicar ninguém.

A raiva precisa ser expressa de modo apropriado, e não deve ser reprimida. Nos momentos em que as crianças demonstram irritação, pergunte por que estão com raiva. Ouça-as e ajude-as a encontrar uma maneira segura de lidar com a causa da raiva e de liberar e exteriorizar os sentimentos. O pessoal do hospital vivia entrando, por motivos insignificantes, no quarto de um adolescente em estado terminal; ele então passou a usar uma pistola d'água para indicar que queria privacidade. Assim a raiva que ele sentia não machucou ninguém e ensinou muitas enfermeiras e médicos a respeitar suas necessidades como ser humano enfrentando circunstâncias difíceis, em vez de considerá-lo apenas como um paciente que precisava ser monitorado de tempos em tempos. A pistola d'água do jovem ficou como presente para outras crianças depois que ele faleceu. Como pai ou mãe, o que você faz se o seu filho hospitalizado é tratado como doente e não como pessoa? Tenha sempre à mão um Kit Siegel, como mencionei no Capítulo 6 (página 120).

E o que você faz se seu filho é importunado por um encrenqueiro na escola ou na vizinhança? É apropriado seu filho se irritar quando é tratado com desrespeito, mas reagir à violência com violência só agrava a situação. Eu informaria às autoridades da escola ou do bairro o que está acontecendo, mas também "mataria com bondade" e "atormentaria com ternura". Seja criativo em sua perspectiva. Vi o amor resolver uma situação complicada mesmo diante de uma ameaça à vida.

Sugira ao seu filho que convide o encrenqueiro a ir à casa de vocês para brincar ou jogar alguma coisa. Ou a ir a algum lugar juntos, como um parque de diversões, e saborear uma boa refeição. Telefone aos pais do garoto e fale sobre o comportamento do filho deles. Se você descobrir que a mãe desse garoto recebeu o diagnóstico de câncer, ou que os pais dele são alcoólatras, será mais fácil compreender e perdoar o agressor, e seu filho terá mais uma oportunidade para aprender a ser amigo de verdade. Se você fizer a tentativa e não obtiver o resultado esperado, desfaça o relacionamento.

Certa vez, eu estava prestes a iniciar uma palestra numa escola situada num bairro perigoso, quando quatro garotos entraram na sala e se sentaram nas carteiras da primeira fileira. Achei estranho, porque é raro alunos se sentarem bem na frente do professor. Mais tarde eu soube que esses quatro garotos eram o líder da gangue da escola e seus guarda-costas, e que aqueles eram seus lugares em todas as salas. Eu fiz uma pergunta, e o líder levantou a mão para responder. Quando ele terminou, eu lhe disse que a resposta era incorreta e expliquei por quê. O diretor me revelou depois que fazia quatro anos que o jovem não falava numa aula. E manifestou sua preocupação: agora que eu dissera ao líder da gangue que ele estava errado, como ele agiria com relação à escola? Eu disse ao diretor que não se preocupasse. O garoto sabia que eu estava lá porque me importava com ele e com os demais alunos, e ele estava se divertindo. Não houve nenhum problema depois disso. Dirigindo-me àqueles jovens com respeito e honestidade, e dividindo com eles um pouco de sabedoria e muita risada, eu havia plantado uma semente de amor.

Com amor perseverante, mesmo quando não gostamos do que os agressores fazem, podemos reorientá-los e ajudá--los a rebelar-se contra os aspectos da sociedade que precisam ser mudados. Quando fazemos isso, os revoltados passam a compreender que merecem ser amados e começam a se importar consigo mesmos e com os outros. Vi isso acontecer com crianças, com pacientes e com outras pessoas com quem me relacionei por intermédio do meu trabalho.

Eu gosto de promover encontros entre pessoas mais idosas e estudantes, porque todos precisam de um avô amoroso ou de uma avó carinhosa que encarna a sabedoria de toda uma vida. Quando fazemos isso, oferecemos a seguinte orientação: "Deus, tu e eu dançamos". Mesmo pessoas que vivem em centros geriátricos são professores valiosos quando têm a oportunidade de passar algumas horas com estudantes. Pessoas mais velhas com frequência ensinam aos jovens que as dificuldades podem ser oportunidades de redirecionamento das quais sempre pode resultar alguma coisa positiva.

Se eu tivesse de resumir a forma de criar um filho saudável, eu sugeriria o seguinte: "Compre um cachorrinho, visite um veterinário e pergunte a ele como criar esse filhote". Então vá para casa e faça a mesma coisa com seu filho. Citando alguns veterinários que conheço: "Coerência, respeito, afeto, disciplina, amor (*love*) e exercício". O acrônimo para isso é CRADLE (berço), um termo que soa muito bem para mim.

Mais detalhes sobre esse tema você encontra em meu livro *Love, Magic & Mudpies*, que procura mostrar como criar filhos que se sentem amados, que praticam a bondade e que fazem uma diferença positiva no mundo. Com demasiada frequência as crianças chegam à idade adulta sem essa ajuda, tendo de enfrentar por si mesmas as consequências físicas, emocionais e mentais de uma parentalidade defeituosa.

REPARENTALIZAÇÃO

Se ocorreram algumas coisas com sua família durante seus anos de formação, coisas que tenham dificultado ou impedido você de receber mensagens positivas e afetuosas dos adultos importantes em sua vida, então você precisa *reparentalizar--se*. Você de fato se prejudica quando dá ouvidos às vozes do seu passado sussurrando-lhe que você não é bom o bastante. A maneira de sair do transe negativo e mudar sua autoimagem é abandonar de modo ativo e intencional esses antigos registros e experiências infelizes. Quando chegamos à idade adulta, a questão já não é mais a de jogar a culpa nos nossos pais. Não se trata mais disso. Agora se trata de imbuir-nos de forças renovadas e de fazer nossas próprias escolhas.

Recomendo que você comece conhecendo-se como criança. Em sua mente, separe a pessoa que é hoje da criança que foi, e disponha-se a amar essa criança divina como se ela existisse aqui e agora, porque essa criança existe de fato — dentro de você. Por mais maluca que considere essa ideia, faça isso. Simule até conseguir.

Adote este método: procure fotografias suas quando criança e coloque-as onde você passa a maior parte do seu tempo, podendo vê-las diariamente. Eu as chamo de santuários. Se apaixone por essa criança. Fale com ela. Diga que ela está segura, que é amada e que crescerá forte. Diga como é maravilhoso ela ter nascido, que é preciosa e que tem um propósito na vida.

Mantenha a imagem dessa criança em sua mente e em seu coração ao longo do dia, e sempre que se sentir preocupado, ansioso ou com medo, imagine que é a criança que tem esses sentimentos. Pergunte a si mesmo: "O que eu faria para confortar essa criança?" Então faça isso para você mesmo. Assim como a fome o estimula a procurar alimento, faça com que esses sentimentos o levem a alimentar a sua vida como ela precisa ser alimentada.

Depois de reparentalizar a criança dentro de você, estenda essa atenção amorosa ao seu eu adulto externo. Se você tivesse um filho ou uma filha que fosse constantemente agredido em sua autoestima pelos comentários depreciativos de uma professora, você não procuraria essa professora e lhe recomendaria que passasse a tratar seu filho com bondade e respeito? E se a professora não mudasse de atitude, você não pediria a transferência do seu filho para uma sala onde a professora incentivasse os alunos e transformasse o processo de aprendizagem numa experiência agradável? Caso não houvesse outra sala disponível, você não tiraria seu filho desse colégio?

Faça a mesma coisa para você mesmo agora. Fale com seu chefe implicante no trabalho ou com alguém que o trata mal. Diga que você o ama, mas que não gosta do modo como ele o trata, e que espera ser tratado com gentileza e respeito. Se ele não mudar de atitude, você sempre tem a possibilidade de deixar esse emprego ou de romper com a relação. Se coloque numa situação em que você não seja prejudicado pelos comportamentos tóxicos de terceiros. Às vezes você não pode mudar de vida, mas pode mudar de atitude. Quando sua saúde é ameaçada, mudar de vida afastando-se da situação é o melhor a fazer; mas se não puder fazer isso, desenvolver uma atitude positiva pode produzir maravilhas. Quando você escolhe a felicidade, todos à sua volta são afetados por ela.

Enquanto estiver nesse processo, comunique-se com o crítico que reside em sua cabeça. Ao cometer um erro, a voz em sua mente o acusa de ser idiota, inútil ou de não ser bom o bastante? Caso você visse uma criança cometer um erro, acredito e espero que você lhe diria: "Tudo bem; todos cometemos erros. Erros são parte importante do aprendizado". Conheço uma instrutora de golfe que recomenda aos seus alunos não julgarem os resultados de uma tacada com o comentário mental: "Oba, essa foi ótima" ou "Ah não, essa foi péssima". Ela os ensina a dizer: "Essa foi *interessante*". Isso dá à mente condições de aprender com cada tacada sem estabelecer uma expectativa ou uma exigência, por um lado, ou uma sensação de fracasso, por outro. Essas duas atitudes mentais se contrapõem aos mecanismos de aprendizagem do cérebro.

Assim, quando errar, não se insulte. Seja gentil e afável consigo mesmo como o seria com uma criança. Use os erros como ferramentas, não como ocasiões de fracasso humilhante. Quando aprendemos como não fazer alguma coisa, na próxima vez podemos fazê-la de modo diferente. Ria de si mesmo, perdoe-se e vá em frente. Você tem potencial.

PROGRAMAS DE DOZE PASSOS

As pessoas não foram feitas para viver sozinhas. Somos tribais por natureza e formamos comunidades para nossa sobrevivência biológica e psicossocial. Pessoas que frequentam grupos que enfrentam desafios semelhantes aos seus transformam com frequência sua vida, em particular quando se reúnem numa atmosfera livre de julgamentos e de anonimato. Quando os "nativos" que viveram a experiência se reúnem, podem de fato ajudar uns aos outros. Os "turistas", por outro lado, não compreendem o que os nativos estão vivendo e farão sugestões e comentários ou darão receitas de pouca ou nenhuma utilidade.

Compartilhar nossa experiência nos possibilita ajudar-nos mutuamente ao longo da jornada da vida e de suas dificuldades. Tornamo-nos professores em potencial no instante mesmo em que encaramos a montanha à nossa frente. Nos grupos ECaP em que atuo como facilitador, muitas vezes os laços que os pacientes criam entre si perduram por anos; as pessoas se sentem como numa família. Não é raro famílias adotadas serem mais saudáveis e julgarem menos do que as famílias de origem.

Alcoólicos Anônimos foi o primeiro programa de doze passos a constituir uma irmandade, tendo sido criado por dois homens que não conseguiam parar de beber apesar de tentarem de tudo o que estava ao seu alcance. Desde sua origem humilde em 1935 até hoje, o AA se expandiu até congregar mais de dois milhões de membros ativos em recuperação em todo o mundo.[2] Outros grupos de doze passos se desenvolveram a partir do original: Al-Anon e Alateen reúnem familiares e amigos de alcoólatras, ACA (Adult Children of Alcoholics) congrega filhos adultos de alcoólatras, AO (Overeaters Anonymous; no Brasil, CCA, Comedores Compulsivos Anônimos) dedica-se aos que comem compulsivamente, GA (Gamblers Anonymous; no Brasil, JA, Jogadores Anônimos) acolhe viciados em jogos, e assim por diante. A Wikipédia relaciona mais de trinta programas dessa natureza baseados nos Doze Passos originais e nas Doze Tradições dos Alcoólicos Anônimos.

Se sua vida parece repetir os mesmos padrões negativos e está saindo do controle, procure um grupo de apoio em sua região. Participe de uma reunião e ouça com atenção todos os depoimentos. Você ficará surpreso ao encontrar pessoas cujas histórias se assemelham à sua e sentirá alívio por descobrir um lugar onde se sente bem acolhido.

Anos atrás eu sugeria aos pacientes de câncer que não contavam com grupos de apoio locais a ir a uma reunião dos AA e ocultar o motivo de sua presença. Alguns membros dos AA achavam que eu estava fazendo a coisa errada, mas os princípios e práticas dos AA se mostravam sadios e essas pessoas precisavam de ajuda. Se um tema se repete como auxílio para a recuperação, tenha certeza de que deve dar resultados — do contrário você não o encontraria na Bíblia, nos ensinamentos de Buda ou numa reunião de um grupo de apoio.

VIVER NO MOMENTO

Aquiete-se e abra-se aos seus sentimentos. Viva com atenção, no momento. Para isso você precisa tomar consciência dos seus sentimentos e aceitá-los como criação sua. Não fuja dos sentimentos ocupando-se, distraindo-se ou automedicando-se para se entorpecer. Não podemos curar o que não sentimos.

Depois de expressar a minha raiva por problemas familiares que eu não conseguia equacionar e por todas as doenças que eu não conseguia curar, minha grande amiga Elisabeth Kübler-Ross me disse calmamente durante um dos seus seminários: "Você também tem necessidades". Essas palavras ficaram gravadas em mim, e eu as divido com você neste momento como uma verdade importante a lembrar.

Um lugar onde depositamos nossos sentimentos é o coração. Mesmo corações transplantados preservam sentimentos e contêm mensagens da vida do doador. Ao avaliar opções e escolhas ou tomar decisões, deixe que seu coração se torne o norte da bússola. Uma mulher comentou comigo o conselho dado por seu pai. Antes de morrer, Fred Croker a orientou com estas palavras: "Segue o teu coração e usa a tua mente para percorrer o caminho escolhido pelo coração".

Deixe que seus sentimentos sejam seu guia para aquilo que o inspira. Que eles não só encham seus pulmões de inspiração, mas também impregnem cada atividade sua de vida e da alegria que emana de escolhas criativas. Aceite que os sentimentos que você teve com relação a alguma coisa no passado podem não ser os sentimentos que você tem hoje. Permita-se conhecer e respeitar a pessoa que você é hoje, sem prender-se a coisas que não lhe servem mais. Fazendo isso, você se torna cocriador da sua vida. Eu gosto de lembrar o que minha mãe sempre dizia quando eu precisava tomar uma decisão: "Faça o que o deixa feliz". Quando as coisas não aconteciam como eu havia planejado, ela me lembrava: "Deus está reorientando você. Algo de bom resultará disso".

Exercite-se na prática de prestar atenção ao momento, não ao passado nem ao futuro. Concentre-se na respiração. Quando você presta atenção à respiração, as coisas assumem uma aparência favorável. Não se preocupe com o que os outros pensam; os pensamentos e as atitudes dos outros não são problema seu, nem mesmo o que eles pensam de você. Cabe a você ser o melhor que pode neste momento, ocupando-se com o que está bem à sua frente, um pequeno passo de cada vez. E quando você precisar de ajuda, peça. Como diz uma das minhas canções preferidas, composta por Tom Hunter: "Esta noite eu gostaria que você me embalasse para dormir".[3]

Quando vive no momento, você começa a entender que um mundo perfeito seria sem sentido, pois não lhe ofereceria escolhas e possibilidades de crescimento.

RESPEITE-SE

Encontre sua verdadeira vida; evite viver um papel. Não seja o Assalariado ou a Mãezona, porque se você acredita que é o que faz, você perde o sentido da vida quando não pode mais trabalhar ou quando os filhos crescem e saem de casa. Há uma história sobre um homem que chegou à porta do céu, pedindo para entrar. "Dize-me quem és", disse-lhe Deus. O homem pensou na mulher, na família e em todas as pessoas que sempre tinha procurado agradar. Pensou em seu trabalho importante, na casa suntuosa, no carro luxuoso. Pensou nas contas amontoadas na mesa e no cruzeiro que havia planejado com a mulher. Todas essas ideias lhe vieram à mente, e por mais que tentasse, só conseguia se lembrar dos papéis que havia desempenhado. "Não sei quem sou", acabou admitindo.

"Então você não está pronto para entrar", retrucou Deus, e mandou o homem de volta ao seu corpo. Ao recuperar-se do ataque cardíaco, o homem prometeu descobrir seu eu verdadeiro.

Nos anos seguintes, ele aprendeu que o coração fala por sussurros, quer dizer, ele precisava sossegar pelo menos uma vez por dia, silenciar e escutar. O homem então parou de tentar impressionar os outros e começou a fazer o que gostava de fato. Começou a ouvir as pessoas sem interrompê-las ou apressá-las e a valorizar o crescimento dos seus relacionamentos. Quanto mais permanecia no aqui e agora, mais parecia realizar. Ele conseguiu ser útil às pessoas de muitas pequenas maneiras, e quando as pequenas coisas se acumularam, fizeram uma grande diferença no mundo à sua volta.

Com o passar do tempo, ele percebeu que se sentia bem consigo mesmo, e os novos atos que antes haviam exigido grande esforço eram agora hábitos enraizados. A vida e a morte não o confrontavam com imagens de medo; em vez disso, eram espelhos que refletiam amor e integridade. Vários anos passaram antes que ele chegasse à porta do céu pela segunda vez.

"Dize-me quem és", disse Deus.

"Eu sou Plenitude. Sou vosso filho divino. Eu sou vós", disse o homem.

"Bem-vindo, meu filho", disse Deus, e uma luz mais resplandecente que o sol envolveu o recém-chegado.

Conheci um adolescente que, agonizando, disse: "Diga a Deus que o substituto d'Ele está aqui". Ele foi admitido imediatamente.

Lembro-me de uma paciente que foi diagnosticada com agorafobia. Quando essa mulher, incapaz de sair de casa durante anos, soube que tinha apenas dois meses de vida, ela se deu conta da situação e se perguntou: "Qual é a vantagem de ter medo?" De uma pessoa que vivia com uma doença paralisante que a impedia de sair na chuva, ela passou a ser praticante de canoagem em corredeiras! Esse novo comportamento apavorava os filhos, mas também a fez sobreviver ao câncer. E uma carta que recebi de outra mulher com um prognóstico semelhante terminava dizendo: "Eu não morri, e agora vivo tão ocupada que estou quase me matando".

Você *tem* controle sobre seus pensamentos e ações, por isso assuma esse controle — é direito seu. Exercite-se para ser a pessoa que quer ser e *atue* cada dia como se já fosse essa pessoa. Se você tem medo, imagine braços amorosos envolvendo-o antes de adormecer, para que ao acordar você sinta de imediato esse pensamento acolhedor e confortador afastando o medo. Ou caso precise de um exemplo para seguir quando tiver alguma dúvida, pergunte-se: "O que Lassie faria" (OQLF)?

MANTENHA UM DIÁRIO

Ao estudar um grupo de pessoas que sofriam de asma, os pesquisadores pediram que mantivessem durante um mês um diário dos sentimentos que suas experiências lhes despertavam; ao grupo de controle pediram que registrassem apenas o que faziam ao longo de cada dia. Depois de um mês, os que escreveram sobre seus sentimentos e experiências demonstraram ter uma saúde melhor e sofrer menos acessos de asma do que as pessoas que só anotaram o que faziam todos os dias.

Outro dia eu repassava alguns papéis à procura de alguma coisa e encontrei meus diários de vinte e cinco a trinta anos atrás. Como médico, eu havia começado a fazer anotações durante o dia sobre coisas que me afetavam, e à noite, em casa, escrevia sobre elas no diário. Pouco depois que adotei essa prática, descobri que ao tentar escrever sobre o que havia acontecido durante o dia, eu não conseguia lembrar a que as anotações se referiam. Imagine escrever: "Criança na sala de emergência" e doze horas depois me perguntar: "Qual foi o problema?" Percebi então que, qualquer que fosse a aflição, ela estava em mim e eu não conseguia lidar com ela; assim eu a estava enterrando e depositando em meu corpo. As palavras fantasmagóricas *Algum dia o corpo apresentará a fatura* me vieram à mente e eu passei a escrever parágrafos inteiros ao anotar para lembrar o que precisava abordar no diário.

Certa vez, esqueci de guardar o diário; minha mulher o encontrou e leu. Depois comentou: "Bernie, não há nada de engraçado aqui". Eu disse: "Do que você está falando? Minha vida não é engraçada". Ela então me lembrou as histórias malucas que haviam acontecido no hospital e que fizeram toda a família dar risadas quando eu as havia contado. Eu não havia incluído essas histórias no diário. O comentário de Bobbie me abriu os olhos e eu comecei a prestar atenção também às coisas agradáveis que aconteciam: você recebe um abraço; você recebe um pouco de amor; você recebe um pequeno sorriso. "Anote isso também no seu diário", ela disse, e foi o que eu fiz.

Escrevendo um diário, você se mantém perceptivo e comunica ao seu inconsciente que está disposto a lidar com toda angústia que o perturbe. Todos nós precisamos ser ouvidos por alguém que se preocupa conosco. Para que a nossa voz interior fale conosco, precisamos encontrar uma forma de ouvi-la. Escrever é um modo de ouvir. Muitas vezes menciono a afirmação de Helen Keller de que "a surdez é um infortúnio muito maior [do que a cegueira]". O comportamento de sobrevivência requer que você saiba o que está em seu coração, que revele o inconsciente e que sinta os seus sentimentos. Colocando tudo isso no papel — é assim que você passa a se conhecer.

CRIE O HÁBITO DE OUVIR COM PRAZER

O ato de ouvir com prazer se revela na linguagem corporal que mostra que você está prestando atenção. Quando você "olha no olho" da pessoa, não interrompe esse contato, inclina ligeiramente o corpo para a frente e balança ou acena com a cabeça, você sinaliza ao falante que você está envolvido no ato de ouvir e ouve o que ele está dizendo. Ouvir é um hábito ótimo e necessário a se adotar. Quando você ouve as pessoas, elas começam a conhecer a si mesmas e você recebe os créditos, embora tudo o que você faça seja ouvir.

Muitas pessoas me expressam sua gratidão dizendo que as ajudei muito apenas não dizendo uma única palavra. Por exemplo, meus filhos se aproximavam de mim e diziam: "Papai, estou com um problema". A primeira vez, eu respondia dando um conselho como este: "Tudo bem, leia livro tal; vá visitar pessoa tal; tome o remédio tal" — e eles sempre diziam: "Você não ajuda, mesmo".

Na vez seguinte, eles chegavam e diziam: "Papai, tenho um problema". Eu perguntava: "Que tipo de problema". Então eu simplesmente sentava e ouvia durante vinte minutos ou meia hora, e quando eles estavam satisfeitos, diziam: "Muito obrigado, papai. Você me ajudou muito". E o que eu disse durante todo esse tempo? Nada mais do que "Hmmm" em tom de empatia ou compreensão. Por que funcionava? Porque alguém os ouvira.

Uma mulher me procurou com um problema, e eu não disse uma única palavra durante uma hora e meia. No fim, ela disse: "Essa foi uma das conversas mais importantes que tive em toda a minha vida". Ela ficou falando consigo mesma, e isso foi importante.

Por isso, mantenha um diário. Ouça. Preste atenção aos seus sentimentos. Seja autêntico.

Capítulo 10
PALAVRAS PODEM MATAR OU CURAR

*"Descobre-se que mundos se fazem com palavras,
não apenas com martelos e arames."*

— James Hillman

Muitos anos atrás, me pediram para ver uma jovem mulher que todos achavam que sofria de apendicite. Eu não concordava com o diagnóstico, e depois de observá-la tive certeza de que o problema era um cisto ovariano rompido, não havendo necessidade de cirurgia. Alguns anos depois, a irmã mais nova dessa mulher, musicista talentosa, tropeçou em casa e caiu dentro da lareira, queimando gravemente as mãos, os braços, a parte superior do tronco e o pescoço. Quando ela deu entrada no setor de emergência do Hospital Yale-New Haven, a família pediu que eu a atendesse.

As mãos estavam deformadas, e ela ficou muito deprimida, pois sabia que sua carreira musical havia chegado ao fim.

Eu a encaminhei para a unidade de queimados do hospital e todas as manhãs eu limpava as queimaduras ouvindo gritos de "Eu te odeio". Essas palavras me faziam pensar por que eu havia me tornado médico e se queria continuar, já que essa era a reação dos pacientes quando eu tentava curá-los. (Anos mais tarde, sua mãe me lembrou que certa manhã eu disse à filha: "Madeline, talvez algum dia você me ame". Não me lembro desse momento, mas sabendo como agi, eu provavelmente disse aquilo para acalmar meu próprio sofrimento e frustração.)

Um dia de verão, com a temperatura acima de trinta graus, Madeline entrou no consultório para sua consulta de rotina. Ela usava uma blusa de gola alta e mangas compridas. Eu perguntei por que estava vestida daquela maneira num dia tão quente, e ela respondeu: "Porque sou feia".

Ela também me falou que estava procurando um trabalho temporário de verão, e eu disse: "Conheço uma casa de repouso que precisa de alguns ajudantes. Se eu lhe conseguisse algum trabalho lá, você estaria interessada?" Ela respondeu que sim, e então fiz os devidos contatos eu liguei para ela alguns dias depois para lhe dar a resposta. O que eu sabia era que ela teria de usar um uniforme que deixaria suas cicatrizes à vista dos idosos que atendesse.

No fim do verão, Madeline voltou ao consultório, e eu lhe perguntei como havia sido o trabalho. Ela respondeu: "Adoro meu trabalho, e ninguém percebeu minhas cicatrizes".

"Quando você dá amor, você é bonita", eu disse. Ela me olhou com olhos cheios do brilho da compreensão.

Madeline acabou se tornando enfermeira, e pouco depois da formatura recebi um telefonema dela. "Doutor Siegel, eu vou me casar, mas meu pai faleceu há dois anos. O senhor poderia entrar comigo na igreja?" Ainda sinto as lágrimas que derramei quando ela me fez esse pedido. Depois de gritar palavras de ódio contra mim em seu sofrimento, agora ela usava palavras de amor. É claro que aceitei, e o maior presente para mim foi quando dançamos depois da cerimônia ao som de uma canção de Kenny Rogers, "Through the Years" "Através dos Anos". Foi o modo que Madeline encontrou de dizer que ao longo dos anos, em particular quando ela enfrentava problemas, eu nunca a abandonara e a havia ajudado a superar as dificuldades da vida. Essa atitude me ajudou a curar as feridas da minha vida de médico.

Um rapaz sugeriu a uma amiga que ela podia alterar os aspectos negativos da vida dela usando apenas outras palavras. Ele disse: "Em vez de dizer eu *preciso* pagar as contas ou eu *preciso* ir para o trabalho, procure dizer, eu *consigo* pagar as dívidas ou eu *consigo* ir para o trabalho". Depois de adotar essa prática, a amiga se deu conta de que sua atitude com relação a tudo passou do ressentimento e da preocupação para a gratidão e o encantamento. Percebeu que tudo na vida, desde pequenas tarefas enfadonhas até grandes dificuldades desafiadoras, eram dádivas. A troca de uma única palavra mudou sua vida. Uma palavra — que poder é esse?

Muitos anos atrás, um dos nossos filhos levou para casa uma tela que havia pintado na aula de artes. Ele encheu a tela com uma só palavra: palavras. Como médico, sei que se pode matar ou curar com uma espada ou um bisturi. Mas o que me tocou de imediato na imagem da tela foi que também se pode matar ou curar com palavras, quando *wordswordswords* (palavras) se tornam *swordswordswords* (espadas).

As faculdades de medicina não ensinam os futuros médicos a se comunicar com os pacientes. Por medo de ser processados, eles informam às pessoas todos os efeitos colaterais da terapia, sem mencionar os benefícios. Sempre que vejo na TV um comercial mostrando como a pílula anunciada pode matar, eu me pergunto por que alguém a tomaria. Do mesmo modo, um hospital, para não ser processado, comunicava aos pacientes os riscos e possíveis complicações da cirurgia — quase no momento de entrar na sala de operação. Seus pacientes apresentavam uma taxa mais elevada de paradas cardíacas.

Comecei a perceber que as crenças do paciente eram mais importantes do que o diagnóstico. Em certo sentido, essa ideia se resume a algo que ouvi a respeito do psiquiatra doutor Milton Erickson. Ele prestava assistência a uma paciente que precisava de um parecer positivo. Depois de escrever alguma coisa no prontuário, ele se desculpou e saiu do consultório por um minuto, deixando o prontuário aberto sobre a mesa. A paciente deu uma olhada no prontuário e leu as palavras: "Reagindo bem". Que terapia! Essas duas palavras a ajudaram a acreditar em si mesma e lhe deram o impulso de que precisava para continuar se empenhando.

À medida que fui percebendo o poder das palavras, comecei a prestar mais atenção ao que se dizia na sala de operação, e alterei até mesmo coisas simples, como preparar uma criança para uma injeção. Em vez de dizer que ela sentiria como se fosse uma picada de abelha, passei a dizer que seria como uma mordida de mosquito. Quando um anestesista falava ao paciente sobre "sair" (de si), eu perguntava ao paciente: "Quando foi a última vez que você saiu num encontro amoroso?" e ele caía na risada.

Durante a operação, eu pedia aos pacientes que desviassem o sangue da área da cirurgia e não sangrassem enquanto eu trabalhava no local. Antes de voltarem a si, eu dizia: "Você vai acordar se sentindo bem, com sede e muita fome". Tempos depois, quando todos começaram a ganhar peso, precisei melhorar a sugestão, acrescentando: "Mas não vai comer tudo o que está no prato".

O que na verdade me despertou para a força das palavras foi minha experiência como cirurgião pediátrico. Para tranquilizar as crianças e fazê-las acreditar que não sentiriam dor durante a cirurgia, eu lhes dizia, ainda na sala de emergência: "Assim que entrar na sala de operação, você vai adormecer". Me surpreendi muitas vezes vendo crianças adormecer enquanto eram levadas para a sala de cirurgia. Um menino se virou e dormiu assim que entramos. Ao posicioná-lo para realizar uma apendicectomia, ele acordou e disse: "O senhor me disse que eu dormiria, e eu costumo dormir de bruços", por isso tivemos de fazer um acordo.

Então comecei a ludibriar terapeuticamente outras crianças. Antes de inserir a seringa para coletar sangue, eu passava um chumaço de algodão embebido em álcool, dizendo: "Isso vai fazer sua pele adormecer". Um terço delas ficou totalmente anestesiada, enquanto a experiência das demais foi menos angustiante e menos dolorida — e me disseram que a tática não havia dado certo. Eu me desculpava e acusava o chumaço de algodão defeituoso.

Com a colaboração dos pais, reduzimos também os efeitos colaterais dos tratamentos quando passamos a classificar as vitaminas de acordo com os resultados esperados: crescer o cabelo, evitar o enjoo ou eliminar a dor, e as crianças reagiam de acordo com a informação que recebiam.

Uma mulher conhecida minha sentia náuseas depois da quimioterapia. Ela pediu à filha que lhe pegasse um comprimido de Compazine, pois estava sem os óculos. A filha lhe deu o comprimido e o enjoo desapareceu. Horas mais tarde, então com os óculos, ela pediu outro comprimido. Ao vê-lo, disse à filha: "Esse não é o meu Compazine; é o anticoagulante, Coumadin".

"Bem, mãe, correu tudo bem com o último que lhe dei", respondeu a filha. Elas ficaram impressionadas com as mudanças que o poder da força da sugestão pode produzir no corpo, mesmo não havendo intenção.

Eu prefiro contar uma mentira terapêutica a relacionar os efeitos colaterais de um tratamento, e assim não correr o risco de, ao listá-los, provocar a manifestação de todos eles, pois o que as pessoas ouvem de uma figura de autoridade produz um efeito ainda maior. Sempre que precisei passar informações sobre efeitos colaterais negativos, acrescentei que eles não afetavam todas as pessoas, do mesmo modo que nem todas são alérgicas ao amendoim.

Nosso corpo reage de acordo com nossas crenças. Uma mulher recebeu a informação de que era doente terminal de leucemia e que era perda de tempo dirigir por quatro horas para receber quimioterapia, pois só se sentiria pior. A prima dela, auxiliar de enfermagem, me conhecia e recomendou que viesse a New Haven para se tratar comigo "porque o doutor Siegel sempre recupera as pessoas".

Eu internei a mulher sem saber dos comentários da prima. Me sentei na cama da paciente e expliquei que pediria a um amigo oncologista que viesse vê-la, pois não podia tratar leucemia com cirurgia. Então lhe dei um grande abraço e saí para telefonar para esse amigo. Mais tarde ele me disse que concordava com o médico quanto ao provável desfecho, mas que prescreveria um tratamento para dar a entender que havia esperança. As anotações dele para mim depois das sessões de quimioterapia começaram com o comentário "reagindo bem" e terminaram com "em remissão total". Tempos depois, ouvi dizer que ela teria dito: "Quando o doutor Siegel me abraçou, eu soube que ficaria bem".

Depois que conheci o poder das palavras, elas se tornaram meus instrumentos terapêuticos. Com a técnica do Paradoxo e com humor, eu conseguia remodelar o modo de pensar e de sentir das pessoas. Fui cirurgião da polícia em New Haven, Connecticut, durante muitos anos, por isso conheci muitos policiais. Um dia, um policial conhecido meu telefonou para o consultório. Assim que atendi, ele disse: "Doutor Siegel, vou me matar".

Eu respondi: "Jimmy, se você se matar, eu nunca mais vou falar com você". Ele desligou o telefone e quinze minutos depois estava no consultório, louco da vida, gritando que estivera segurando uma arma na boca e "veja como você foi insensível e indiferente".

"E você percebeu que não está morto?" perguntei. Então ele riu e nós nos tornamos amigos.

Você se lembra de quando era criança e alguém o insultou com xingamentos? Você provavelmente respondeu: "Paus e pedras podem quebrar minhas pernas, mas palavras não me atingem". Eu posso lhe dizer agora: isso não é verdade. Palavras *podem* ferir e causam muitos danos. Palavras podem matar ou curar. Palavras, em particular as proferidas por figuras de autoridade próximas de nós, têm o poder de nos afetar e alterar nossa vida.

O modo como você percebe as coisas determina a maneira como elas o influenciam, e a escolha das palavras para expressar alguma coisa influencia sua percepção. Veja o caso de quatro medicamentos usados num protocolo identificado com a primeira letra de cada droga: EPOH. Um oncologista percebeu que lendo de trás para a frente, temos a palavra HOPE (esperança). Ele alterou o nome para os pacientes e um número maior deles reagiu bem à terapia.

Uma professora do primeiro ano do ensino fundamental criticou o desenho de uma aluna, dizendo que ele não seria exposto com os outros por causa da cor roxa. No segundo ano, quando outro professor pediu aos alunos que desenhassem uma figura, a menina deixou a folha em branco. O professor se aproximou, colocou a mão sobre a cabeça da aluna e disse: "Uma nevada — que limpa, branca e bonita!" Essas palavras permitiram que a menina a voltar a ser criativa, e esse episódio a inspirou mais tarde a compor um poema com o título "Púrpura". Você pode ler o poema de Alexis Rotella no meu livro *Love, Magic & Mudpies*.

Os animais também estão sujeitos às nossas percepções baseadas em palavras. Uma família adotou um gato resgatado bastante velho e tão traumatizado por sua convivência com as pessoas, que não conseguia mais entrar numa sala onde houvesse gente. Ele só saía para comer quando a família ia dormir. Depois de vários meses de tentativas malsucedidas de conquistar sua confiança, eles consultaram uma vidente e lhe disseram que o nome do gato era Spooky.

"Troquem esse nome para alguma coisa máscula", ela sugeriu. "Vocês podem estar projetando suas expectativas do medo do gato através do nome que lhe deram."

Eles passaram a chamar o gato de Rambo, o que produziu uma mudança de comportamento quase imediata. Eles informaram que Rambo não só começou a andar pela casa durante o dia, mas que também ia dormir na cama com eles à noite, em vez de ficar nos cômodos do térreo.

Quando Betty Croker foi diagnosticada com câncer de mama em estágio IV em 1962, o médico disse que a doença era terminal. "Quanto tempo me resta?", ela perguntou. "Seis meses", foi a resposta. Imagine o impacto dessas palavras sobre ela. Suas duas filhas logo ficariam órfãs. Betty foi para casa preparada para morrer, mas o marido insistiu que deveriam procurar uma segunda opinião.

Ele então se dirigiu ao Centro de Câncer de Yale e pediu a um médico oncologista que recebesse Betty. Enquanto fazia mais exames, Betty descreveu como ela e o marido haviam se apaixonado durante um baile ao som de uma orquestra de jazz. Lembrou também como ela e Fred se divertiam no clube social preferido deles e como todos abriam espaço para ver o casal dançar.

Ela se mostrou bem-disposta durante os exames e depois, enquanto aguardavam os resultados, mas Fred sabia que ela estava apavorada por causa das filhas. Ela lhe confessou que as palavras do primeiro médico, "terminal" e "seis meses", haviam dissipado quase toda esperança de sobrevivência. Eu vi pessoas morrerem numa semana depois de perderem a esperança.

Quando voltaram a se encontrar com o oncologista de Yale, este olhou para ela e, sorrindo, disse: "Betty, você não vai morrer em seis meses. Em seis meses, você estará dançando novamente".

Essas palavras lhe restituíram a esperança. Seis meses depois, Betty vestiu seu vestido novo e calçou seus sapatos de dança vermelhos. As meninas ficaram observando animadas a preparação dos pais para sua grande noite. Anos mais tarde, tive a oportunidade de trabalhar com uma das filhas de Betty. Ela me disse:

> Ainda me lembro como papai estava feliz e como mamãe estava linda naquela noite. Eram como um casal de adolescentes saindo para seu primeiro encontro. Aquele médico deu para mamãe permissão para viver. Não tenho dúvidas de que foi por causa dele que a tivemos conosco por mais três anos. Nunca vou conseguir lhe ser grata o bastante.

De "terminal" e "seis meses" a "dançar" e "você vai viver" — esse é o poder das palavras. Se seu médico ou profissional da saúde não acredita na sua recuperação, dispense-o. Procure e encontre alguém que acredite em milagres — alguém que acredite em você.

AFIRMAÇÕES

Um treinador motiva sua equipe com frases como *Vocês conseguem* ou *Vão para a quadra e deem tudo de si* porque sabe que suas palavras ressoarão na mente dos atletas quando estiverem diante dos adversários. O estímulo do técnico pode levantar ou abater o ânimo da equipe, e muitas vezes esse é o fator decisivo para que ela dê ou não o melhor de si.

Um bom treinador tem consciência de que o segredo é saber que você fez o melhor e que não é um perdedor se não conseguiu vencer o jogo. Perdedores têm medo de aproveitar uma oportunidade, seja enfrentando uma doença ou outro adversário, e vivem se remoendo de culpa, remorso e vergonha. Não fortaleça seus inimigos pensando em combatê-los ou derrotá-los, mas *fortaleça seu esforço* dando o máximo de si e acreditando em si mesmo.

As afirmações mais eficazes são declarações positivas e curtas que, como mantras, são fáceis de lembrar e afiançam alguma coisa como já acontecida. Uma afirmação mais eficaz do que "Vou me recuperar desse câncer" é "Meu corpo está irradiando saúde". Essa afirmação lhe possibilita ver seu verdadeiro potencial, sua natureza divina, e focaliza não o que está mal, mas o que está bem dentro de você. Quando você imagina o que está bem, seu corpo responde como se já estivesse acontecendo.

O Criador inseriu dentro de todos os seres vivos a capacidade de sobreviver. Feridas se curam, bactérias resistem aos antibióticos, vírus resistem aos antivirais e árvores resistem aos parasitas, tudo porque temos a capacidade de alterar nossos genes e sobreviver. Seu corpo precisa saber que você o ama, e que ama sua vida, para fazer o esforço de sobrevivência necessário.

Identifique as proposições negativas que você guarda em sua mente. Para cada uma delas escreva uma afirmação positiva que o ajude a reverter o pensamento negativo. Se você está preocupado com alguma coisa ou está tentando sem sucesso controlar pessoas e situações, procure usar a afirmação: "Esquece isso e lembra Deus". Se está se debatendo com um problema mais sério, tente: "Um dia de cada vez". O simples ato de escrever a afirmação "Só por hoje eu... (por exemplo, "me manterei sóbrio" ou "darei ouvidos a...") imprime um forte impulso à intenção que está por trás da sua decisão de se portar de modo diferente. Se tem dificuldades com a autoestima, diga: "Sou perfeito assim como sou". Se o problema é a autoconfiança, escreva: "Consigo tudo o que meu coração almeja".

Lembre-se, essas tentativas não resultarão em fracasso se você não alcançar o que as afirmações propõem. Seu objetivo é simular até conseguir. Atue e se comporte como a pessoa que você quer se tornar e persevere em seus treinamentos. Encontre também orientadores de vida que o ajudem a praticar.

Às vezes uma simples palavra rabiscada na parede ou gravada numa pedra é uma afirmação vigorosa. Palavras como *Fé, Paz, Gratidão, Riso* e *Querido* podem ajudá-lo a se amar mais e melhor. Encha sua casa e seu local de trabalho com palavras como essas. Nossa casa está cheia de frases que orientam nosso modo de viver. Exemplo de um lema de vida edificante é uma citação de Lao-Tzu: "Contente-se com o que você tem; alegre-se com as coisas como elas são. Quando compreender que nada lhe falta, o mundo inteiro lhe pertencerá".[1] Você pode também afixar a "Oração da Serenidade" e rezá-la em voz alta. Tenha à disposição um baralho de cartas de afirmações e inspire-se nele várias vezes ao dia. As próprias palavras de uma canção podem acalmar, estimular e inspirar.

Assim, seja criativo, compre um tubo de tinta e escreva uma mensagem amorosa para você mesmo na parede por onde você passa com mais frequência. Tenho um retrato dos meus pais na minha parede, de modo que estão sempre me observando, e eu não quero decepcioná-los. Coloque um quadro de boas-vindas acima do espelho do banheiro e olhe-se nos olhos todas as manhãs, saudando-se com expressões como: "Olá, sol radiante. Seja bem-vindo hoje!"

Ao despertar cada manhã, você é como uma tela em branco. Assim como a natureza enche o horizonte de cores, você também está criando uma obra de arte; por isso, tenha sempre mais cores na paleta e retoque constantemente sua obra até ficar satisfeito com os resultados.

AFIRMAÇÕES SUBLIMINARES

Uma mente calma e serena tem melhores condições para refletir com clareza sobre um problema e encontrar uma solução. Se você precisa de ajuda para começar, use um CD que compus precisamente com essa finalidade: *Finding Your True Self: Audible and Subliminal Affirmations to Develop Your Personal Sense of Inner Peace and Wisdom*. Pesquisas revelam que afirmações subliminares e meditações constituem uma forma fácil e eficaz de superar obstáculos mentais e propiciar a si mesmo uma saúde melhor e felicidade ao longo da vida. Defina um horário específico e encontre um lugar tranquilo e silencioso para sua terapia. Ao se deparar com situações estressantes, recorra a essa paz interior de imediato, detendo o estresse na sua origem.

DANCE UMA NOVA DANÇA

Palavras e imagens negativas invadem nossa mente numa idade tão tenra, que mais tarde se faz necessário um esforço consciente para mudar essas crenças arraigadas. Às vezes nutrimos também um sentimento de autopiedade, acreditando que não somos bons o bastante ou que não merecemos ser felizes. Quando isso acontece, precisamos tocar uma música diferente, aprender uma nova canção, dançar uma nova dança.

Sharon cresceu numa casa em que a doença mental impediu sua mãe de lhe transmitir mensagens de amor, mensagens que a imbuiriam de sentimentos de autoestima e autoconfiança. Apesar de ter conseguido compreender e perdoar a mãe, Sharon achava impossível acreditar em seu próprio valor, se ver como alguém que merecia amor. Quando internalizamos nossos sentimentos negativos e procuramos agradar a todos para nos sentir dignos, perdemos nossa verdadeira vida. Por isso não me surpreendi com o fato de Sharon ter desenvolvido câncer de mama ainda jovem e de ter passado por uma mastectomia seguida de quimioterapia, ou com o fato de que a depressão que teve antes e depois disso quase a destruiu.

Como médico, posso afirmar que seu baixo nível de autoestima foi uma ameaça maior à sua vida do que qualquer câncer ou droga quimioterápica. Um dia, a terapeuta de Sharon sugeriu que ela fizesse uma lista das coisas boas que lhe aconteciam todos os dias, das graças que recebia. Cada vez que alguém lhe demonstrasse um ato de gentileza, ela devia registrar. Se alguém telefonasse ou enviasse um cartão, ou mesmo se um desconhecido abrisse uma porta para ela ou fizesse um pequeno favor — por maior ou menor que fosse o gesto de cortesia — ela devia anotá-lo.

Sharon comprou um diário e começou a registrar todas as palavras amáveis e todos os atos atenciosos que as pessoas lhe diziam ou faziam por ela. Quanto mais ela percebia essas manifestações de bondade, mas positiva ela se sentia. Ela começou a praticar boas ações para outras pessoas também, às vezes quando elas tinham conhecimento, mas com mais frequência quando não tinham. Com o passar das semanas e dos meses, Sharon encheu páginas e mais páginas, não apenas com atos de bondade, mas também com todas as coisas boas que aconteciam em sua vida. Dois anos depois da mastectomia, com um atestado de boa saúde, Sharon leu seus diários e se deu conta de como era afortunada, não só por ter recuperado a saúde, mas também por se sentir muito amada. Ela havia alcançado um alto grau de autoestima. Ela sabe que quando entra numa sala hoje, as pessoas se sentem de fato felizes em vê-la. Registrar as coisas positivas em vez de se fixar nas negativas fez com que ela assumisse uma atitude totalmente diferente diante da vida.

Estudos comprovam que quando uma pessoa pratica um ato de bondade para com outra pessoa ou um animal, tanto o benfeitor quanto o beneficiado vivem um sentimento de pertencimento acolhedor causado pela liberação de endorfinas e de hormônios da atração e da vinculação, substâncias do bem-estar que fazem o corpo querer viver. Não só quem dá e quem recebe se beneficia, mas se beneficiam também os que observam a ação praticada, pois recebem a mesma irradiação química. É como levar uma vela acesa para uma sala escura. A vela reluz nos limites de seu próprio halo, mas a sala inteira recebe uma porção da sua luminosidade.

ADOTE UMA ATITUDE DIFERENTE

Se todos nós, em nossa individualidade, estamos nesta terra para dar à nossa alma uma oportunidade para crescer e ser útil a quem está à nossa volta, faz sentido adotar uma atitude que nos ajude a alcançar esse objetivo. Diante de uma dificuldade, pergunte a si mesmo: "O que devo aprender com essa experiência?" Você perceberá que as coisas começarão a mudar. Esses sentimentos e acontecimentos o orientarão a encontrar alimento para você mesmo e para sua vida. E quando você ama sua vida e seu corpo, ele fará tudo o que estiver ao seu alcance para manter você vivo. Quando você padece de alguma forma de mal-estar físico, algum sofrimento ou inquietação emocional, outro modo de ver as coisas é perguntar a si mesmo: "O que precisa mudar para que eu modifique essa experiência?"

Às vezes a mudança que precisamos fazer envolve a necessidade de sermos emocionalmente honestos conosco mesmos. Um bom exemplo de desonestidade emocional é quando você é convidado a participar de um evento social ou a assumir uma nova responsabilidade, e sua mente pensa: "Não, não quero fazer isso", mas sua boca diz: "Sim, tudo bem". Há diferença entre submissão e cortesia. A tentativa de querer ser sempre agradável às pessoas pode levá-lo a ter problemas. Lembre-se, do mesmo modo que é benéfico expressar sua raiva de maneira apropriada, você também tem o direito de dizer não às coisas que não quer fazer. Eu gosto de lembrar o que um professor inglês me disse certa vez: "'Não' é uma frase completa". Um sentimento maravilhoso de autonomia e independência nos preenche quando aprendemos a dizer não. Em vez de ir para o evento de que você não quer participar, aprenda a dizer: "Desculpe, não poderei ir, mas agradeço a gentileza do convite". Para a pessoa que o pressiona a aceitar outro compromisso, aprenda a dizer: "Agradeço seu convite, mas não. Já tenho muitas obrigações". Se eles o abordarem num momento de maior vulnerabilidade e você achar difícil dizer não, adote outra tática. Diga à pessoa que você precisa pensar no assunto e que no devido tempo lhe comunicará sua decisão. Depois encontre alguém com quem você possa ensaiar sua resposta. Assim que possível, dê um retorno à pessoa, por telefone ou e-mail. Não deixe que outras pessoas decidam sua vida. Você decide o que você quer. Deixe seu coração orientar sua mente.

PRESCRIÇÃO DO MÉDICO

Observe com que frequência você diz: "Eu tenho de" ou "Eu preciso". Cada vez que se ouvir usando essas palavras, repita a afirmação, mas mude "Eu tenho de" ou "Eu preciso" para "Eu consigo". Observe o sentimento que cada expressão produz em você. Sinta a diferença e descreva seus sentimentos no diário. Por exemplo:

"Eu tenho de pagar as contas" faz com que me sinta ansioso, pressionado.

"Eu consigo pagar as contas" faz com que me sinta agradecido, revigorado.

Habitue-se a fazer isso todos os dias durante um mês e observe o que acontece com sua atitude e seu estado de espírito geral. Preste atenção à linguagem que usa e acrescente palavras positivas em seu modo de pensar e falar no dia a dia, de modo que todos os seus "Eu não posso" se tornem "Eu posso".

Capítulo 11
ESCOLHA A VIDA

"Quando sua resposta for 'paz universal', você encontrará a paz interior. Transcenda o pessoal e escolha a vida para todos."

— BERNIE SIEGEL

Acredito que grande parte da minha reverência pela vida e pelos seres vivos advém do valor que meu pai dava a virtudes de fato importantes: confiança, fé, esperança e amor. Meu pai tinha apenas 12 anos quando se deu conta da preciosidade e da precariedade da vida. Uma morte prematura por tuberculose levou seu pai, deixando minha avó e seus seis filhos em situação desesperadora.

A vida não é injusta, mas é difícil. Fortificar-se nos pontos quebradiços não é fácil nem divertido. Situações e circunstâncias tanto positivas quanto negativas nos põem à prova constantemente. É esse processo de provação que nos torna maleáveis e fortalece, desde que adotemos atitudes e comportamentos a favor da vida. Muitas vezes, só decidimos escolher o que é melhor para nossa vida depois da devastação resultante da descoberta de que o câncer ou outra doença nos corrói, depois de enfrentarmos um divórcio ou de sofrermos a perda de alguém ou de alguma coisa importante para nós.

Quando nos prendemos a um padrão que nos leva a viver apenas para os filhos, para a mulher ou para a empresa em que trabalhamos, desviamo-nos do verdadeiro caminho. Todos nós precisamos viver nossa vida autêntica, exclusivamente nossa, e não viver um papel. Conheci uma mãe com nove filhos que disse: "Não posso morrer até que todos estejam casados e fora de casa". Quando o filho mais novo saiu de casa vinte anos depois, o câncer dessa mulher reapareceu e a levou à morte. Em vez de viver para os filhos, viva para a criança que está dentro de você. Então, quando seus filhos saírem de casa, você não morrerá em decorrência de uma vida que não tem mais sentido para você.

Um dos milagres da vida é que podemos escolher a qualquer momento retomar o caminho que nos leva à realização do nosso propósito vital. Você poderia perguntar: "Como fazer isso?"

Isso não quer dizer que devemos negligenciar nossa família e parar de trabalhar, mas que devemos encontrar um equilíbrio entre fazer as coisas para os outros e para nós mesmos. Quando você encontra sentido em sua vida e aprende a dizer sim para o que o faz feliz e não para o que você não quer fazer, a sobrevivência se torna mais fácil. Então estamos preparados para ganhar um salário menor num emprego que nos agrada mais ou para correr o risco e nos dedicar a alguma coisa que constitui nossa verdadeira paixão.

Como ponto de partida, você precisa acreditar em si mesmo, ter fé em tudo o que agrega à sua vida e, em caso de doença, acreditar no que escolhe como terapia. Você precisa estar em contato com seus desejos interiores e com o seu Eu

Maior, o que para mim equivale a se comunicar com o Senhor verdadeiro e dar amor do seu modo. Seu propósito então será viver uma vida equilibrada e harmoniosa, e não evitar a morte.

Karen e o marido exerciam profissões muito rentáveis no setor financeiro, até que ele, com seus quarenta e poucos anos, adoeceu com o chamado câncer terminal. Eles se aposentaram precocemente, venderam o apartamento, compraram um pedaço de terra e começaram a produzir morangos. Tratava-se de algo que pensavam fazer quando se aposentassem, mas depois de tratar a doença, resolveram que seria naquele momento ou então nunca. Quinze anos depois, Karen e o marido estão administrando uma bem-sucedida fazenda de morangos e vendendo suas compotas de morango e escabeches no mundo todo. Assumindo um risco num salto de fé, provaram a si mesmos que quando se vive no coração, milagres acontecem.

Eu me lembro com frequência da mensagem bíblica que diz que quando nos defrontamos com a vida (e o bem) e a morte (e o mal), devemos escolher a vida. Isso não significa apenas que devemos tentar evitar a morte. Antes, devemos optar por uma vida significativa que envolva e implique muito amor por nós mesmos e pelos outros. Vivendo desse modo, nosso corpo sabe que amamos a vida e faz todo possível para nos preservar, para curar nossas aflições e feridas e para nos manter saudáveis física e mentalmente. Como eu disse antes, lembre-se de que seus pensamentos e sentimentos criam a química interna que o põe em movimento. Um paciente meu, um paisagista prestes a se aposentar, não quis se tratar após a cirurgia de câncer porque era primavera e ele queria ir para casa e embelezar o mundo antes de morrer. Ele viveu até os 94 anos e se tornou meu professor, ensinando-me o que significa escolher a vida sem se fixar no que é bom apenas para si mesmo.

Estudos científicos mostram hoje como as emoções e a personalidade influenciam os índices de sobrevivência. Compreendemos que coisas simples como o riso afetam a sobrevivência de pacientes de câncer, e que uma aposentadoria passiva e a solidão afetam os genes que controlam a função imunológica. Também acredito que existem outros fatores que nos *ajudam* e que são mais importantes do que imaginamos. Alguns os chamam de milagres, sorte, serendipidade, ou apenas estar no lugar certo na hora certa. Quando tudo parece estar no devido lugar e aparentes coincidências ocorrem no momento perfeito, essa sincronicidade de eventos sugere que existe uma inteligência amorosa que está além da nossa capacidade de compreender, mas não além da nossa habilidade de experimentar. Conheço pessoas que entregaram seus problemas a Deus e foram curadas do câncer.

Você não precisa esperar até adoecer e ter sua existência ameaçada para começar a viver uma vida verdadeira com fé e confiança. Dando ouvidos à sua intuição e agindo de acordo com as sugestões que ela lhe oferecer, você receberá dádivas inesperadas em qualquer momento da sua vida.

Corria o ano de 1997 quando William e Danielle, de Laguna Hills, Califórnia, souberam que estavam esperando o primeiro filho. Danielle acreditava que as atitudes que adotasse durante a gravidez afetariam a criança que se desenvolvia em seu ventre, por isso tomou a decisão de se manter positiva e de prestar atenção aos seus instintos. No momento de escolher um ginecologista dentre as clínicas obstétricas de Laguna Hills, Danielle percorreu a lista de médicos disponíveis e se deteve no nome do doutor Blake Spring (nome alterado por questões de sigilo). "Eu sei que isso parece meio doido", ela disse ao marido, "mas sinto algo forte com relação a esse médico — alguma coisa me diz que ele é o médico certo para nós."

"Quando sua mulher toma uma decisão como essa, em particular se está grávida, é mais prudente concordar, sem fazer objeções", disse-me William.

Danielle ligou para o consultório e reservou um horário. Antes da primeira consulta com o doutor Spring, ela vasculhou as gavetas à procura dos seus relatórios médicos e acabou encontrando a certidão de nascimento de William. Ficou surpresa ao observar que o médico assistente que assinara a certidão de William em 1974 fora o próprio doutor Blake Spring, mas em outro hospital.

Na primeira consulta no Centro Médico Saddleback Memorial, Danielle e William mostraram ao doutor Spring a certidão de nascimento de William, perguntando se aquela era a assinatura dele. "Sem dúvida", ele respondeu, abrindo um sorriso largo. "Foi no Hospital Riverside que fiz minha residência em ginecologia e obstetrícia. Você foi um dos primeiros bebês que ajudei a nascer". Danielle considerou como bom presságio ser agora assistida pelo médico que ajudou o marido a vir a este mundo.

Meses depois Danielle deu à luz um menino saudável, sem nenhuma complicação durante a gravidez e o parto. A mãe de William chegou e ficou maravilhada ao reencontrar o médico que acompanhara seu parto. Todos concordaram que, dadas as circunstâncias, o que estava acontecendo era uma feliz reunião de família. Desde o começo, o casal havia sentido como se uma mão superior estivesse conduzindo cada etapa do caminho. Ouvindo sua intuição, Danielle e William haviam permitido que a sincronicidade desempenhasse seu papel harmonioso no nascimento cheio de alegria do seu primeiro filho.

Danielle estava motivada a se manter positiva porque fazia tudo pelo seu bebê. Mas podemos fazer isso por nós mesmos também. Certa vez, passando por alguns problemas devido a circunstâncias difíceis, telefonei para uma amiga; ela me perguntou: "Bernie, você se incomoda quando está com fome?"

"Não, eu procuro alguma coisa para comer."

E então sugeriu que eu perguntasse a mim mesmo: "De que alimento preciso?" O que posso fazer com minha vida para afastar os sentimentos que me aborrecem sobre essa situação ou esse momento? Essas perguntas são eficazes porque fazem você parar e pensar sobre sua vida: "O que preciso mudar ou introduzir em minha vida? Como a tribulação que estou vivendo pode se tornar uma bênção? Quando você dá atenção às aflições que surgem e aprende com elas, o desafio se torna seu professor. E sua atitude muda, de modo que mesmo não conseguindo se livrar delas, você ainda pode ajudar e ensinar outros que enfrentam problemas semelhantes. Há pessoas que descrevem sua tribulação como o catalisador de um novo começo, um apelo a despertar ou uma bênção disfarçada.

Animais que perdem uma parte do corpo não se escondem num canto por não terem mais uma aparência normal. Mas pessoas que ficam desfiguradas ou gravemente feridas muitas vezes sentem raiva e vergonha, achando que deixaram de ser atraentes ou capazes. Esse modo de pensar é defeituoso, mas pode ser mudado.

Há alguns anos, conheci uma mulher que nasceu sem braços porque a mãe havia tomado talidomida durante a gravidez para combater o enjoo. Quando vi essa mulher num restaurante usando os pés para colocar os potes na bandeja, e as pessoas ajudando-a a levar a bandeja para a mesa, fui me sentar ao lado dela. Eu disse: "Gostaria de aprender com você, com relação à sua atitude, como você lida com as dificuldades da vida, e assim por diante".

Ela disse: "Me empreste uma caneta", e escreveu seu endereço e telefone com a caneta entre os dedos do pé.

Embora eu não pudesse curá-la nem ela pudesse curar a si mesma, ela já estava curada. Ela era um presente para os outros e professora para mim. Como Helen Keller, ela se tornou minha instrutora. Não estava sentada em casa, amargurada ou ressentida com os pais e com Deus, dizendo: "Veja o que fizeram comigo". Não, ela escolheu a vida e aprendeu que podia sair-se bem com o corpo que possuía.

Quando você toma a decisão de se concentrar nas soluções e não no problema — quaisquer que sejam as circunstâncias — a vida se torna muito mais enriquecedora para você mesmo e para o próximo. Não é uma escolha egoísta, e ela o ajuda a encontrar a substância que o vivifica.

É fácil dizer às pessoas que escolham a vida. Mas como você sabe quando alguma coisa é a escolha certa ou é a vontade de Deus para você? Quando perguntaram a uma freira: "Como a senhora sabe qual é a vontade de Deus?", ela respondeu: "Eu sei qual não é a vontade de Deus. Quando me surpreendo empurrando uma ervilha morro acima com o nariz, e a ervilha sempre volta a rolar morro abaixo, essa não é a vontade de Deus".

A resposta da minha mãe a essa pergunta era mais direta. Ela sempre dizia: "Faça o que o deixa feliz". Dizendo isso, ela me ensinou a ficar em contato com os meus sentimentos.

Perguntei certa vez a um grupo de pessoas: "Se vocês tivessem apenas quinze minutos de vida, o que fariam?" Surgiram todos os tipos de resposta, desde jogar golfe e trabalhar no jardim até chamar os entes queridos, e assim por diante. Quando nosso filho disse: "Eu compraria e tomaria um pote de sorvete de chocolate", eu lhe disse: "Não preciso me preocupar com você — você é iluminado".

Então alguém disse: "Ei, ei, um minuto — você não gostou da minha resposta, mas e se o que escolhi é o meu equivalente do sorvete de chocolate?"

Muito justo, pensei. Então hoje eu digo às pessoas: "Descubram seu sorvete de chocolate". Descubram o que os faz perder a noção do tempo. Esse é o estado mais saudável em que poderão se encontrar. Sei disso por experiência própria. Você está totalmente inconsciente do seu corpo, está livre da dor, livre da doença, porque está fazendo alguma coisa criativa. Descobri que eu podia ficar na sala de cirurgia por horas a fio, mesmo com dores nas costas, e não ter problema; eu podia pintar um quadro ficando de pé na frente do cavalete e não ter consciência das minhas costas. Mas quando essas atividades terminavam, eu deitava no chão ou no sofá porque em qualquer outra posição a dor era insuportável.

Quando você faz alguma coisa que é do seu agrado, a química do seu corpo muda — o corpo capta a mensagem. Tenho outra história que ilustra como isso funciona bem. Bath, na Inglaterra, não é apenas um destino popular para turistas; é também um grande centro de pesquisa da artrite, no Royal National Hospital para Doenças Reumáticas. Anos atrás, uma amiga possuía uma loja de presentes perto do hospital. Um dia, na volta de uma viagem de compras, ela compôs uma vitrine com uma grande seleção de vidros artesanais. Num bilhete, mais tarde, ela disse:

> Dispus todos os potes, jarros, pratos e vasos, verdes, turquesa e azul-marinho, até ocupar toda a vitrine. Quando acendi os espotes e a luz refletiu através do vidro colorido, a impressão foi de uma onda marítima tropical, com as cores mais escuras no fundo e as mais claras na superfície. Terminados os arranjos, uma senhora com bengala se deteve diante da vitrine. Fiquei satisfeita vendo que ela parecia apreciar o meu trabalho criativo, mas meia hora depois ela continuava lá, olhando; comecei a me perguntar se havia alguma coisa errada com ela. Então saí e perguntei se havia algum problema. Ela respondeu que fazia muitos anos que sofria de dor crônica por causa da artrite reumatoide, mas que enquanto admirava os belos verdes e azuis, o

tempo deixara de existir e a dor havia dissipado por completo. Fazia anos que não se sentia tão bem. Nunca vou me esquecer do semblante de paz daquela senhora.

Mostrando gratidão e alimentando a alma com a beleza, essa mulher deu ao seu corpo o que ele precisava. O tempo perdeu todo seu sentido. Ela escolheu viver a vida, em vez de viver e ser sua doença; fazendo isso, ela aliviou suas dores.

Décadas atrás, antes que fosse autorizado o uso do toca-fitas na sala de operação, eu levava um desses aparelhos para facilitar o relaxamento dos pacientes e para eu também me sentir bem. No início, o pessoal dizia: "Essa não é a política do hospital — é um perigo rondando os gases anestésicos explosivos", mas quando todos começaram a se sentir melhor ouvindo músicas relaxantes, pararam de criticar. Hoje estudos comprovam os benefícios da música — ela abrevia o tempo da cirurgia, reduz a quantidade da anestesia e abranda as dores pós-operatórias.

Minha receita para escolher a vida e descobrir seu verdadeiro caminho é ter o amor como fator motivador e inspirador. Por isso, faça o que você gosta de fazer e encontre sua própria forma de oferecer amor ao mundo. Fique com os que o aceitam como você é. Aceite os que você encontra. O amor é cego porque não vê defeitos nos outros. Ele também nos ajuda a resolver divergências passadas e a manter relações saudáveis. Aprecio de modo muito especial a seguinte oração: "Deus amado, ensina-me a tratar as pessoas hoje do modo como espero que Tu me trates amanhã". Essa oração nos inspira e ensina a assumir uma atitude de aperfeiçoamento da vida.

Ouvi certa vez um monge franciscano contar uma antiga história sobre São Francisco e seu discípulo Leo. Fazia um inverno gelado nas montanhas da Itália, e eles haviam percorrido uma longa jornada a pé. Caminhando em silêncio, meditavam sobre a leitura da manhã, relacionada ao modo de se alcançar a alegria perfeita. Irmão Leo se virou para São Francisco e perguntou: "Qual é o segredo da alegria perfeita?"

São Francisco explicou que as pessoas em geral acreditam que ocorrências agradáveis e momentos prazerosos ajudam a encontrar a alegria, mas acabam descobrindo que isso não é verdade. Então, apontando para o vale extenso e coberto de neve, disse:

> Suponha que vamos até o mosteiro no outro lado do vale e digamos ao porteiro que estamos exaustos e congelados. Imagine também que ele nos chame de vagabundos, nos agrida com seu bastão e nos expulse, nos obrigando a passar a noite gélida ao desabrigo. Se ainda assim tivermos forças para lhe dizer, com amor no coração: "Deus te abençoe, em nome de Jesus", teremos então, e só então, encontrado o segredo da alegria perfeita.

Abandonando expectativas e ressentimentos e aceitando o que lhe acontecer simplesmente como o passo seguinte no seu caminho, você se afastará do sofrimento e da doença e caminhará com saúde e paz. Quando conseguir amar o inamável e perdoar o imperdoável, você será livre.

Às vezes as escolhas de outras pessoas podem nos influenciar de maneira extraordinária, em especial quando feitas com amor. Uma paciente costumava vomitar depois da quimioterapia, por isso assim que ela entrava no carro, o marido lhe dava uma bolsa de vômito, por precaução. Certo dia, ela apareceu no grupo de apoio toda sorridente. Quando lhe perguntei o porquê, ela disse: "Meu marido me entregou a bolsa de vômito, e ao abri-la encontrei uma dúzia de rosas". Ela nunca mais tornou a vomitar.

A escolha da vida é uma escolha consciente. Não é uma questão de sorte, mas uma decisão consciente de pensar e agir de tal modo que mente e corpo não entrem em conflito. Uma das minhas pacientes não teve efeitos colaterais da radiação, e o terapeuta imaginou que a máquina estivesse defeituosa —

até ver meu nome no prontuário. Ele me disse que só então entendeu: "Esta é uma das pacientes malucas do Siegel". Quando ele perguntou por que ela não tinha efeitos colaterais, a resposta que ouviu foi: "Eu não interfiro e deixo a radiação ir direto para o tumor".

Mencionei pacientes que entregaram seus problemas a Deus e viram seu câncer desaparecer. Essas curas aconteceram como resultado do estado de paz, tranquilidade e amor alcançado por essas pessoas. Damos a esse tipo de cura o nome de cura autoinduzida, e não é uma remissão espontânea. Características de personalidade e potencial para sobreviver são inseparáveis. Em um estudo envolvendo perfis de personalidade, o psicólogo Bruno Klopfer previu de forma correta dezenove vezes em 24 quais pacientes teriam cânceres agressivos e quais teriam cânceres de desenvolvimento mais lento.[1]

Eu incentivo os agentes de saúde a compreender o comportamento de sobrevivência com pacientes excepcionais, perguntando-lhes por que não morreram, em vez de dizer o que os médicos tendem a recomendar, que é: "Você está se recuperando. O que quer que esteja fazendo, continue". Esses médicos não aprendem nada com esses pacientes, nada que possam transmitir a outros pacientes. É de suma importância que os agentes de saúde esclareçam e lembrem aos pacientes o potencial que estes têm para a cura.

Outro aspecto que lembro às pessoas é que os relacionamentos nos mantêm vivos e que precisamos cultivar boas relações também conosco mesmos, de modo a não sentir solidão quando estamos sozinhos. Como um paciente, temos a responsabilidade de cuidar do nosso corpo e de ser solícitos conosco mesmos. Significa que precisamos ensinar ao médico e aos agentes de saúde o que os pacientes sentem. Quando seu médico não compreende seu ponto de vista, diga-lhe isso e ensine-o. Se ele ouvir e se desculpar, continue com ele e ajude-o a aprender com sua experiência. Se ele apresentar justificativas e culpar você, procure outro médico. Esse é outro exemplo de como escolher a vida. Ser um sofredor submisso e um paciente "bonzinho" não é um comportamento de sobrevivência. Você quer ser conhecido como pessoa e não como uma doença ou um número de quarto de hospital.

O Criador instalou mecanismos de sobrevivência em todos os seres vivos, de modo que podemos curar feridas, alterar nossos genes e debelar inúmeras doenças. Seres vivos foram programados para viver. Por isso, viva. Ame sua vida e seu corpo, e coisas impressionantes poderão acontecer.

PRESCRIÇÃO DO MÉDICO

Faça o Teste de Personalidade de Competência Imunológica, baseado nos estudos do doutor George Solomon:

1. Vejo algum sentido no meu trabalho, nas atividades diárias, na família e nos relacionamentos?
2. Consigo expressar raiva de modo apropriado para me defender?
3. Sou capaz de pedir ajuda a amigos e familiares quando me sinto solitário ou enfrento dificuldades?
4. Consigo pedir favores a amigos ou familiares quando preciso?
5. Consigo dizer não a alguém que me pede um favor, caso não possa ou não tenha disposição para atendê-lo?
6. Assumo comportamentos relacionados à saúde baseado em necessidades que eu mesmo sinto, e não em prescrições ou ideias de outras pessoas?
7. Tenho entretenimento suficiente em minha vida?
8. Me percebo deprimido por longos períodos, tempo em que perco a esperança de algum dia mudar as condições que me fazem entrar em depressão?

9. Estou cumprindo de modo submisso um papel prescrito em minha vida, em detrimento das minhas necessidades?

RESPOSTAS:
Se você respondeu "sim" às perguntas de 1 a 7 e "não" às perguntas 8 e 9, você tem uma personalidade de competência imunológica que o ajuda a se manter sadio, a vencer a doença e a enfrentar os desafios quando surgem. Se você respondeu "não" às sete primeiras perguntas e "sim" às duas últimas, você precisa prestar atenção ao seu comportamento e encontrar novas formas de viver. A maioria das pessoas que faz esse teste descobre que tem pelo menos algum espaço para crescimento. Se constatar isso em você, procure adotar novas atitudes e comportamentos que o ajudem a criar uma nova pessoa, e não se restrinja. Recomendo inclusive que escolha um novo nome para esse seu novo ser.

Três acréscimos de Siegel ao Teste de Personalidade de Competência Imunológica:

1. Estou convidando você para jantar. Aonde quer ir?
2. O que você apresentaria a uma plateia para demonstrar a beleza e o sentido da vida?
3. Como você se apresentaria a Deus?

RESPOSTAS:
1. A resposta deve depender dos *seus* sentimentos, não da conta a pagar ou das preferências gastronômicas de quem convida. Esteja pronto a aceitar o presente sem responder à pergunta: "O que *você* quer?"
2. Um espelho.
3. Respondendo "Eu sou Tu" ou "Teu filho está aqui". A melhor resposta que Deus já ouviu de um aluno do en-

sino médio foi: "Diga a Deus que o substituto dele está aqui".

Você encontra a versão on-line desse teste, em inglês, em meu site http://berniesiegelmd.com/resources/organizations-websites/immune-competent-personality-test/.

Capítulo 12
PASSAGENS DO FIM DA VIDA

*"Se quereis realmente contemplar o espírito da morte,
abri inteiramente o vosso coração ao corpo da vida.
Pois a vida e a morte são uma coisa só, do mesmo
modo que o rio e o mar são uma coisa só.*

— Kahlil Gibran

Cheguei à compreensão de que sou como a água. Do mesmo modo que os cursos d'água formam sua trajetória superando e contornando os obstáculos para se juntar ao mar da vida, eu encontro o meu caminho e sigo com ele; e quando me torno vapor ou névoa, retorno à terra como chuva e volto a nascer. Então, se aprendo o que estou aqui para aprender, ajudarei a ensinar outros a se tornarem cocriadores de um mundo pleno de fé, esperança e amor por todas as coisas.

A vida de cada um é como uma vela, cujo comprimento não depende da idade, mas do que cada um está programado a fazer neste planeta. Nossa missão enquanto estamos aqui é iluminar o caminho para o nosso ser e para os outros seres — não nos preocupar com quanto tempo nos resta, mas cumprir a missão. Nós precisamos irradiar, não nos apagar, no tempo que temos. Como disse George Bernard Shaw: "Para mim, a vida não é uma vela curta, mas uma tocha irradiante que seguro por alguns instantes e que desejo que brilhe em todo seu fulgor antes de passá-la para gerações futuras".[1]

Quando uma pessoa desenvolve uma doença grave como o câncer, os familiares também sofrem com a experiência, para a qual raras vezes estão preparados. Eles precisarão não só lidar com a angústia causada pela expectativa da perda, mas também se dedicar ao doente durante o tratamento, alguém cujas necessidades podem impor as mais variadas exigências. A menos que a família já tenha vivido e aprendido com uma perda anterior, ninguém consegue se preparar para esse período de transição, no sentido de que os sentimentos e experiências só se manifestarão quando tiverem de se manifestar, não antes.

Responsabilidades financeiras, mudanças de papéis, e exigências de energia física, mental e emocional, tudo pode ser esmagador nesse período. Pessoas que lidam com a doença na família apenas em nível intelectual podem dar a impressão de enfrentar bem a situação, mas ignorar os próprios sentimentos e necessidades pode deixá-las doentes também. As estatísticas mostram que pessoas que cuidam de pacientes com doenças crônicas ou terminais com frequência sucumbem à doença ou à morte antes, ou pouco depois, da morte do paciente, porque deixam de dar atenção às próprias necessidades físicas e emocionais.

O cuidado consigo mesmo precisa ser uma prioridade, e pode se dar de muitas maneiras. Aceitar a ajuda de terceiros, tirar alguns dias de folga de tempos em tempos, participar de grupos de apoio, se divertir em clubes de riso ou com filmes engraçados, comer bem, criar o hábito de ouvir a voz interior, falar com Deus e deixar Deus responder — todas essas são medidas preventivas que ajudam a superar os diversos estágios pelos quais passa seu ente querido para fazer a transição, ao mesmo tempo que é atendido da melhor forma possível enquanto está vivo. A canção "Rock Me to Sleep" [Embala-me para Dormir], escrita por Tom Hunter e que mencionei no Capítulo 9, expressa isso muito bem: "Esta noite eu gostaria que você me embalasse para dormir; eu gostaria que você me cantasse uma canção; estou cansado de fazer as coisas sozinho, estou cansado de ser tão forte".[2] A atitude de cuidar de si nasce do amor a si mesmo, porque se você não valorizar a si mesmo, a experiência se tornará autodestrutiva e não será proveitosa para ninguém à sua volta.

Os cuidadores precisam se lembrar de que é de suma importância procurar ajuda antes que infortúnios maiores os obriguem a se dar conta da situação. Você não precisa fortalecer pontos fracos. Pode aprender a manejar os elementos difíceis da vida do mesmo modo que uma árvore sobrevive às mudanças do clima. Quando um paciente adota terapias criativas para lidar com a doença, os membros da família podem seguir seu exemplo, obtendo assim muitos benefícios semelhantes aos dele. Os familiares podem se comunicar com seu próprio inconsciente por meio de imagens, desenhos e outras formas de expressão criativa, como ouvir música ou manter um diário. É proveitoso que identifiquem seus temores e seus sentimentos, para então procurar a ajuda de conselheiros ou de grupos de apoio. Lares de repouso também oferecem apoio para familiares, inclusive aconselhamento até um ano após a morte do paciente, e muitas religiões e igrejas organizadas oferecem auxílio semelhante.

Quando um paciente terminal — para quem o corpo já não é um lugar agradável de estar e cuja vontade de viver esmoreceu — realizar um trabalho com desenhos, muitas vezes retrata sua morte iminente sem saber que está fazendo isso.

O desenho pode assumir a forma de uma borboleta roxa ou de um balão se elevando no espaço. Outro sinal é que os desenhos feitos ao longo de um determinado período de tempo vão ficando com cores mais claras, esmaecidas, alertando a família de que talvez tenha chegado o momento de falar sobre o assunto.

Os familiares talvez sintam certo constrangimento em falar com o doente sobre o fim da vida e o que lhe segue, mas pode ser de grande proveito para ambas as partes dar esse passo. Inicie a conversa fazendo ao paciente perguntas como: "O que você está pensando?" e "Como você está se sentindo?" Perguntas como essas ajudam a levantar a questão. Se o paciente não quiser conversar, ele dará sinais nesse sentido. Você também pode usar imagens criativas para introduzir o assunto. Pedir ao paciente que feche os olhos e imagine como se sentiria numa sala totalmente branca quase sempre suscita uma resposta positiva por parte de quem precisa de descanso ou está pronto para uma transição espiritual. Os que não estão preparados para morrer se aborrecem com a imagem de paredes brancas e querem sair da sala ou decorá-la.

Falar das necessidades e sentimentos que você mesmo tem com relação à passagem que se aproxima também pode ajudar quando o paciente está disposto a ouvir. Você pode falar das suas necessidades e ver se ele fala das dele, e se o fizer, vocês podem terminar se aconselhando e ajudando um ao outro. Quando os familiares vencem o medo de falar com o moribundo sobre o futuro, e este se dispõe a abordar a questão, coisas impressionantes podem acontecer. É nesses momentos que criamos a nossa imortalidade.

Alguns anos atrás, Will vivia numa clínica para pacientes com AIDS em Sacramento, quando seus sistemas fisiológicos começaram a falhar. Minha amiga Jean, conselheira de luto voluntária na clínica, sugeriu ao irmão de Will que esse era o momento de lhe fazer as perguntas que talvez tivesse em mente, por exemplo: "Como vou saber que você estará bem depois de partir?" e "Como vou saber que você estará comigo?"

Duas semanas depois, ao se arrumar para participar dos serviços fúnebres de Will, Jean ouviu batidas na porta, mas ao abri-la não havia ninguém. Na soleira, encontrou três penas da cauda de um gaio azul, três penas azuis, perfeitas, belíssimas. Ela as apanhou, admirou e colocou na bolsa. Enquanto dirigia a caminho da igreja, ela ligou o rádio, que tocava uma sinfonia que ela nunca tinha ouvido. A beleza e a leveza da melodia abrandaram seus sentimentos de tristeza pela morte de Will. Ao término da peça, o locutor informou que a sinfonia, de Ottorino Respighi, se chamava *The Birds* [Os Pássaros].

Mais tarde, terminados os serviços fúnebres, o irmão de Will se aproximou de Jean, dizendo:

> Agradeço seu conselho. No dia em que você falou conosco, perguntei ao meu irmão como eu saberia que ele estaria comigo depois de morto; ele respondeu que me enviaria um pássaro azul, de grande beleza e resplendor. Ele chegou a rir e disse que faria o pássaro falar comigo. Hoje de manhã, no trajeto até o carro, um gaio azul pousou aos meus pés, começou a bater as asas e grasnou para mim, de modo que não tive como ignorá-lo. Lembrei-me então da promessa de Will de me enviar um pássaro azul radiante, e falante, e no momento em que me dei conta de que era ele, o pássaro saiu voando. Sinto a presença dele desde então.

Jean tirou as penas da bolsa e as deu ao irmão de Will. Também falou das batidas na porta e da sinfonia no rádio. Enquanto conversavam, a mãe de Will se aproximou com um grande buquê de flores, íris azul-claras, do mesmo matiz azul das penas do gaio. "Não sei quem mandou estas flores", disse. "Quando estávamos saindo de casa, o carro da floricultura estacionou e me entregaram este buquê. Mas esqueceram de incluir um cartão."

O irmão de Will e Jean se olharam. "As flores são de Will", ele disse à mãe. "Ele está nos dizendo que está bem."

Se você é cético, me deixe falar de algumas experiências pessoais e do que por fim convenceu um cientista cético como eu de que a consciência continua existindo apesar da morte do corpo. Nos grupos de apoio, quando eu falava para pais que haviam perdido algum filho, ouvi muitas histórias que eles dificilmente contavam a outras pessoas.

Uma dessas histórias me foi contada por uma mãe que havia perdido um filho, cujo pássaro predileto era a gaivota. Ela disse:

> No inverno, eu dirigia pela rodovia, quando uma gaivota pousou na pista à minha frente. Pude ouvir meu filho dizendo: "Mamãe, diminua a velocidade". Eu parei e a gaivota voou. Comecei a andar novamente, devagar, e ao chegar a uma curva me deparei com uma camada de gelo. Muitos carros já haviam colidido uns com os outros depois de deslizar no gelo. Se eu não tivesse reduzido a velocidade ao ouvir a voz do meu filho, eu também teria derrapado e colidido.

Um pai me falou do filho que havia falecido e que gostava de borboletas. No verão seguinte à morte do filho, o pai caminhava pela mata perto da sua casa em Connecticut, quando uma borboleta enorme e bela começou a segui-lo por toda parte. Ele sentiu que era o filho que voltava para ajudá-lo a lidar com sua tristeza. Ao voltar para casa, ele consultou os livros do filho para identificar a borboleta que o havia seguido e descobriu que a espécie só existia na América do Sul.

Em uma reunião do nosso grupo de apoio a pessoas com câncer, uma mulher mencionou que sua filha fora assassinada. Ela fez essa revelação porque acreditava que o fato estava ligado ao surgimento da sua doença. Depois ela contou que essa filha gostava de pássaros e que no casamento da filha mais nova, realizado ao ar livre, um pássaro havia pousado numa árvore e interrompera a cerimônia com seus gorjeios. Os presentes lhe disseram: "Sua filha está aqui". Quando ela terminou de contar a história, uma ave entrou na sala pela janela aberta, e todos nós, é claro, reagimos do mesmo modo que os convidados no casamento. Durante todos os anos que ocupávamos aquele local, nenhum pássaro havia sequer pousado no parapeito, quanto mais entrado na sala.

Em inúmeras palestras minhas, insetos ficam voando em torno da minha cabeça raspada enquanto eu falo. Em geral eu os espanto uma vez para ver quais são suas intenções. Se eles continuam depois de repeli-los uma vez, sei que estão à procura de um lugar aquecido e acolhedor para pousar e se refazer. Eu explico isso aos presentes para que não se distraiam com o inseto pousando na minha cabeça enquanto continuo falando. Quando o inseto é uma vespa, o pessoal se preocupa, claro, mas pela minha comunicação com ela, sei que não tenho nada a temer. Aprendi a ouvir o que elas têm a dizer, embora não se comuniquem com palavras. Eu recebo os pensamentos delas e elas os meus quando consigo manter a mente tranquila e livre de turbulências, como um lago sereno.

Durante as palestras, eu apresento *slides*, e um deles é a imagem de uma borboleta pousada no ombro da minha mulher. Muitos anos atrás, uma paciente minha foi para a ilha de Kauai, no Havaí, para morrer, porque a mãe morava lá e ela queria se reconciliar com ela antes de sua morte. Alguns anos depois fui convidado a falar e realizar um seminário em Kauai.

Durante nossa estada na ilha, Bobbie e eu fomos fazer compras. Quando entramos numa loja, Bobbie percebeu uma borboleta cauda-de-andorinha gigante presa num grande lustre, confusa com todas aquelas luzes. Movida por seu profundo respeito pela vida, Bobbie sentiu a necessidade de resgatá-la, por isso subiu no balcão e estendeu o braço. A borboleta voou até sua mão, e Bobbie desceu do balcão. Saímos da loja para soltá-la, mas ela não quis voar. Se a espantávamos de um ombro, ela voava para o outro ou para a mão de Bobbie. Então paramos de afugentá-la e deixamos que nos acompanhasse.

Aquela noite eu disse: "Bobbie, você precisa deixar a borboleta partir. Vamos esmagá-la se a levarmos para a cama conosco". Bobbie foi até a varanda, voltou e disse: "Eu a toquei do meu ombro". Eu disse: "Querida, agora ela está no outro ombro". Por fim arrumamos um prato com água doce na mesa da cozinha e a borboleta permaneceu por ali durante toda a noite.

No dia seguinte, depois do café, ela voltou a pousar em Bobbie. Eu a coloquei num saquinho de papel e a levei para o seminário ao ar livre conosco, planejando tomá-la como exemplo na minha palestra sobre transformação e sobre o fato de a vida ser uma série de começos e não de fins. Depois de analisar o simbolismo da borboleta que se liberta do casulo da lagarta, abri o saquinho e soltei a borboleta, como demonstração. Ela passou o dia um pouco acima de nós e só foi embora no fim do seminário. Essa borboleta passou catorze horas com minha esposa, sem contar o tempo do seminário. Por quê? Quem era ela? Minha resposta é que ela representava o espírito e a consciência da minha paciente, sendo esse o modo que encontrou para me agradecer e se despedir.

Uma mulher me escreveu perguntando como lidar com seu pesar pela morte dos pais. Ela disse que não conseguia se acostumar com a ausência deles. Ela ainda conservava o número da mãe no telefone, e tudo o que queria fazer era telefonar-lhe mais uma vez e dizer tudo o que nunca lhe havia dito.

Respondi sugerindo que lesse meu livro *Buddy's Candle* e descobrisse o que os pais queriam para ela. A história ajuda as pessoas a entender que a consciência não acaba e que ainda podemos falar com nossos pais. Você pode ouvi-los responder, pode ter um sonho em que falam com você, ou pode encontrar coisas significativas pela casa e no jardim que o levam a entender que eles estão com você. Seus entes queridos não querem que você sofra e perca a alegria de viver. Eles querem que você usufrua a vida e que não deixe suas lágrimas apagar a vela celestial da vida deles.

Eu vivi os mesmos sentimentos dessa mulher, e sim, eu discava o número da minha mãe, querendo lhe dizer alguma coisa e esquecendo que ela havia morrido. Mas hoje tenho um retrato dos meus pais na saleta de entrada e a fotografia deles no computador como protetor de tela, de modo que estão sempre comigo. Você também pode criar santuários semelhantes pela casa.

Crianças e adolescentes que sofrem a perda de um dos pais precisam de ajuda para lidar com seu luto. Um adolescente parecia estar superando bem a perda do pai. A mãe dependia dele para ajudar com os outros filhos, e ele nunca a havia decepcionado. Um ano depois da morte do pai, porém, sem mais nem menos ele começou a mudar de comportamento e a faltar às aulas. As notas baixaram e ele deixou de participar dos seus esportes preferidos. Suspeitando que se tratava de uma reação retardada à perda do pai, a mãe inscreveu o garoto num grupo de terapia de luto para adolescentes. Eles ouviam música, desenhavam e falavam sobre seus sentimentos. O jovem em geral permanecia calado, até o dia em que os outros o estimularam a falar. Perguntaram-lhe o que ele estava reprimindo, pois sempre parecia muito nervoso com eles e não se abria.

O garoto por fim lhes contou que em torno de um ano após a morte do pai, ele recolheu a correspondência e se deparou com um panfleto da igreja frequentada pela família. No verso estavam relacionados os integrantes da comissão da igreja, um dos quais havia sido seu pai, mas alguém tinha riscado o nome do pai com uma caneta preta. "Quando vi os traços pretos sobre o nome de papai, isso me atingiu fundo — ele está morto", disse o adolescente, com as lágrimas já correndo pelas faces. "Fiquei muito irritado. Depois de tudo o que papai havia feito pela igreja, alguém pegou uma caneta e riscou seu nome como se não importasse, como se ele nunca tivesse existido."

Os outros garotos ouviram em silêncio e o deixaram chorar à vontade, pois haviam aprendido que era de lágrimas de cura que ele precisava. Depois disso, quando lhe falavam, ele se mostrava mais receptivo e disposto a participar do grupo. Esse foi o começo da sua jornada através do luto, e sua mãe relatou que sua atitude melhorou e que suas notas na escola voltaram a subir.

Quando você perde um ente querido, celebre o seu amor por ele e o amor dele por você. Mantenha o diálogo aberto sobre a pessoa que morreu, em particular com as crianças, para que não pensem que a pessoa que elas amavam foi esquecida ou excluída. Lembre às crianças que a pessoa é perfeita novamente e que ainda podem dividir seus pensamentos e sentimentos com ela; o espírito do ente querido saberá. A única coisa imortal nesta vida é o amor, e o amor é a ponte que dá acesso a essa pessoa para sempre.

Não tenho receio de compartilhar com você que tenho ouvido vozes de pacientes e de familiares falecidos falando comigo. Também recorri a videntes para me transmitirem mensagens de pacientes e familiares mortos; nessas ocasiões, esses sensitivos mencionaram os nomes dos falecidos e as expressões características que estes usavam.

Uma última história pessoal: Elisabeth Kübler-Ross, como mencionei, foi uma excelente amiga e professora para mim. Ela me estimulou a falar com os espíritos, o que, na sala de operação, me deu coragem para dizer a um paciente com parada cardíaca: "Sua hora ainda não chegou. Volte". O coração do paciente voltou a bater e ele sobreviveu.

Depois que meus pais faleceram, uma amiga mística, que não conhece minha família, me telefonou e disse: "Seus familiares estão juntos novamente, e muito felizes. Uma senhora que gosta muito de chocolate e de cigarros os está levando para passear. Você sabe quem é?" Antes que eu pudesse responder, ela disse: "É Elisabeth Kübler-Ross. Ela está mostrando o lugar aos seus familiares".

Por isso, viva, aprenda com sua experiência e não deixe que suas crenças bloqueiem sua mente para a verdade a respeito da vida.

PRESCRIÇÃO DO MÉDICO

Tenha uma conversa produtiva com alguém que você ama. Faça duas perguntas: "Que animal você mais admira?" e "Que atributos desse animal atraem sua admiração?" Preste atenção às respostas; se quiser, pode até anotá-las. Quando a pessoa terminar, explique que o fator importante não é o animal, mas os atributos que ela descreveu, porque eles representam as melhores qualidades dessa pessoa. Com essa explicação em mente, observe que direção a conversa toma.

Você também pode perguntar à pessoa amada que animal ela mais gostaria de ter em casa. Pergunte ainda que atributos desse animal chamam sua atenção. Depois de dadas as respostas, diga à pessoa que ela descreveu o companheiro ou parceiro perfeito para ela.

Numa ocasião em que procurei ajudar uma das minhas pacientes a desenvolver sua autoestima, lhe fiz essas duas perguntas. Quando ela respondeu "Odeio animais de estimação e matei meu canário", eu soube que teria muito trabalho pela frente.

Capítulo 13
ESPIRITUALIDADE: ALIMENTE O SEU EU INVISÍVEL

"O ser humano pleno é aquele que enfrentou a autodestruição diante do que William James chamou de 'limite perigoso'... e ousou voltar-se e encarar o universo."

— BERNIE SIEGEL

Há alguns anos, caí do telhado, bati a cabeça e perdi temporariamente a memória. Mas logo descobri muita coisa sobre os benefícios da amnésia. Com ela, meu casamento e minha vida familiar melhoraram de maneira significativa, pois eu esquecia coisas que antes me levavam a criticar ou me deixavam nervoso, ressentido ou magoado. Com a volta da memória, tive momentos difíceis com minha mulher e com meus filhos porque passei a me lembrar dos defeitos deles. Uma amiga terapeuta disse que poderia me ajudar e me poupar anos de terapia. Perguntei como. Ela escreveu alguma coisa num pedaço de papel, me entregou e disse: "Vá para casa, leia o que escrevi e viva o que está escrito aí". O que ela me entregou era a referência a Coríntios 1,13. A passagem descreve o amor e ensina que embora talvez imaginemos ter tudo, sem amor não temos nada.

A pessoa iluminada compreende o poder do amor. Pergunte a si mesmo: "Por que dizemos matar com bondade, torturar com ternura, o amor é cego, amar os inimigos, amar o próximo como a si mesmo?" Aí está a resposta para a vida e a iluminação.

Há alguns anos, foi promovido um ciclo de conferências intitulado "Corpo e Alma". Sempre imaginei que as pessoas tinham mais facilidade de expor a alma do que o corpo, por isso fiz uma apresentação expondo partes do meu corpo para que os presentes percebessem como se sentiam com relação ao próprio corpo. Fiquei chateado no fim, quando alguns se aproximaram e disseram que se sentiam constrangidos ou mesmo mal com o próprio corpo. Para mim o corpo dessas pessoas era perfeito. Hoje, porém, me sinto muito mais inclinado a entrar em contato e a expor a alma.

Precisamos responder à nossa alma e a viver uma vida imbuída de alma. Não sei definir com palavras o que entendo por *alma*, mas a alma contém nosso espírito e nossas necessidades e sentidos mais profundos relacionados com nossa vida e com o modo como a vivemos. Muitos de nós não falamos sobre essas necessidades e sentimentos até que uma crise ou um infortúnio ocorra para nos despertar para a vida. Acredito que sabemos quando estamos vivendo uma vida imbuída de alma pelo modo como nosso corpo e nosso coração se sentem com relação ao que fazemos, pensamos e sentimos. Joseph Campbell disse: "Se você pode ver o caminho aberto à sua frente, passo a passo, saiba que esse não é seu caminho. Você faz seu caminho com cada passo que dá. É por isso que é seu caminho".[1] Ele estava falando em viver uma vida imbuída de alma.

Recentemente, recebi de um terapeuta um livro sobre os benefícios da massagem. Esse terapeuta estava tratando alguém que sofria do que em geral chamamos de transtorno de personalidade múltipla (transtorno dissociativo de identidade). Jung sugeriu — e eu estou convencido de que ele estava certo — que todos somos personalidades múltiplas. Ele acreditava que o objetivo de todo indivíduo é formar um relacionamento com cada uma das suas personalidades, em vez de reprimir uma em favor de outra(s). Ele também acreditava que na psicanálise "o médico precisa estabelecer relação com *ambas* as metades da personalidade do paciente, porque é somente com ambas, e não apenas com uma metade, suprimindo a outra, que ele pode compor um homem inteiro e completo. A segunda alternativa é o que o paciente esteve fazendo o tempo todo".[2]

Eu sei — e minha mulher também sabe, pelo modo como me comporto — que faço coisas e falo de coisas que estão além da minha compreensão, e não sei explicar de onde elas vêm. Aceito totalmente que existem muitos indivíduos dentro de mim. Quando li o livro desse terapeuta massagista, eu me perguntei: "Quando você recebe uma massagem, você sabe de fato *quem* está sendo massageado ou qual dos múltiplos precisa de massagem, mas não a consegue porque uma personalidade mais agressiva a exige e assume o controle do corpo?"

Ao dizer isso, não estou brincando. Sei por experiência própria e por intermédio de casos documentados de portadores de transtorno dissociativo que uma pessoa pode ter alergias, diabetes, asma e outros distúrbios associados apenas a uma personalidade, e que a mudança para outra personalidade elimina a doença ou o problema. Mas quando pensamos nos papéis e situações a que tanto nos apegamos, talvez todos façamos isso até certo ponto. Todos nós precisamos prestar atenção às personalidades que vivem dentro de nós e harmonizá-las com os desejos e as necessidades da nossa alma.

Do meu ponto de vista, tudo na vida tem o objetivo de nos levar a alcançar esse verdadeiro equilíbrio e a usar nosso corpo e luz para resplandecer em nossas ações. Imagine ser uma vela. A chama se eleva ao céu, esperando se unir ao divino; a cera e o pavio representam o corpo terreno e o mantêm integrado e arraigado. A chama consome o combustível de cera, e a qualidade desse combustível se reflete na pureza da chama. A vela ilumina o mundo do qual escolhemos participar irradiando a todos nossa luz e nosso amor. Quando morremos, essa luz e amor passam para as gerações futuras. Nisso consiste a nossa imortalidade. A luz da vela se torna o caminho para o aprendizado da vida, do mesmo modo que as palavras são caminhos para transmitir e compreender ideias.

Eu crio palavras novas com regularidade, a maioria das vezes por toques acidentais no teclado do computador. Mas como disse Jung, não existem acasos, por isso me deixe expor os sentidos que encontrei em alguns desses "neologismos".

Ao escrever um artigo para terapeutas massagistas, errei a palavra *massage* [massagem], criando a palavra *meassagem*. Esse erro me mostrou que existe uma mensagem em nosso toque, ou seja, cada massagem aplicada transmite uma mensagem preciosa. Recentemente eu estava lendo *The Meaning of Love*, organizado por Ashley Montagu em 1953, e mais uma vez fiquei muito impressionado com o poder do toque para expressar o amor. Montagu diz que a falta de toque elevou para quase 100 por cento a taxa de mortalidade prematura de crianças em orfanatos onde os cuidadores temiam que o toque deles transmitisse infecções de uma criança para outra, por isso haviam evitado tocar os bebês. Outra das minhas palavras acidentais foi DDEUS, que para mim indica que devemos fazer as coisas como nosso Criador quer que façamos. O importante não é conhecer a Deus, mas imitar a Deus, e quando faz coisas de DDeus, você faz exatamente isso.

E então apareceu *liove*. Para mim, junção de *living* (viver) e *loving* (amar). Essas duas coisas nunca deveriam ser separadas, mas a humanidade tem um problema com isso, dada a nossa incompreensão da separatividade. Não somos separados; somos diferentes partes de um todo. A separação é meramente uma percepção, não uma realidade. Yin não pode existir sem yang; o símbolo yin/yang mostra duas formas com contornos idênticos que, quando invertidas e combinadas, criam o círculo da totalidade. É a existência de uma que revela a outra. Sem uma das duas, a totalidade deixa de existir. Assim acontece com a vida e com o amor. Lembre-se, viver não é tentar ser perfeito, mas ser completo. Aprender isso é tarefa da alma, e quando você toma consciência de que nada está separado, você se torna completo; sua vida consistirá em viver e amar.

Procuro aprender com as diferentes religiões, de modo a poder captar a mensagem e agir como Deus quer que eu aja. Outro dia eu estava lendo alguma coisa que combina muito bem com a afirmação de Joseph Campbell de que a religião pode ser uma interpretação errônea da mitologia. Em outras palavras, há uma mensagem para nós na religião que é transmitida através de mitos e metáforas, mas que muitas vezes se perde quando os escritos são interpretados apenas em sentido literal. O que eu li dizia que a palavra *Torá* não deve ser entendida no sentido de "bíblia" ou "lei", mas no sentido de "ensinamento ou instrução".

Quando estudo uma religião, quero aprender a viver de modo que minha vida tenha sentido e que as mensagens ensinadas pelas observâncias ou práticas dessa religião aperfeiçoem minha vida e a vida das outras pessoas. Quando interpretamos textos religiosos como sendo a lei, as palavras se tornam um Senhor, e nós entramos em conflito uns com os outros em torno dos sentidos das palavras, ou de quem está obedecendo à lei e de como interpretar a lei. Mas quando vemos a religião como algo que pode nos guiar, podemos ter um diálogo sobre o que vemos dentro dela, e não discutir a respeito de quem está certo e quem vai para o inferno.

Encontrar temas comuns de orientação em religiões, filosofias ou coisas que as pessoas escrevem confirma para mim que esses temas devem fazer sentido e ser eficazes. Quando li *The Power of Myth*, de Joseph Campbell, reconheci em suas palavras o contexto de renascimento, ou de renascido, para o comportamento de sobrevivência. Para Campbell, heroísmo é a vontade de ser si mesmo; o herói é o buscador e "ismo" é o mistério que o buscador procura conhecer. Em outras palavras, você quer trazer para fora o seu verdadeiro eu; você quer renascer e viver os ciclos da mudança. Ao fazer isso, sua natureza interior fala. Seu eu anímico — seu eu verdadeiro — e seu poder se revelam. Isso pode soar pouco prático ou estritamente filosófico, mas é na verdade muito básico.

Nós criamos nossa vida pelo que decidimos, pensamos e fazemos todos os dias. Estamos criando o roteiro para o mito que se torna nossa vida. Na minha vida sempre segui o que considerei certo para mim, e estou muito feliz por ter agido dessa forma, em vez de me preocupar com o que parecia melhor e apropriado para os outros. Não vejo como se tivesse perdido tempo. Quando me entrevistam na rádio, quase no final do programa alguém sempre me dá uma dica, dizendo: "O tempo está se esgotando". Isso me motiva a dizer que algum dia todos nós esgotaremos o nosso tempo.

Desenvolver seu eu espiritual — é nisso que consiste a vida; é considerar as coisas que você decide fazer e ocupar sua mente e seu corpo com elas. Mas trata-se também de ser — não de pensar ou fazer — simplesmente *ser*. Isso lembra a história de um velho agricultor em Somerset, Inglaterra, que se sentava num toco de árvore ao anoitecer e contemplava os campos. Um dia um garoto do povoado passava pelo local e parou para perguntar ao velho o que ele tanto olhava. O colono olhou para o garoto por um bom tempo. Então, com seu falar arrastado, respondeu: "Às vezes eu sento e penso, outras vezes eu só sento".

Somos seres humanos, não atores humanos. Por isso, não se identifique pelo papel ou função que você desempenha; é a sua divindade que define quem você é. Devanear e contemplar sem pensar, em particular observando cenários e paisagens naturais, é outra forma de ocupar o espírito. Quantas vezes você passou por um arbusto em flor, com abelhas e outros insetos zumbindo e recolhendo néctar e pólen? Da próxima vez, se detenha por alguns instantes. Apenas contemple e ouça. Não queira identificar o arbusto nem avaliar a carga que cada abelha carrega nas pernas; desfrute o momento, observe e esqueça que você existe. Torne-se nada e deixe tudo à sua volta ser apenas o que é.

Quando você tiver um problema, entregue-o à natureza e peça uma resposta. Certa ocasião, perguntei como eu ainda poderia ser útil às pessoas, uma vez que me sentia cansado de viajar pelo mundo. A resposta que recebi foi que eu devia espalhar minhas sementes à semelhança de uma flor. Me dei conta então de que eu não precisava viajar. Minhas palavras se tornaram as sementes, e não precisavam ser distribuídas pessoalmente. Meus livros, CDs, websites e entrevistas em rádios e canais de televisão, tudo se tornou o jardim que as pessoas podiam visitar em busca de ajuda. Outra vez, enfrentando um problema que parecia insuperável, alguém me mostrou uma couve-do-pântano que brotava da calçada e florescia ao sol. Eu não podia acreditar que um rebento pudesse ser forte e esperto o bastante para continuar pressionando até rachar a calçada.

Nossos sentidos da visão, audição, olfato e tato foram projetados para alimentar nosso corpo com informações que nos ajudam a sobreviver. Quando os deixamos se expor à beleza e comungar com a natureza, eles também alimentam a nossa alma. Eles nos transportam, dando-nos ciência da nossa ligação com a vida. Quando damos descanso à nossa mente pensante e deixamos que a natureza, a consciência coletiva, estimule nossos sentidos, nossos pensamentos se tornam claros, como o lago plácido que, na ausência de vento ou de ondulações, amplifica os peixes que nadam sob a superfície e, ao mesmo tempo, reflete as nuvens que flutuam no alto. Em momentos como esses é que chegamos a conhecer Deus.

Me pediram muitas vezes que descrevesse o que me faz consciente do meu eu espiritual e de Deus, e das coisas que mudaram minha perspectiva. Muitas dessas experiências estão narradas neste livro e em outros escritos, como a ocasião em que uma voz se fez ouvir em meu estado de calma e serenidade e me disse para ir ao canil onde encontrei o cachorro Buddy depois de escrever *Buddy's Candle*; e outra vez, quando meu pai me apareceu em sonho depois de falecido e me mostrou um modo mais saudável de lidar com a dor — um modo que ajudou muitas outras pessoas a aliviar o próprio sofrimento; e minhas experiências com sensitivos e videntes que reconheceram e até desenharam George, meu guia interior, quando ele ficava ao meu lado enquanto eu fazia as palestras.

É possível que a primeira vez que me dei conta do meu eu espiritual tenha sido aos 4 anos de idade numa ocasião em que estava de cama com uma das minhas frequentes infecções de ouvido. Eu peguei meu telefone de brinquedo e desparafusei o disco. Coloquei todas as peças na boca, como havia visto carpinteiros fazer com pregos para tê-los à mão e tirá-los um de cada vez. O problema foi que aspirei as peças e tive um laringoespasmo. Ainda posso sentir meus músculos intercostais e o diafragma se contraindo de modo violento, tentando mandar um pouco de ar para os pulmões, mas nada ajudava e eu não conseguia fazer nenhum ruído para pedir ajuda. Eu perdi a noção do tempo, e de repente percebi que não estava mais lutando; estava na cabeceira da cama me vendo morrer.

Achei fascinante ficar livre do corpo, uma bênção. Não parei de imaginar como ainda conseguia ver e pensar enquanto estava fora do corpo. Eu me sentia triste porque minha mãe, que estava na cozinha, me encontraria morto, mas reconsiderei e achei meu novo estado preferível. Intelectualmente, escolhi a morte em detrimento da vida.

Então o menino que estava na cama teve uma convulsão agônica, vomitou e todas as peças do brinquedo saíram voando. Ele começou a respirar de novo, e eu estava muito irritado ao voltar ao corpo contra minha vontade. Ainda lembro que gritei: "Quem fez isso?" Meu pensamento de menino de 4 anos foi que havia um Deus que tinha uma programação, e eu não devia morrer naquele momento. Assim um anjo realizou em mim uma manobra de Heimlich. É desse modo que explico hoje.

Na verdade acredito que há uma programação que criamos inconscientemente, ideia essa sustentada por experiências que tive mais tarde na vida. Duas vezes meu carro foi destruído por pessoas que cruzaram o sinal vermelho e bateram em mim, e como eu disse antes, caí do telhado quando o degrau mais alto da escada de madeira quebrou. Em nenhum desses incidentes meu corpo sofreu lesões de maior gravidade.

Ao considerar minha vida como criança, marido, pai, profissional da saúde, artista, escritor, palestrante e todas as múltiplas experiências que me abriram diferentes perspectivas, cheguei a compreender que a vida é inexplicável. Muitas das minhas mudanças de atitude, entendimentos e transformações vieram dos trejeitos e histórias de pacientes e de outros que se tornaram meus professores. Mas o conhecimento de que Deus é uma energia amorosa, inteligente e consciente me veio principalmente através de sonhos, desenhos e experiências de vidas passadas e de quase morte. Todas elas, acredito, foram minhas professoras, uma vez que não as procurei e elas me aconteceram apesar de eu ser quem sou.

Não importa se você está lendo livros meus ou de outros autores, filósofos, professores e orientadores modernos e antigos. Nenhum de nós tem algo novo a dizer sobre a vida, o amor e questões da alma; mas o modo como cada pessoa expressa essa sabedoria é diferente. Cada geração expressa sua própria verdade e, no entanto, cada uma repete a sabedoria antiga. Assim, leia a sabedoria dos sábios e aprenda com aqueles que nos precederam. O caminho que você trilha faz pouca diferença. Não fique esperando que um infortúnio pessoal lhe traga o presente da iluminação. Talvez você conheça o ditado: "Se você procura a iluminação, procure-a como um homem que está com o cabelo em chamas procura água". É necessário esse tipo de desejo para encarar de fato a luz.

PRESCRIÇÃO DO MÉDICO

Leia, leia e leia. Ouça audiolivros e CDs e leia. Estude a vida e as obras de Jesus, Buda, Maomé, Epíteto, Lao-Tzu e outros. Dedique-se à poesia e aos ensaios de mestres como Dante, Rumi, Gibran, Emerson e Thoreau. Pesquise os escritos e palestras de líderes espirituais dos tempos modernos, como Madre Teresa, Dalai Lama, Sri Chinmoy, Joseph Campbell e Jung. Inspire-se lendo as obras de físicos, cientistas e astronautas cuja busca do conhecimento desfez a ilusão de fronteiras entre a Terra e o resto do universo e nos ensinou que estamos *no* universo. Entusiasme-se com expectativa prazerosa. Transforme a leitura numa prática diária, mesmo que apenas por alguns minutos. Abra sua mente e leia com a curiosidade de uma criança. E releia os mesmos livros a cada poucos anos, porque se eles se tornarem mais iluminadores, você se tornará mais iluminado.

Epílogo
TÉRMINOS SÃO NOVOS COMEÇOS

"Conquista-se a verdadeira felicidade aprendendo a amar com tal elevação de espírito de modo a obter a força para enfrentar o sofrimento... Supere o velho amor com um novo amor ainda maior."

— BENEDETTO CROCE

À medida que o esforço criativo aplicado neste livro se aproxima do fim, duas coisas me vêm à mente. Logo depois que cada um dos meus livros anteriores foi para o prelo, ocorreram fatos e surgiram histórias que considerei perfeitos para constarem do livro, mas já era tarde demais para incluí-los. Não será diferente com *A Arte de Curar*, pois quando se começa a pensar sobre certo tema, a consciência atrai uma quantidade ainda maior de material análogo sobre o qual refletir. Ela se conecta com a consciência universal e transforma as crenças e a experiência das pessoas. Quando isso acontece ou a quem acontece, não é coincidência. Jung chamava esse fenômeno de sincronicidade. Outra característica que meus livros têm em comum se resume no ditado: "É preciso uma aldeia inteira para educar uma criança". Ainda não escrevi um livro sozinho, e muito me surpreenderia que alguém já o tivesse feito. Assim como para uma cirurgia é necessária uma equipe de pessoas treinadas e dedicadas, a mesma coisa acontece com um livro.

Durante as etapas finais de editoração, aconteceram fatos que ilustram e ampliam os temas que abordei nestes capítulos. Dessa vez eles ocorreram antes do encaminhamento para o prelo, por isso posso repassá-los a você agora.

ATRAVESSANDO O VÉU

Rita se entusiasmou ao saber que o meu próximo livro abordaria perspectivas criativas que investigam o inconsciente em maior profundidade e que cruzam as fronteiras do tempo, do espaço e da matéria. Ela me escreveu dizendo que recentemente esteve encontrando e fotografando corações na natureza — pedras com forma de coração, uma melancia com formato de coração e até um coração tridimensional de carne grudado na tampa de uma lata de ração para cães! Sempre que acho uma moeda, me lembro do lema: "Em Deus Confiamos"; do mesmo modo, para Rita, os corações representam "No Amor Confiamos". A história mais impressionante que ela me contou, porém, envolve o quadro de sua mãe. Deixo Rita narrá-la em suas próprias palavras.

> Minha mãe estava com quase 80 anos quando participou de um curso de um dia ministrado por uma professora do método de Rudolf Steiner denominado pintura em véu. Trata-se de um método de pintura em aquarela, com bastante água e a aplicação de várias camadas de cores sobre papel. Enquanto o papel seca, deve-se ficar atento para ver o que aparece. Depois do curso mamãe me telefonou para dizer que estava muito decepcionada.

Todas as demais participantes haviam visto árvores e outras belas imagens emergir de suas pinturas, mas a dela não passava de simples pinceladas coloridas. Ela achava que havia feito tudo errado — um modo de pensar que a acompanhou durante toda a vida.

Mamãe era uma mística incrível e estava muito à frente do seu tempo, espiritualmente falando. Ela havia sofrido muitas tribulações no convívio com o pai dela e depois com o meu, mas era uma sobrevivente porque sempre olhava para a frente e jamais desistia, houvesse o que houvesse. Ela respeitava a vida em sua totalidade, todos os seres, e não fazia distinção de qualquer natureza. Fiquei chateada por ela pelo fato de ter alimentado tanta expectativa com relação ao curso e não ter alcançado um bom resultado como as demais alunas.

Na manhã seguinte, ela me telefonou toda empolgada. "Venha ver a minha pintura", ela disse. "Venha rápido! Não posso acreditar no que estou vendo." Saí correndo, e no trajeto ia me perguntando o que de tão extraordinário poderia ter acontecido com a pintura. Ao chegar, fiquei abismada ao ver quatro pequenas figuras humanas emergindo das várias camadas de lavagem colorida. Elas usavam mantos, não tinham rosto, e pareciam estar em várias profundidades, com duas delas mais atrás e as outras se movimentando para a frente, em direção ao primeiro plano do quadro. Mamãe jurou que na noite anterior elas não estavam lá. Ela guardava a pintura no cofre com outros papéis e documentos importantes, de onde a tirávamos de vez em quanto para examiná-la juntas. Uma sensação de energia benevolente envolvia as figuras, dando a impressão de que estavam de fato se aproximando de nós e de que não eram apenas artifícios de cor e água.

Com o falecimento de mamãe, minha irmã e eu assumimos a tarefa de arrumar a casa. Uma das primeiras coisas que fiz foi abrir o cofre e pegar a pintura, porque queria levar aqueles belos seres para casa comigo. Como sempre, ela estava cuidadosamente colocada entre os outros documentos, mas quando a retirei, as figuras não estavam mais lá! A pintura parecia exatamente como mamãe a havia descrito depois de terminá-la — simples camadas de lavagem de cor e nada mais. E a sensação de energia benevolente também havia se dissipado com as quatro figuras. Compreendi então que esses seres eram espíritos ancestrais que haviam se manifestado para mamãe para lhe oferecer proteção e guiá-la na etapa seguinte da sua jornada da vida. Após seu falecimento, não havia mais razão para ficarem aqui. A missão de amor deles estava cumprida.

A história de Rita não me surpreendeu. De início, as figuras benevolentes podem ter aparecido para lembrar à mãe que ela não era um fracasso e para levá-la a perceber que era muito amada. Mas quando ela morreu, elas se tornaram seus guias no caminho para casa.

No início deste livro, lembrei uma ocasião em que eu precisava de energia e ânimo, e passeava com meus cães num cemitério local. Vi então um objeto branco jogado na estrada. Fui até ele, peguei-o e descobri que era um urso de pelúcia com um coração e as palavras *Me* Ame escritas no peito. Voltei para casa recuperado. Guias aparecem em muitas formas, às vezes em algo tão simples quanto um brinquedo, na letra de uma canção ou na previsão de um horóscopo. Às vezes se desencadeia uma sequência de acontecimentos e a pessoa que está sendo guiada tem a impressão de ver eventos desdobrando-se sob a influência de mãos invisíveis.

PROJETE O FUTURO

No dia 30 de dezembro de 2012, enviei para Cindy, minha coautora neste livro, uma cópia da minha análise numerológica que eu havia acabado de receber. Fiquei surpreso por ser uma análise muito precisa e conter uma estimulante previsão para o ano que estava para começar. Nenhuma coincidência. Pelo fato de Cindy e eu termos o mesmo número do Caminho da Vida numerológico, eu sabia que ela estaria interessada em conhecer o resultado da análise:

Os numerólogos consideram 2013 como um ano estimulante em que novos inícios resultam de um impulso e, como uma fileira de dominós em queda, são alimentados por uma série energética de acontecimentos. A pessoa com esse número do Caminho da Vida demonstra independência e confiança e tem o dom de iniciar e organizar projetos e de trabalhar no sentido de alcançar os objetivos. Esse é um período em que a ação deve ser, e será, empreendida com resultados extremamente positivos. Prosseguindo com perseverança, você criará uma vida melhor para si mesmo. Apegue-se ao que enriquece sua alma e favorece seus propósitos de vida, mas abandone o que deixou de ter utilidade ou que o desvia do seu caminho. Crie um novo plano do que gostaria que acontecesse em sua vida. De modo especial nesse ano, os sonhos que você expressa em forma visual são os acontecimentos que você verá se desdobrar.

Cindy mora e trabalha nos Estados Unidos há dez anos. Antes disso ela morou na Inglaterra, onde a filha, o filho e quatro netos continuam hoje. Depois de ler esse mapa numerológico, Cindy revelou que com frequência se sente dividida entre permanecer nos Estados Unidos e voltar para a Inglaterra. Seus netos estão crescendo rapidamente e ela lamenta não participar da vida deles. Ao mesmo tempo, ela tem um amor profundo pelo lugar onde mora; de muitas formas, é como se fosse a casa dela. Nós havíamos terminado de trabalhar sobre a edição do capítulo relativo aos desenhos, então eu lhe disse: "Faça um desenho de você mesma na Inglaterra e outro nos Estados Unidos".

Alguns dias depois recebi um e-mail com apenas um desenho anexo (fig. 70). Cindy escreveu:

Não tive nenhum problema em desenhar a cena de mim mesma na Inglaterra, mas não consegui começar a imaginar que cena desenhar aqui. Olhando essa figura, me sinto muito feliz; mal pude esperar para mostrá-la a você. Estou à esquerda e devo estar meio correndo e meio me agachando para poder abraçar as crianças. Mas não sou boa em me desenhar correndo agachada. De fato, não sei se posso correr agachada! Depois de terminar o desenho, notei que não havia malas. Fiquei me perguntando onde estava a minha bagagem, e então pensei: "Bem, bem, estou deixando toda aquela tralha para trás". E a sensação foi de um novo começo.

Depois de abrir o desenho escaneado de Cindy, comecei a escrever num estilo fluxo de consciência que deixa minha intuição se comunicar no mesmo nível da minha mente analítica. Minha resposta imediata ao desenho de Cindy foi:

Os joelhos estão um pouco dobrados, mas você consegue manter o controle, e os pés dos familiares estão todos voltados para você. Criatura, isso é fantástico. Há oito janelas iguais no avião. Todas as religiões têm sete dias na semana, de modo que o número oito representa um novo começo. Há dez raios amarelos no sol. Dez é um número significativo. Ele deriva do indiferenciado "coisa nenhuma" — o zero — e do "um" (Deus), e assim, você tem criação. (E é também o mês do meu nascimento!) Todas as roupas de vocês são como um arco-íris de cores saudáveis. O marido da sua filha toca você com o braço. Todos os sapatos são da mesma cor, como se a família estivesse na mesma jornada. Os retratados têm todos os sentidos para se comunicar uns com os outros. O neto mais velho está se dirigindo a você, como também sua filha. Todos os seus vínculos com eles estão presentes, com os pés de todos apontados uns para os outros e toda a família se tocando. Tudo indica uma excelente escolha.

As portas se abriram para Cindy quando uma oportunidade totalmente inesperada para voltar para a Inglaterra se apresentou poucas semanas após a criação desse desenho. Sua nova vida começará em outubro — o décimo mês — e Cindy voltará a se juntar à sua família.

Nossa editora ficou encantada ao ouvir essa história e ver o desenho. Esses acontecimentos não poderiam ter ocorrido em momento mais apropriado, nem poderia ter havido exemplo mais animador de como podemos recorrer à nossa consciência criativa para nos ajudar a identificar nosso eu verdadeiro e o futuro que estamos criando. Eles mostraram como podemos estabelecer objetivos promissores e ir ao encontro de milagres que dão sentido à nossa vida. Perguntei a Cindy se eu poderia incluir sua história e desenho no livro. "Acredito que é melhor eu telefonar para minha filha antes e dizer que estou chegando", ela disse, soltando uma sonora gargalhada.

Quando você fechar *A Arte de Curar*, não pense nesse ato como o fim do nosso tempo juntos. Pense nele como o início da sua nova jornada. Você sempre pode voltar a visitá-lo e lê-lo. Descobri que relendo os mesmos livros a cada dois anos, eles que se tornam cada vez melhores, aprofundo o meu desenvolvimento e assimilo verdades que deixei de perceber em leituras anteriores, dado o meu estado limitado de consciência na época.

Por isso, aprenda com as coisas que partilhei com você. Coloque-as no bolso ou na sua caixa de ferramentas e persevere em sua própria jornada de descoberta. Faça os diversos exercícios e veja o que acontece. Reparentalize-se. Recrie-se. Encontre seu verdadeiro caminho e se torne quem você sempre esteve destinado a ser.

Notas

INTRODUÇÃO. AS GRANDES PERGUNTAS

Epígrafe: Platão, citado em M. J. Knight, org., *A Selection of Passages from Plato*, traduzido por B. Jowett (Nova York: MacMillan, 1895), vol. 1, p. 2.

1. E. L. Rossi, *The Psychology of Gene Expression* (Nova York: W.W. Norton, 2002), p. 4.
2. Ibid., p. 481.
3. C. Sylvia e W. Novak, *A Change of Heart: A Memoir* (Boston: Little, Brown, 1997), p. 89.
4. L. McTaggart, *The Field: The Quest for the Secret Force of the Universe*, ed. atualizada. (Londres: HarperCollins, 2008), p. 11, grifo meu.
5. W. Bengston e S. Fraser, *The Energy Cure: Unraveling the Mystery of Hands--On Healing* (Louisville, CO: Sounds True, 2010).

CAPÍTULO 1. O DESPERTAR DO MÉDICO

Epígrafe: Rabino Noah Weinberg, "Way #34: Use Your Inner Guide". Aish. com, 12 de janeiro de 2000, http://www.aish.com/sp/48w/48950651.html, acesso em 9 de maio de 2013.

1. O. C. Simonton, S. Matthews-Simonton e J. Creighton, *Getting Well Again: A Step-by-Step, Self-Help Guide to Overcoming Cancer for Patients and Their Families* (Nova York: Bantam, 1980).

2. C. G. Jung e A. Jaffé, *Memories, Dreams, Reflections* (Nova York: Random House, 1963).
3. G. M. Furth, *The Secret World of Drawings: A Jungian Approach to Healing through Art* (Boston: Sigo Press, 1988).
4. S. Bach, *Life Paints Its Own Span: On the Significance of Spontaneous Pictures by Severely Ill Children* (Einsiedeln, Suíça: Daimon Verlag, 1990).

CAPÍTULO 2. ORIGEM, SIGNIFICADO E VALIDADE DOS SÍMBOLOS

Epígrafe: Meister Eckhart citado em *Archive for Research in Archetypal Symbolism*, orgs., Ami Ronnberg e Kathleen Martin, *The Book of Symbols: Reflections on Archetypal Images* (Köln: Taschen America, 2010), p. 6.
1. G. M. Furth, *The Secret World of Drawings: A Jungian Approach to Healing through Art* (Boston: Sigo Press, 1988), p. 10.
2. C. G. Jung, *The Collected Works of C. G. Jung* (Princeton, NJ: Princeton University Press, 1969), vol. 11, pp. 348-73.
3. J. Campbell e P. Cousineau, *The Hero's Journey: Joseph Campbell on His Life and Work* (Novato, CA: New World Library, 1990); e J. Campbell e B. Moyers, *The Power of Myth* (Nova York: Anchor, 1991).
4. C. F. Baynes, *The I Ching, or Book of Changes*, trad. R. Wilhelm e C. F. Baynes (Princeton, NJ: Princeton University Press, 1968), pp. xxi-xxv. [*I Ching — O Livro das Mutações*, publicado pela Editora Pensamento, São Paulo, 1984.]
5. J. Bartlett, *Familiar Quotations*, 6ª ed. (Boston: Little, Brown, 1980), p. 513.

CAPÍTULO 3. O PODER DA VISUALIZAÇÃO

Epígrafe: Albert Schweitzer citado em M. Harner, *The Way of the Shaman* (Nova York: Harper and Row, 1990), p. 135. [*O Caminho do Xamã*, publicado pela Editora Cultrix, São Paulo, 1980. (fora de catálogo).]
1. A. Pascual-Leone e F. Torres, "Plasticity of the Sensorimotor Cortex Representation of the Reading Finger in Braille Readers", *Brain* 116 (fevereiro de 1993): pp. 39-52.

Epígrafe da seção: J. Hillman, *Healing Fiction* (Woodstock, CT: Spring Publications, 1983), p. 47.

CAPÍTULO 4. SONHOS: A OFICINA CRIATIVA DO CÉREBRO

Epígrafe: C. G. Jung, *Jung on Synchronicity and the Paranorma* (Londres: Routledge, 1997), p. 73.

1. A. R. Morrison, "The Brain on Night Shift", *Cerebrum* (1º de julho de 2003), Dana Foundation website, www.dana.org/news/cerebrum/detail.aspx?id=2950, acesso em 20 de setembro de 2012.
2. S. Hoffman. "The Message", em *A Book of Miracles: Inspiring True Stories of Healing, Gratitude, and Love*, org. B. Siegel (Novato, CA: New World Library, 2011), pp. 56-8.
3. C. Sylvia e W. Novak, *A Change of Heart: A Memoir* (Boston: Little, Brown, 1997), p. 5.
4. G. Holloway, *Dreaming Insights: A 5-Step Plan for Discovering the Meaning in Your Dream* (Portland, OR: Practical Psychology Press, 2002).

CAPÍTULO 5. DESENHOS: QUANDO CONSCIENTE E INCONSCIENTE DIVERGEM

Epígrafe: T. Guillemets, *The Quote Garden*, www.quotegarden.com/guillemets-quotes.html, acesso em 24 de setembro de 2012.
1. E. Kübler-Ross, *On Death and Dying* (Nova York: Scribner, 1997).
2. A. Miller, *Thou Shalt Not Be Aware: Society's Betrayal of the Child* (Nova York: Farrar, Strauss and Giroux, 1998), p. 315.
3. A. Miller, *Breaking Down the Wall of Silence: The Liberating Experience of Facing Painful Truth* (Nova York: Penguin, 1996), p. 153.
4. C. Thomas, "Studies on the Psychological Characteristics of Medical Students" (trabalho de pesquisa, Johns Hopkins University School of Medicine, 1964).
5. S. Bach, *Life Paints Its Own Span: On the Significance of Spontaneous Pictures by Severely Ill Children* (Einsiedeln, Suíça: Daimon Verlag, 1990), p. 39.
6. C. Dunne, *Carl Jung: Wounded Healer of the Soul* (Nova York: Parabola Books, 2000), p. 166.
7. G. M. Furth, *The Secret World of Drawings: A Jungian Approach to Healing through Art* (Boston: Sigo Press, 1988).

CAPÍTULO 6. INTERPRETAÇÃO DOS DESENHOS

Epígrafe: Frase de Georgia O'Keeffe no guia da exposição *Alfred Stieglitz Presents*, citada em Anna C. Chave, "O'Keeffe and the Masculin Gaze", em *Reading American Art*, org. M. Doezema e E. Milroy (New Haven, CT: Yale University Press, 1998), p. 352.

CAPÍTULO 7. ANIMAIS, VIDENTES E INTUITIVOS

Epígrafe: G. Wendroff, *Heavenletters: Love Letters from God* (Fairfield, IA: 1st World Library, 2004), p. 144.

1. M. R. Anderson, "The Child Whisperer", em *A Book of Miracles: Inspiring True Stories of Healing, Gratitude, and Love*, org. B. Siegel (Novato, CA: New World Library, 2011), pp. 35-8.
2. F. Anderson, excerto de um poema inédito, "What If I Were My Cat?". Frances assinou seu poema "Frances (Amante dos Felinos) Anderson".
3. G. Corell, *Equestrian Crossings*, 2012, video, Equestrian Crossings website, www.equestriancrossings.com/video/video.html, acesso em 27 de setembro de 2012.
4. Ibid.
5. T. Crisp, com C. J. Hurn, *No Buddy Left Behind: Bringing U.S. Troops' Dogs and Cats Safely Home from the Combat Zone* (Guilford, CT: Lyons Press, 2012), sobrecapa.
6. Ibid., p. 136, 244. As citações são extraídas de uma entrevista gravada por Cynthia Hurn em 3 de dezembro de 2010.
7. B. Siegel e M. G. Stein, *Buddy's Candle* (Victoria, BC: Trafford, 2008).
8. A. Kinkade, *The Language of Miracles: A Celebrated Psychic Teaches You to Talk to Animals* (Novato, CA: New World Library, 2006).
9. A história de Olga encontra-se em E. Cerutti, *Olga Worrall: Mystic with the Healing Hands* (Nova York: Harper and Row, 1975).

CAPÍTULO 8. SOLTE O RISO

Epígrafe: B. Siegel, *Prescriptions for Living: Inspirational Lessons* (Nova York: HarperCollins, 1998), p. 15.
1. A história de Norman é narrada em N. Cousins, *Anatomy of an Illness as Perceived by the Patient* (Nova York: W. W. Norton, 2005).
2. D. Spoto, *Notorious: The Life of Ingrid Bergman* (Cambridge: DaCapo Press, 2001), p. 165, destaque meu.
3. B. Siegel, "Divorce", em *Prescriptions for Living: Inspirational Lessons for a Joyful, Loving Life* (Nova York: HarperCollins, 1999), p. 16.

CAPÍTULO 9. SIMULE ATÉ CONSEGUIR

Epígrafe: Helen Keller citada em W. Fogg, *One Thousand Sayings of History: Presented as Pictures in Prose* (Boston: Beacon Press, 1929), p. 17.
1. Child Welfare Information Gateway, *Understanding the Effects of Maltreatment on Brain Development* (Washington, DC: Department of Health and Human Services, 2009), www.childwelfare.gov/pubs/issue_briefs/brain_development/brain_development.pdf, acesso em 24 de setembro de 2012. Para mais informações e recursos sobre esse assunto, ver a página do U.S. Department of Health and Human Services: www.childwelfare.gov/pubs/can_info_packet.pdf.
2. Dados estatísticos extraídos de Alcoholics Anonimous, www.aa.org/em_pdfs/smf-53_en.pdf, acesso em 12 de fevereiro de 2013.

3. T. Hunter, "Rock Me to Sleep", de *Bits & Pieces*, 1977, CD, www.tomhunter.com/store/bits&pieces.htm, acesso em 24 de setembro de 2012.

CAPÍTULO 10. PALAVRAS PODEM MATAR OU CURAR

Epígrafe: J. Hillman, *Healing Fiction* (Woodstock, CT: Spring Publications, 1983), p. 46.
1. Lao-Tzu, *Tao Te Ching*, trad. para o inglês de S. Mitchell (Nova York: Harper Collins, 2000), p. 44. [*Tao-Te King*, publicado pela Editora Pensamento, São Paulo, 1987.]

CAPÍTULO 11. ESCOLHA A VIDA

Epígrafe: Bernie Siegel
1. B. Klopfer, "Psychological Variables in Human Cancer", *Journal of Projective Techniques* 21, nº 4 (dezembro de 1957): pp. 331-40.

CAPÍTULO 12. PASSAGENS DO FIM DA VIDA

Epígrafe: K. Gibran, *The Prophet* (Ware, Hertfordshire: Wordsworth Editions, 1997), p. 50.
1. Citado em F. Hesselbein, "A Splendid Torch", *Leader to Leader* 22 (Outono de 2001): pp. 4-5.
2. T. Hunter, "Rock Me to Sleep," from *Bits & Pieces*, 1977, CD, www.tomhunter.com/store/bits&pieces.htm, acesso em 24 de setembro de 2012.

CAPÍTULO 13. ESPIRITUALIDADE: ALIMENTE O SEU EU INVISÍVEL

Epígrafe: Bernie Siegel
1. J. Campbell, *Reflections on the Art of Living: A Joseph Campbell Companion*, org. D. K. Osbon (Nova York: HarperCollins, 1991), p. 22.
2. C. G. Jung, *The Undiscovered Self*, trad. R.F.C. Hull (Londres: Penguin, 1958), p. 87.

EPÍLOGO. TÉRMINOS SÃO NOVOS COMEÇOS

Epígrafe: Benedetto Croce, citado em L. Chang, *Wisdom for the Soul* (Washington, DC: Gnosophia, 2006), p. 484.

Índice Remissivo

A
abordagem mente-corpo-espírito, 29, 45-6
Academia Americana de Médicos de Família, 41
aconselhamento familiar, 175
acupuntura, 155
adversidade, como oportunidade de aprendizado, 211-13
afirmações subliminares, 202
afirmações, 199-202
agorafobia, 187
agressores/agressão moral, 175-80, 181-82
Alcoólicos Anônimos, 43, 184
alergias, 80, 233
Allende, Isabel, 44
alma, 232
alma, eu da, Ver vida/eu
alunos de medicina, desenhos de, 101-02
amarelo, cor, simbolismo do, 99-100, 126

amnésia, 231
amor/animais e, 134-37, 143
  imortalidade do, 229, 234
  importância do, e cura, 124-25, 126, 231-32
  indiferença como oposto do, 176
  parentalidade e, 175, 179-80
  riso e, 156
  verbalização, 175
Anatomy of an Illness as Perceived by the Patient (Cousins), 160
Anderson, Mary Rose, 137-38
anestesia, 195
animais
  comunicação com, 10, 143-51
  conhecimento comunicado por, 16
  de apoio, 141-42
  de serviço, 141-42
  efeito terapêutico dos, 134-37, 137-43
  estados de sono dos, 58
  eutanásia de, 151-52

255

palavras e percepções dos,197-98
Receita do Médico, 137
respeito pela vida ensinado por, 177-78
aparições, 224-27
apendicite, 98, 191
apoio, grupos de, 221
aposentadoria, 209
arco-íris, 95-6, 109
arquétipos, 36-7, 46-7
árvores, como símbolos, 106-09, 127
Asclépio (divindade grega), 41
asma, 188, 233
Associação Médica Holística Norte-
-Americana, 152
atitude
    de valorização da vida, escolha de, 206-19
    mudança de, 202-05
    saúde afetada por, 41-2
    tratamento do câncer e, 23, 78
atos de bondade, relacionar, 203-04
autocompreensão, 90-2
autocura
    potencial humano para a,17-9, 54
    símbolos da, 41-6
    visualização para, 54-5, 78
auto-hipnose, 51-2, 78
autoimagem, desenhos sobre, 111-17 (figs. 35-46)
autopiedade, 202
autorretratos, 84
azul, simbolismo do, 95, 96, 99, 120, 124

B

Bach, Susan, 26-7, 88, 90, 122
Bengston, William, 17, 152
Bergman, Ingrid, 162
Boo Boo (gato), 143
Book of Miracles, A (Siegel), 61
Braille, 34
"Brain on Night Shift, The" (Morrison), 57

branco, cor, simbolismo do, 104, 126
Breaking Down the Wall of Silence (Miller), 79
Bruce, Terry, 167-68
Buda, 240
Buddy (cachorro), 145,147,148-50
Buddy's Candle (Siegel), 144-45, 227, 238
Budismo, 36
Burk, Miriam, 139

C

caminho escolhido pelo coração, 185
Campbell, Joseph, 37,232,235,236,240
Câncer
como tema de desenho, 84,100,102-03 (figs.19-20), 125 (figs.55-6)
    escolha de palavras e diagnósticos de, 198-99
    previsão de, 80-1
    taxas de sobrevivência, 209
casa de repouso, atendimento, 72-3
cavalos, 127, 139-40
celular, comunicação, 10
    bases químicas da, 40
    evolução da, 31-2
    inteligência por trás,11
    resposta à, 32-3
    modulação da expressão gênica e, 13-5
    evidências da, 15-6
    respostas de sobrevivência iniciadas pela, 14-5, 40-1
células, conhecimento
    lembranças armazenados nas, 15
cérebro, lados direito/esquerdo, 48-9
Change of Heart, A (Sylvia),15, 68-9
Chinmoy, Sri, 240
circuncisão, 99, 115-16
cirurgia junguiana, 19
cirurgia
    desenhos e escolha do paciente da, 77-8
    sob hipnose, 46-51

Ver também cirurgia junguiana
Cirurgião
   autor como, 21-2
   comunicação com pacientes, 22-3, 28-30,193
      escolha de palavras na sala de operação, 193-94
      estresse sentido por, 22
      visualizações de, 24
cisto ovariano, 191
clarividência, 10
coelhos, 146-47
coincidências, 11-2, 145, 209-11, 233-34
colapso emocional, prevenção, 11
compaixão, efeito terapêutico da, 42-3
comunicação
   com a inteligência superior, 11
   com animais, 10, 144-51
   com os mortos, 10, 13, 154-55
      imagens como meio de, 33-5
      médico-paciente, 22-4, 28-30
      símbolos como meio de, 34-9
      Ver também celular, comunicação
Conhecimento
   armazenamento celular do, 15
   comunicação animal do, 16
      subconsciente, 21, 25
consciência
   como campo universal,14
   como não local, 143-44
   continuação da, após a morte, 223-25
      durante experiências de quase morte, 10
      inteligência e, 32
controle da raiva, 175, 178, 216-17
coração sobre palma de mão aberta, como símbolo, 42
Corell, Gail, 21-2
Cores
   em desenhos, 95-7 (figs.1-5)
   simbolismo das,35, 84, 85-7, 89

Cousins, Norman, 160
CRADLE (dicas para pais), 180
Creighton, James, 24
criança interior, 209
crianças/filhos
   agressão (*bullying*) e, 176-80
   desenhos feitos por, 84, 98-100, 115-16, 131-32, 174
   desenvolvimento, 174
   escolha das palavras com, 194
   lembranças traumáticas de, 79--82, 175-77
   luto dos, pela perda dos pais, 228
   reparentalização para, 181-83
criatividade, 211-13
Crisp, Terry, 140-41
crítico interior, 182
Croce, Benedetto, 241
Croker, Betty, 198-99
Croker, Fred, 185
Cuidadores
   cuidado de si mesmos, 221-22
      período de transição para, 221
cuidar de si mesmo, 221-22
culpa, 84, 200
cura energética, 152-54

D

Dalai Lama, 240
Dante, 240
decisão, tomada de, 185
depressão, 38-40, 112, 114-15
desafios da vida, como oportunidade de aprendizado, 211-13
desenhos, espontâneos
   autocompreensão como benefício dos, 91-2
   avaliação dos, 84-90
   como recurso médico adicional, 74-5
   criação dos próprios, 84
   da coautora, 244-47
   de idosos, 91

de pacientes terminais, 87-8, 222
de temas familiares,127-33 (figs.61-70)
diagnósticos baseados nos,26, 82-3
escolha de tratamento baseada no, 76-8
experiência do autor, 73-4, 114 (fig.40)
instruções escritas para, 117
medo e, 161
movimento/direção nos, 88
problemas familiares revelados nos, 174-75
Receita do Médico, 93
recursos para, 89-90
relacionados com a autoimagem, 110-17 (figs.34-46)
relacionados com a cor, 95-6 (figs.1-4)
relacionados com anatomia, 97--100 (figs.6-12)
relacionados com natureza, 106--10 (figs. 28-34)
relacionados com tratamento, 118-27 (figs. 47-60)
sabedoria interior acessada através de, 17
sobre o futuro, 58-9, 100-06 (figs. 13-27)
sobre o passado, 59, 81-2
sobre o presente, 59
teoria dos quadrantes nos, 87-9
uso de por Kübler-Ross, 73
uso pela terapia, 29
visualização e, 78
desenhos, pré-históricos, 35
Deus
  afirmações e, 200-01
  animais como criação de, 143
  chegar a conhecer, 238-39
  consciência e, 58-9
  cura por, 58, 208-09, 216
  desenhos sobre, 77-8, 119, 121, 126
  diálogo com, 62, 221-22
  luz de, visualizando, 51-2
  palavras acidentais e, 234
  sinais como metáfora para, 39
  tomada de decisão e, 185
  vida como presente de, 14, 116
  vontade de,212
  vozes e, 144-45
devaneio, 237
diabetes, 233
diário, manter,188-89
dieta, 221
  como tratamento do câncer, 53-4, 77
distúrbios digestivos, 80
distúrbios emocionais, 96
"Divórcio" (poema; Siegel), 169-70
doença cardíaca, 80
doença mental, 202
doença
  como oportunidade de aprendizado, 211
  como perda da saúde, 41
  estresse como causa de, 32-3
  prevenção da, 10
  previsão da, 79-80
  relações viciadas com pais como causa de, 80, 83, 173-74
doenças respiratórias, 80
doze passos, programas de, 183-84
Dreaming Insights (Holloway), 69
dualidade, 41-2

E
Eckhart, Meister, 31
Emerson, Ralph Waldo, 240
emoções, análise das, como terapia, 29
emoções, taxas de sobrevivência afetadas pelas, 209
endorfinas, 157, 203-04
energia, benevolente, 242-44
Energy Cure, The (Bengston), 16-7, 152
Epiteto 240

EPOH (protocolo quimioterápico), 197
Equestrian Crossings (programa hipoterapêutico),21-2
Erickson, Milton 194
escaneamento PET, 50
Escola de Medicina de Harvard, 50
Escola Médica Johns Hopkins, 79
espírito, continuação da vida do, após a morte, 224-27
espiritualidade, desenhos sobre, 129-30
espondilite anquilosante, 160
esportes, visualização usada nos, 49-50
estresse
    de cirurgiões, 22
    sonhos e, 59-62, 63-4
    doença causada por,32-3
estruturas anatômicas
    desenhos de, 97-100 (figs.6-12)
    sonhos de, 63
exercício, 136, 164
exercícios, prescritivos. Ver Prescrição do Médico
experiências de quase morte do autor, 13, 239-40
    consciência durante, 10, 143
experiências de vidas passadas, 13, 154, 239-40
expressão gênica, modulação da, 13-5

F

Família
    desenhos sobre, 106 (fig. 27), 127-33 (figs. 61-70)
    Prescrição do Médico, 133
fé, salto de, 207-08
"Felicidade" (poema; Siegel), 156
felicidade, 162
Field, The (McTaggart), 15
Finding your True Self (CD; Siegel), 202
física quântica, 15, 16
fMRI, 50

Furphy (cachorro), 144-45, 147-50
Furth, Gregg, 26, 35, 90
futuro, o
    desenhos prevendo, 58-9, 87-8, 100-06 (figs. 11-27)
    projetando, 244-47
    sonhos prevendo, 58

G

gatos, 137-39
George (guia interior do autor), 153, 238
Getting Ready (CD; Siegel), 78, 119-20
Getting Well Again (Simonton et al.), 24
Gibran, Kahlil, 220, 240
guias interiores, 153, 239
Guillemets, Terri, 72

H

harmonia interior, 10
Harry o Encantador de Crianças (gato), 138-39
Hero's Journey, The Jornada do Herói, A (Campbell), 37
Hillman, James, 55, 191
hipertensão, 135
hipnose, 51, 78
hipoterapia, 139-40
Hitchcock, Alfred, 162
Hoffman, Susan, 61
Holloway, Gillian, 69
honestidade emocional, 204
hormônios, ligação, 203-04
humor, 156, 159-60
    Ver também riso
Hunter, Tom, 186, 222
Hurn, Cynthia J., 244-47
Hurst, Andrea, 62

I

I Ching, 37-8
idosos, desenhos feitos por, 91
imagens cerebrais, 50

imagens
    como meio de comunicação, 33-4
    mentais, (*ver também* visualização) 48-9
imortalidade, 229, 234
inconsciente, o, 10
intuição, 10, 209-11
invisível, o, 10

J
James, William, 231
Jesus, 240
jogo de palavras, 118-19
Jung, Carl Gustav, 240

K
Keller, Helen,138, 172
Kinkade, Amelia, 143, 145-47
Kirbey (cavalo), 139-40
Kübler-Ross, Elisabeth, 25, 72-4, 185, 229

L
Language of Miracles, The (Kinkade), 146
Lao-Tzu, 201, 240
laranja, cor, símbolo da, 98, 104, 124
leituras, lista de, 240
leucemia, 196
Life Paintes Its Own Span (Bach), 26, 90
Linguagem da criação e da alma, 10
    expressão da, 13
Love, Magic, & Mudpies (Siegel), 180, 197
Love, Medicine & Miracles (Siegel), 51-2
luto, 227-30, 239

M
Maomé, 240
marrom, simbolismo do, 125
massagem, 155
mastectomia, 203
matéria, 17
Matthews-Simonton, Stephanie, 24

McTaggart, Lynne, 15
Meaning of Love, The (Montagu), 234
Médicos
    escolha dos, 53-4
    habilidades de comunicação, 75, 193
    humor e, 157-58
meditação, 29
medo
    como resposta de sobrevivência, 161
    de tratamento, 78, 102
    negatividade oriunda do, 160
    riso e alívio do, 161-62
memória
    armazenamento celular da, 15
    doença e, 79-81
    traumática, 79-82, 175-77
mente aberta, 10, 16-7, 45-6, 74, 155
Miller, Alice, 79
mitologia, 235
Montagu, Ashley, 234
Moribundos
    conversas com, 223
    desenhos feitos por, 87-8, 222-23
Morrison, Adrian, 57
morte
    como processo de crescimento, 72
    continuação da consciência, 223-27
    desenhos prevendo, 87-8 (fig 24)
    previsão da, 86
    riso durante processo de, 165-69
mortos, os
    comunicação com, 10, 12, 154-55
    continuação da consciência dos, 223-27

N
não localidade, 15, 16, 143-44
não, aprender a dizer, 204-05, 217
natureza, 237

desenhos sobre, 106-10 (figs. 28--34)
negatividade, 160, 184, 193, 199-201, 202
neurogênese, 13-4
No Buddy Left Behind (Crisp) 140-41
números, como símbolos, 44, 81-2, 87, 89, 109, 126, 145, 244-45

O

obstrução intestinal, 97-8
O'Keeffe, Georgia, 94
On Death and Dying (Kübler-Ross), 72
Operação Baghdad Pups, 140-41
operações, como tema de desenho, 104-05 (figs. 22-3), 120(fig. 50), 125 (fig. 57)
orientadores de vida, 201
otimismo, 160
ouvir, 189-90, 208-11
oxitocina, 135

P

paciente, definição, 123
Pacientes Excepcionais de Câncer (grupo de terapia), 18,29-30,45-6, 183
pais
    cansaço sentido pelos, 172-73
    relacionamento com, e doença, 79-80, 83, 173-74
    relaxamento necessário para, 173
palavras
    afirmações, 199-202
    como sementes, 237
    efeito terapêutico das, 196-97
    erradas, mensagens contidas em, 234-35
    mudança de atitude e, 202-05
poder das, 191-99
Prescrição do Médico para, 205
Paradoxo, 118
paralisia, 130

parentalidade
    curso de, 175
    fadiga resultante da, 24-56
    problemas da, 174-80
    reparentalização, 181-83
    sugestão CRADLE, 180
Pascual-Leone, Alvaro, 50
passado, o
    desenhos sobre o, 59, 81-2, 87-8
    lembranças do, e doença, 78-81
    sonhos sobre, 58, 65-66
passagens do fim da vida, cuidadores e, 221-22
    aparecimentos, 223-26
    desenhos e, 222
    luto, 227-30
    preparação para, 221
    Receita do Médico,230
pássaros, simbolismo dos, 108
Patton (cachorro), 141
pensamentos suicidas, 38-9, 103 (fig. 21), 196-97
percepção, dualista, 40-2
perguntas, importantes, 10
personalidade
    índices de sobrevivência afetados pela, 209
    múltipla, 233-34
pessoas queimadas, 191-92
Pickles (cachorro), 150-51
pintura em véu, energia na, 242-44
plantas, sabedoria interior das, 31-2
Platão, 9
Power of Myth, The (documentário Campbell), 37, 236
prática da atenção plena, 36
presente, o
    desenhos sobre, 59, 87-8
    sonhos sobre, 59
    viver no, 185-86
pressão sanguínea, 135
preto, simbolismo do, 96-7, 104, 106, 108, 112, 115, 124, 125, 126, 128
1 Coríntios, 232

programação (inconsciente), 239-40
Psicologia junguiana, 26-7, 36-7, 72
psicologia, 118-19
psique, 17
Psychobiology of Gene Expression, The (Rossi), 14
"Psychological Factors, Stress and Cancer" (seminário; 1977), 23, 28-9
púrpura, cor, simbolismo da, 86, 109, 129
"Púrpura" (poema; Rotella), 197

Q

quadrante, teoria do, 87-8
quimioterapia, 52-3
    baixa autoestima depois da, 202-03
    desenhos e escolha do paciente da, 75-8
    desenhos sobre, 118, 120-21, 126-27
    escolha de palavras do paciente e, 196, 197
    medo da, 102
    poder de sugestão e, 195
    protocolo EPOH, 197

R

radiação, tratamento por, 51
Receita do Médico
    animais, 137
    desenhos, espontâneos, 93
    família, 133
    palavras, 205
    passagens do fim da vida, 230
    riso, 164-65
    símbolos/simbolismo, 46-7
    sonhos, 71
    uso, 17-8
    vida autêntica, 217-19, 240
    visualização, 55-6
recorrência imagética, 16-7
Reiki, 155
religião, e mitologia, 235
reparentalização, 181-83
respant, 123
Respighi, Ottorino, 224
respiração, concentração na, 186
ressonância magnética, 113-14
riscos, correr, 207-08
riso
    amor e, 156
    com os moribundos, 165-69
    efeito terapêutico do, 156-59, 162-64, 209
    forçado, 163-64
    natureza contagiosa do, 158, 169-71
    Prescrição do Médico, 164-65
    yoga do, 163-64
Rock Me to Sleep (canção; Hunter), 222
Rossi, Ernest, 13-4
Rumi, 240

S

Sampson (cachorro), 142
Schweitzer, Albert, 48
Secret World of Drawings, The (Furth), 26, 35, 90
Selzer, Richard, 25
sensitivos, 10
separatividade, 235
serpente, como símbolo, 41-2
Shakers, 42
Shakespeare, William, 168
Shaw, George Bernard, 221
Siegel, Bobbie, 110, 158-59, 169-71
Siegel, Kit de, 120, 178
Símbolos
    como meio de comunicação, 34-9
    Prescrição do Médico para, 46-7
    simbolismo
    sonhos e, 59
    de cura, 41-6
Simon (cachorro), 145
Simon (gato), 146
Simonton, Carl, 23-4, 28
simular, 201

"Sinais de Alerta de Bobbie", 170-71
sinais, à procura de, 39-40
sincronicidade, 145, 209-10, 241-42
sistema imunológico,
    influências negativas sobre, 80,161, 172, 209
    riso e, 162-64
    tratamento para doenças que afetam, 41
    visualização e, 51-2, 78
Smudge Eliza-Bunny (coelho), 146-47
sobrevivência, respostas de
    afirmações e,199-201
    genes e início de, 14-5
    medo e, 161
solidão, 209
Solomon, George, 217-18
Somerset (Inglaterra), 236-37
sonhos
    com doadores de órgãos, 15, 68-9
    com o passado, 59, 67-8
    com o presente, 59
    de estruturas anatômicas, 63
    diagnósticos baseados em, 26, 60
    escolha do tratamento baseada nos, 61-3, 64-5
    experiência do autor, 58, 61
    interpretação dos, 68-9
    linguagem pictórica dos, 59
    mensagens positivas contidas nos, 66-9
    processo dos, 59, 63
    Receita do Médico, 71
    relacionados com o estresse, 59-62, 63-4
    sabedoria interior acessada através dos, 17
    sobre o futuro, 59
        uso pela terapia, 29
sono, 57-8
Spring, Blake (pseud.), 209-10
Steiner, Rudolf, 242
subconsciente, informação do paciente recebida do, 75

sugestão, poder da, 194-95
Sullivan, Annie, 138
Sylvia, Claire, 15, 26

T

Talmud, 71
teoria dos arquétipos de, 36-7
    habilidades de diagnóstico, 26, 60-1
    introdução ao I Ching de, 37-8
    sobre coincidência, 234
    sobre números, 89
    sobre personalidades múltiplas, 233
    sobre psique e matéria, 17, 40
    sobre sonhos, 57
Teresa, Madre, 240
terminal, atendimento, 72
Teste de Personalidade de Competência Imunológica, 217-19
Thayer, Cathy, 63-4
Thomas, Caroline, 79-80
Thoreau, Henry David, 240
Tourette, Síndrome de, 137
transplante de medula óssea, 119
transplantes de órgãos, 15, 68
transtorno de estresse pós-traumático,140-42
transtorno opositivo-desafiador, 137
tratamento do câncer,
    atitude positiva e, 23, 78
    efeitos colaterais do, 75, 78
    escolha do, 51-2, 75-8, 196
    medo do, 78
    sonhos e, 62-3, 64-5
    visualização e,51-3
tratamento, desenhos sobre, 118-27 (figs. 47-60)
triângulo, como símbolo, 43

V

verde, simbolismo do, 87, 95, 99, 108, 125
vergonha, 200

vermelho, cor, simbolismo da, 95-6, 120-21, 126, 128, 130-31
vícios, 137
vida/eu autêntico, 18-9, 190, 246-47
    de cada um, 106-07, 186-87, 207
    doença como oportunidade, 174
    eu espiritual, 236-40
    experiência do autor, 173
    mudança e, 67
    negatividade e perda da, 202
    Receita do Médico, 217-18, 240
    sinais e, 39-40
visualização
    áreas do cérebro envolvidas na, 48-9
    de procedimentos cirúrgicos, 24
    desenhos e, 78-9
    nos esportes, 50-1
    pesquisa científica sobre, 50
    Prescrição do Médico para, 55-6
    processo de, 59
    terapia com, 29, 54-5, 78, 119
vozes, ouvir, 68, 144-45, 229, 238

W
Weinberg, Noah, 21
Wells (Inglaterra), 34
Wendroff, Gloria, 134
Whittier, John Greenleaf, 38
Worrall, Olga, 152-53

X
xamanismo, 35

Y
yin/yang, 235
yoga do riso, 164

Z
zen-budismo, 164

Figura 1 (página 95)

Figura 2 (página 95)
(No desenho: Mas quando estou feliz, meus sentimentos são assim)

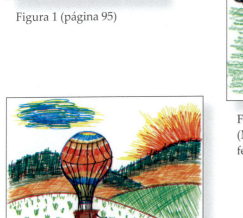

Figura 3 (página 96)

Figura 3 (páginas 96-7)

Figura 5 (página 97)

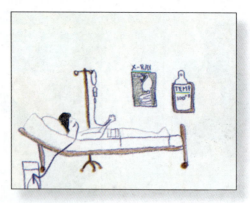

Figura 6 (páginas 97-8)

Figura 7 (página 98)
(No desenho: Apendicite)

Figura 8 (páginas 98-9)   Figura 9 (páginas 98-9)

Figura 10 (páginas 99-100)

Figura 11 (páginas 99-100)

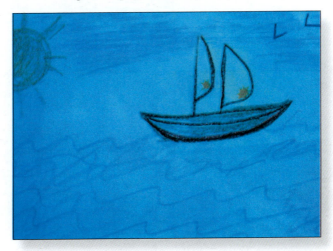

Figura 12 (páginas 87, 100)

Figura 13 (páginas 92, 100-1)

Figura 14 (páginas 92, 100-1)

Figura 15 (páginas 92, 100-1)

Figura 16 (páginas 101-2)   Figura 17 (páginas 101-2)

Figura 18 (páginas 76, 102)

Figura 19 (páginas 87, 102-3)

Figura 20 (páginas 102-3)

Figura 21 (páginas 88, 103)

Figura 22 (páginas 59, 104-5)

Figura 23 (páginas 104-5)

Figura 24 (páginas 87, 89, 105)

Figura 25 (página 105)   Figura 26 (página 105)

Figura 27 (página 106)

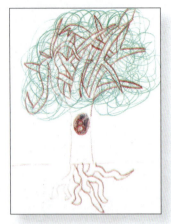
Figura 28 (página 106)

Figura 29 (página 107)
(No desenho: Muito obrigada pelo seu livro. Com amor, Cindy)

Figura 30 (páginas 107-8)

Figura 31 (página 108)

Figura 32 (página 109)

Figura 34 (página 110)

Figura 33 (páginas 109-10)

Figura 35 (página 111)

Figura 36 (páginas 111-2)

Figura 37 (página 112)

 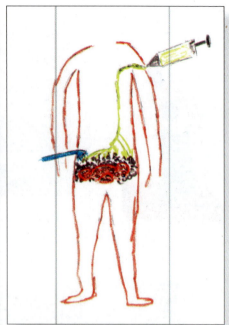

Figura 38 (páginas 112-3)   Figura 39 (páginas 112-3)

Figura 41 (páginas 114-5)

Figura 40 (página 114)

Figura 42 (página 115)
(No desenho: Vire)

Figura 43 (página 115)

Figura 44 (páginas 90, 115-6)

Figura 45 (páginas 81, 116)

Figura 46 (página 117)

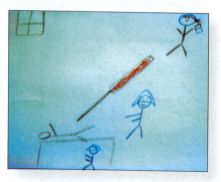

Figura 48 (página 119)

Figura 47 (páginas 118, 120)

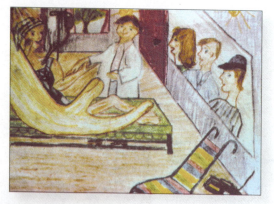

Figura 49 (páginas 119-20)

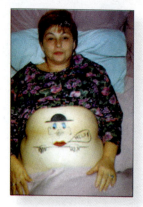

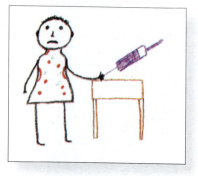

Figura 51 (páginas 120-1)

Figura 50 (página 120)

Figura 52 (páginas 78, 121-2)

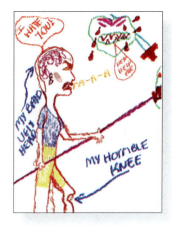

Figura 53 (páginas 122-3)
(No desenho: Eu te odeio!
— Socorro, me ajude!
— Minha cabeça careca e feia — Meu joelho horrível)

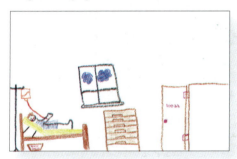

Figura 54 (páginas 124)

Figura 55 (página 125)

Figura 56 (página 125)

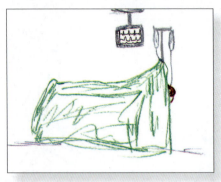

Figura 57 (páginas 77, 125)

Figura 58 (páginas 78, 126)
(No desenho: O amor é a coisa mais importante. Tudo isso é Deus)

Figura 59 (páginas 78, 126-07)

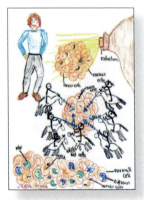

Figura 60 (página 127)

Figura 61 (páginas 80, 127-8)

Figura 62 (páginas 83, 128)

Figura 63 (páginas 89, 128-9)

Figura 64 (páginas 74, 109)

Figura 65 (páginas 89, 129-30)

Figura 66 (páginas 130-1)

Figura 67 (páginas 170-1)

Figura 68 (páginas 90, 131)
(No desenho: Minha família)

Figura 69 (páginas 131-2)

Figura 70 (páginas 89, 133, 245)